데모크라티아

데모크라티아

δημοκρατία

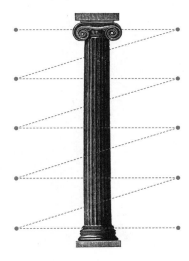

정치를 발명한 그리스에 묻다

유재원 지음

한겨레출판

이 책을 영원한 반려자 도시꼬 마은영의 영전에 바친다.

⊙ **일러두기**

1. 이 책에 나오는 그리스어 등의 표기는 국립국어원 외래어표기법에 따랐다.
2. 필요한 경우 본문에 처음 등장할 때 원어를 병기하였다. 단, 색인에 원어를 병기한 경우는
   제외했다.

⊙ 글쓴이의 말

처음에는 가볍게 생각했다. 우리가 민주주의를 떠든 지도 100년이 되어가는데 정작 우리글로 된 민주주의에 대한 변변한 읽을거리가 없는 현실에서 그 틈을 조금 채워 보겠다는 생각이었다. 그래서 평소 이런 이야기를 나누던 한겨레신문의 김종철 대기자에게 그리스 민주주의에 대한 글을 써보고 싶다는 말을 건넸다. 함께 그리스 여행을 할 때 잠깐 그런 이야기를 비친 적 있었기 때문에 많은 이야기를 나누지 않고 신문에 격주 연재를 시작했다. 그러고는 곧 후회했다. 글쓰기가 생각보다 훨씬 심각하고 어려웠다. 원문까지 읽고 고증하기에는 시간과 내 지식이 너무 부족했다. 그러나 책임감 하나로 고집을 피웠다.

17회 연재가 끝나고 그 원고를 바탕으로 책을 만들자는 이야기를 들었을 때 실은 속이 켕겨서 선뜻 응하기가 어려웠다. 작업량과 난이도가 내 마음을 무겁게 짓눌렀기 때문이다. 놀기 좋아하고 게으른 내가 피하고 싶은 일이었다. 그러다가 '촛불'이 시작되었다. 도도한 촛불 앞에서 더 이상 도망갈 곳이 없었다. 해방 후 70여 년이라는, 인류의 긴 역사에 비하면 순간이라고 해도 될, 아주 짧은 기간 동안 국민을 무시하고 독선적으로 독재정치를 펼치던 정부를 순수한 민중의 힘으로만 세 번씩이나 무너뜨린 나라. 이런 나라는 세계 역사에 둘도 없다. 더구나 이번에는 지극히 평화적이고 이성적인 시위를 통해 이 엄청난 혁명을 이루어냈다. 그러나 이런 위대한 정치 혁명이 과연 지속가능할까?

정의감과 사명감에 사로잡혀 시민 각자가 길거리로 나와 행동한 이 거룩한 혁명이 일시적인 것이 아니라 지속적인 것이 되려면 그 구체적인 행동을 뒷받침할 지식이 갖춰져야 한다. 올바른 지식을 바탕으로 자신이 하는 행동의 의미를 깨닫고 그 행동에 따르는 의무와 권리를 제대로 이해해야 혁명을 완수할 능력이 생겨나는 것이다. 그런데 과연 우리에게 민주주의에 대한 그런 지식이 갖춰져 있는가?

내가 그동안 공부한 그리스학 지식을 바탕으로 민주주의에 대해 단순히 꽃만이 아니라 가지와 줄기를 거슬러 올라가 뿌리에 이르기까지 살펴보고 이를 다른 국민들에게도 전해야 하는 것 아닐까, 내가 할 일은 바로 이 민주주의를 발명한 그리스인들이 어떻게 이 제도를 시작하고 발전시켰는가를 쉽고 정확한 우리말로 남기는 것이 아닐까 하는 생각이 들었다.

이 땅에서 학문을 한다는 의미는 무엇일까? 자기가 어렵게 배우고 익힌 지식을 쉽고도 정확한 우리글로 써서 이 땅에서 살고 있는, 그리고 또 앞으로 살아갈 후손들이 어떤 다른 외국어에 의존하지 않고도 고급 지식과 정보를 남부럽지 않게 얻을 수 있도록 하는 것이 이 땅에서 학문을 한다는 의미가 아닐까? 더 이상 이 일을 미룰 수가 없었다.

이 글을 쓰는 작업은 연재와는 전혀 다른 것이었다. 신문 연재와 달리 책을 쓴다는 것은 더 막중한 책임이 따르는 것이기에 훨씬 더 정확해야 했고, 그래서 당연히 더 조심스럽고 신중한 작업이어야 했다. 하나의 실수라도 저지를까 봐 원본을 하나하나 찾아보고, 개념과 개념 사이의 관계를 정립하고 적절한 번역 낱말을 찾기 위해 밤잠을 설치기도 했다. 더구나 이미 쓰이고 있는 번역어가 잘못된 것임을 발견하고 이를 어떻게 바로 잡아야 할지 잘 생각나지 않을 때에는 정말 괴로웠다. 작업은 생각보다 힘들었다. 결국 6개월 이상이 걸렸고, 신문 연재 때에는 원고지 450여 매에 불과하던 것이 1200매가 넘게 되었다. 그 결과 연재 때와는 전혀 다른 글이 나왔다. 아마도 신문 연재 글을 읽은 독자가 이 책을 읽는다면 내용이나 글 분위기가 너무 차이가 나서 조금은 당황스러운 기분을 느낄 것 같다.

솔직히 이 글을 쓰면서 정말 많이 힘들었다. 힘들었지만 보람 있는 일이었다. 무엇보다도 나 자신이 공부가 많이 됐다. 쓰기 전까지는 피상적으로 막연하게 알고 있던 일들이 가지런히 정리가 되면서 똑똑해지는 기분이었다. 이 나이에 스스로 하는 행동에서 새로운 것을 배우는 즐거움을 가질 수 있다는 것이 신기하고 자랑스러웠다. 특히 알파벳 문자와 민중정치 발전 사이의 관계가 이해되기 시작했을 때는 짜릿하기까지 했다.

글을 끝냈을 때 피로감보다 더 큰 뿌듯함을 느꼈다. 그리고 오랜 숙제에서 벗어났다는 자유가 즐거웠다. 내가 그리스학에 관한 한 우리나라의 최전선에 서 있다는 자부심과 그에 따른 책임감은 항상 나로 하여금 그리스에 대해서 내가 아는 것이 이 나라와 민족의 그리스에 대한 지식의 한계라는 강박관념으로 이어져 천성적으로 게으른 나를 더 앞으로 정진하도록 부추겼다. 이 책도 그런 강박관념이 만들었다.

이 책을 끝내게 도와주신 보이는, 그리고 안 보이는 모든 사람과 영혼들께 감사드린다. 우선 가장 가까운 곳에서 아빠가 글 쓰는 것을 지켜 봐준 딸 수진에게 고맙다. 또 한겨레신문에 연재하도록 부추겨준 김종철 대기자와 연재하는 동안 모든 궂은일을 맡아주었던 조기원 기자에게 특별히 고마움을 전한다. 그리고 실질적으로 이 책을 만드는 일을 해준 정회엽 편집자에게도 감사드린다. 끝으로 이 책을 읽어주실 독자분들께 가장 큰 감사의 마음을 전한다.

프롤로그

번역에 대한 몇 가지 문제

'민주주의'인가 '민중정치'인가?

　나는 이 긴 글을 쓰면서 '민주주의'란 말을 거의 쓰지 않았다. 이 말이 원래 고대 그리스에서 많은 정치 천재들이 수백 년 동안 심혈을 기울여 만들어낸 '데모크라티아($\delta\eta\mu\text{o}\kappa\rho\alpha\tau\acute{\iota}\alpha$)'라는 정치 체계와 조금도 어울리지 않기 때문이다. 이 '민주주의'란 번역이 얼마나 이상한 것인 가는 다른 정치체제를 나타내는 용어의 번역과 비교해 보면 금방 드러난다.

　아리스토크라티아 $\dot{\alpha}\rho\iota\sigma\tau\text{o}\kappa\rho\alpha\tau\acute{\iota}\alpha$ (영)aristocracy 귀족정치
　플루토크라티아 $\pi\lambda\text{o}\upsilon\tau\text{o}\kappa\rho\alpha\tau\acute{\iota}\alpha$ (영)plutocracy 금권정치
　티라노크라티아 $\tau\upsilon\rho\alpha\nu\text{o}\kappa\rho\alpha\tau\acute{\iota}\alpha$ (영)tyranocracy 폭군정치

오클로크라티아 ὀχλοκρατία (영)ochlocracy 우중정치

테크노크라티아 τεχνοκρατία (영)technocracy 기술관료정치

게론토크라티아 γεροντοκρατία (영)gerontocracy 노인정치

기네코크라티아 γυναικοκρατία (영)gynecocracy 여인정치

파이도크라티아 παιδοκρατία (영)pedeocracy 소아정치

트로모크라티아 τρομοκρατία (영)tromocracy 공포정치

티모크라티아 τιμοκρατία (영)timocracy 자격정치

위의 모든 낱말을 번역하는 원칙은 단순명료하다. 항상 일관성 있게 권력을 행사하는 주체에 '정치'라는 말을 기계적으로 붙였다. 이런 원칙을 '데모크라티아'에 적용하면 번역은 당연히 '민중정치'가 된다. 이 말을 '민주주의'로 번역했기 때문에 우리는 엄청난 왜곡과 오해를 피할 수 없었다. 우선 '데모크라티아'는 구체적인 '정치 체제'지, 체계화된 이론이나 학설 또는 주장이나 방침을 굳게 내세우는 추상적 '주의(主義)'가 아니다. '-주의'로 번역되는 낱말들에는 모두 '-ισμός(-ism)'라는 접미사가 붙어 있다. 그런데 이 접미사가 없는 '데모크라티아'를 '민주주의'로 번역한 것을 단순한 오역이라고 보기에는 상당히 망설여진다. 관련된 다른 낱말들을 번역한 솜씨로 보아서는 그런 어처구니없는 오역을 할 리가 없어 보이기 때문이다.

또 '데모스(δῆμος)'는 '인민, 민중'이라고 제대로 번역하면서 왜 데모크라티아의 번역에서는 '민주(民主)'라고 번역했을까? '민중'과 '민주'의 차이는 무엇일까? '민주'는 '주권이 국민에게 있음'을 뜻한다. 추상적 주권을 가졌다는 '민주'와 권력을 행사하는 주체로서의

'민중'이라는 낱말의 차이는 엄청나다.

내게 '민주주의'란 번역 낱말은 대한민국 헌법 제1조 2항 "대한민국의 주권은 국민에게 있고, 모든 권력은 국민으로부터 나온다"를 "대한민국의 주권은 국민에게 있고, 국민은 그 대표자나 국민투표에 의하여 주권을 행사한다"라고 영악하게 비틀어 주권은 국민에게 있지만 주권의 행사주체는 국민이 아닌 권력자에게 국한된다고 한 '유신독재헌법 제1조 2항'의 변형으로만 보인다.

결론적으로 그리스어를 비롯한 서양 말에는 '민주주의'란 말이 없다. '민중정치'란 뜻의 '데모(=민중)+크라티아(=정치)'가 있을 뿐이다. 이 체제에서 민중은 주주가 아니라 진정으로 권력을 행사하는 주체다.

누가, 그리고 왜 이런 식으로 왜곡된 번역을 했을까? 이 주제는 또 다른 연구를 필요로 한다. 일본에서 '민주주의'란 번역이 과연 옳은 것인가에 대한 논의가 시작된 것은 2000년대에 와서라고 한다. 일본어를 전혀 모르는 나로서는 이 문제에 접근할 방법이 없다. 누군가가 이 문제를 빠른 시일 안에 명쾌하게 풀어주기를 바랄 뿐이다.[1]

'참주'인가 '폭군'인가?

이 글에서 일반적으로 쓰이고 있는 번역어를 피한 또 하나는 '참주정' 또는 '참주정치'라는 용어다. 이 말은 그리스어의 티라노크라티아를 옮긴 것인데, 그리스어로 '티라노스(τύραννος)'는 단지 '폭군'

또는 '독재자'를 뜻한다. 참고로 영한사전에서 'tyran-'이 들어간 영어 낱말들을 찾아보면 '참주'라는 번역은 거의 등장하지 않는다.

tyrannical 폭군의, 폭군 같은, 압제적인, 포악한

tyrannicide 폭군 살해(자)

tyrannize 학정을 행하다, 압제하다, 학대하다

tyrannosaur 중생대의 (포악한) 육식 공룡

tyrannous 전제군주적인, 횡포한, 폭위를 떨치는, 가혹한

tyranny 포학, 학대; 포악행위 / 폭정, 전제정치 / (史)참주정치

tyrant 폭군, 압제자; 전제군주 / (史)참주

따라서 티라노크라티아를 '참주정치'라고 번역해야 할 이유도 없고, 오히려 그렇게 번역하면 안 될 이유는 많다. 우선 이 낱말을 '스스로 주인이라 주장하는 사람'을 뜻하는 '참주(僭主)'로 옮겨 놓으면 우리말로 그 의미 파악이 어려워져 이해할 만한 사람들이 별로 없다. 그러나 그보다도 참주라는 번역에는 '폭군'이나 '독재자' 같은 폭력적이고 부정적인 의미가 뒤로 숨는 문제가 발생한다. 이 글에서는 그리스어의 원래 뜻을 살리기 위하여 '티라노스'를 '폭군'이나 '독재자'로, '티라노크라티아'를 '폭군정치'로 옮겼다.

'동등'과 '평등'

보통 '평등'이라고 번역되는 '이소테스(ἰσότης (영)equality)'라는 낱

말 역시 우리말로 옮길 때 어려움이 많았다. 그리스어에서 이 낱말은 '동등'과 '평등'의 뜻을 두루 다 가지고 있다. 그래서 이 낱말을 우리말로 옮길 때 문맥에 따라 '동등'이나 '평등'으로 번역해야 한다. 우리말 낱말 '동등'은 '~과 ~의 동등'으로 쓰여 주로 자격이나 능력에 대한 비교의 의미라면, '평등'은 '~에 대한 평등'으로 쓰이는 권리에 대한 개념이다. 평등을 주장하려면 자격이나 능력 면에서 동등해야 한다. 즉 동등함은 평등의 전제 조건이다. 이를 분명히 하지 않으면 평등 개념에 혼란이 오게 된다.

그리스어의 이소테스는 이 모두를 아우르는 개념으로 정확하게는 '동등한 사람들 사이의 평등'을 의미한다. 고대 아테네의 민중정치 개혁은 주로 자격의 동등을 점점 확장해 가는 과정이었다. 처음에는 핏줄에 의한 귀족과 평민 사이의 신분 차별을 완화하여 재산의 정도에 따른 차별로 대체했다가, 그 후 차차로 그 차별마저 없애 자유시민이면 누구나 동등하다는 단계에 이른 것이 아테네 민중정치 개혁의 핵심이다.

고대 아테네인들은 자유와 평등, 정의가 이루어지도록 하는 정치체제를 찾기 위해 몇 세기 동안 그들의 최선을 다했다. 그리고 그런 그들의 노력은 서구의 귀중한 문화유산으로 남아 근대 이후 서양의 각 나라는 자신들에게 맞는 정치체제를 찾기 위해 노력해 왔고, 또 노력하고 있다. 우리나라도 근대화 이래 100년 이상 온갖 우여곡절을 겪으면서 자유와 평등, 정의의 구현을 우리가 추구해야 할 이상적 목표로 삼고 노력해 왔다.

'정치'는 시민 모두가 알아야 하는 '테크네'다

고대 그리스인들은 인간이 태어나서 후천적으로 노력을 통해 배워 알게 된 것들을 모두 뭉뚱그려 '테크네(τέχνη)'라고 했다. 그런 의미에서는 예술도, 학문도, 기술도 모두 테크네에 속한다. 이것이 테크네라는 낱말의 넓은 의미다. 테크네는 또한 좁은 의미로는 단순히 '기술'을 뜻한다. 이때 테크네는 지식을 의미하는 낱말인 '그노시스(γνῶσις)'와 대립한다. 지식이 정신적인 것이라면 기술은 몸으로 익혀야 하는 육체적인 기술이다. 한 사람이 어떤 특정 분야에 전문가가 되기 위해서는 우선 그 분야에 대한 '그노시스', 즉 '지식'을 가져야 한다. 그리고 한 분야에 대한 체계화된 지식의 총체를 그리스어로 '에피스티메(ἐπιστήμη)', 즉 '학문'이라고 한다. 한 분야의 전문가는 이런 지식을 바탕으로 그 분야에 필요한 '테크네', 즉 '기술'을 익혀야 한다. 그리고 이렇게 지식과 기술을 모두 익혀야만 테크네가 완성되고, 그것을 익힌 사람은 한 명의 전문가가 되는 것이다.

그리스어로 정치를 '폴리티케 테크네(πολιτικὴ τέχνη)', 또는 그냥 간단하게 줄여 '폴리티케'라고 한다. 즉 고대 그리스인들에게 있어서 정치는 '폴리스의 일에 대한 기술'이었다. 그리고 이 기술은 자유시민이면 누구나 다 알아야 했다. 페리클레스(기원전 495년쯤~기원전 429)의 말대로 아테네인들은 개인적인 일을 돌보는 동시에 폴리스의 공적인 일에 신경을 쓰는 것이 자유시민의 임무라고 여겼다. 아테네인들은 폴리스 일에 조금도 신경을 쓰지 않는 시민을 정치에 무관심한 사람이라고 하기보다는 '쓸모없는' 사람으로 취급했다.[2] 정치가 우리 삶을 결정하기 때문에 모든 시민은 정치에 대해 항상 깊은 관심과 참여가 필요하다. 정치에 무관심한 것은 직무 유기요, 권리 포기다. 그런 사람들은 플라톤(기원전 428/427년 혹은 기원전 424/423년~기원전 348/347년) 말대로 자신보다 훨씬 못한 사람들의 지배를 받게 되는 수모를 당하게 된다.

끝으로, 대의 민중정치에서 유권자는 국가를 위한 일꾼을 뽑는 것이지 상전을 뽑는 것이 아니다. 민중정치에서 대통령을 비롯한 모든 공직자는 국민과 나라를 위해 봉사하는 일꾼일 뿐이다. 그런 까닭에 공직에 앉아 있는 사람이 업무상 자기에게 주어진 권력을 마치 자기 것인 양 함부로 휘두르며 국민 위에 군림하려 들면 안 될 뿐 아니라, 그럴 경우 주권자인 국민의 저항과 추궁을 받아야 할 것이다. 국민들 역시 대통령을 임금으로, 국회의원을 상전으로 모시는 어리석은 짓을 하지 말아야 한다. 민중정치는 자유와 인간 존엄성을 보장하는 정치체제다. 그리고 이 체제는 국민이 스스로 끊임없이 감시하고 권리를 행사할 때만 제대로 작동한다. 민중정치의 바탕은 바로 민중자치이기 때문이다.

1

정치의 발명

아크로폴리스 언덕에 서서

내가 처음 아크로폴리스에 올라간 것은 1975년 12월 15일, 비가 내리던 늦은 오후였다. 1975년은 그리스가 군사독재에서 갓 벗어난 시절이었고, 우리나라는 아직도 유신이라는 시퍼런 독재의 공포 분위기 아래에서 자유를 위해 목숨을 건 투쟁을 하던 때였다.

아크로폴리스로 올라가는 길에는 계단이 없다. 지그재그로 굽어진 비탈길을 따라 올라가야 한다. 그리스인들은 계단을 싫어했던 모양이다. 그 비탈길 한중간쯤에 아레이오스 파고스 언덕과 아고라의 헤파이스토스 신전이 한눈에 보이는 구석진 곳이 있다. 로마의 공화정을 끝내고 제국을 시작한 아우구스투스(기원전 50년~기원후 14

년)의 친구이자 사위인 아그리파(기원전 63년~기원전 12년)가 자기 대리석상을 위해 세웠다는 거대한 회색 빛깔의 사각형 기둥이 있는 곳이다.

내가 그곳에 처음 이르렀을 때, 나도 모르게 숨이 막혀 왔다. 무언가 깊은 뜻을 가진 것이 나를 감싸는 것 같았다. 그러나 당시의 나로서는 그 전율이 무엇인지 알 수 없었다. 그리고 40년이 지난 2015년 여름 다시 그곳에 섰을 때, 이제는 그 깊은 의미가 무엇인지 분명히 너무나 잘 알기에 다시 한번 숨이 막혔다. 그 자리는 세계 최초의 민중정치가 시작된 현장을 굽어볼 수 있는 곳이다. 멀리 발 아래 보이는 아고라의 폐허에서 세계 최초의 민중정치가 시작되었고, 가까이 보이는 아레이오스 파고스 언덕에서 가장 공정한 재판의 개념이 태어났다.

민중정치가 고대 아테네에서 시작되었다는 것은 학교에서 배워 어릴 때부터 알고 있었다. 그러나 내가 진정 민중정치가 무엇인가를 대강이나마 알기까지는 40년이라는 세월이 흘러야 했다.

프로메테우스는 제우스의 정치를 훔치지 못했다

그리스에서 민중정치가 어떻게 시작되었는가를 알려면 그들의 신화에서부터 그 뿌리를 찾아보아야 한다.

제우스는 지구 위의 짐승들이 제각기 삶을 살아갈 수 있도록 재주 한 가지씩을 나누어주기로 하고, 그 일을 에피메테우스에게 맡겼다. 에피메테우스는 '뒤늦게 배우는(깨닫는) 자'란 이름에 걸맞게

프닉스 언덕에서 본 아크로폴리스.
왼쪽이 프로필레아 건물이고, 오른쪽이 파르테논 신전이다.

아무 생각 없이 짐승들에게 재주를 나누어주다가 인간의 차례가 됐
을 때는 아무것도 남아 있지 않게 되고 말았다. 인간은 빨리 뛰는
재주도, 날카로운 발톱도, 날 수 있는 날개도 없이 무방비 상태로
다른 짐승들의 밥이 될 절망적 처지가 되었다.

　에피메테우스가 이렇게 일을 그르친 것을 본 그의 형 프로메테우
스는 인간이 멸종하지 않도록 하기 위해 올림포스로 올라가 헤파이
스토스의 대장간에서 불을, 아테나의 방에서 지혜를 훔쳐 인간에게
주었다. 불과 지혜는 천상의 보물로서 제우스가 반출을 엄격하게

제한하고 있는 것들이었다. 그러나 인간을 누구보다도 사랑한 프로메테우스는 연약한 인간이 살아남기 위해서는 지혜가 필요하고, 또 불 없이는 지혜가 무용지물이라는 것을 잘 알고 있었기에 제우스에게 불경을 저질렀다. 나중에 프로메테우스는 이 일 때문에 제우스로부터 독수리들에게 매일 오장육부를 파먹히는 혹독한 처벌을 받게 된다.

그러나 인간들이 서로 조화를 이루며 사이좋게 살기 위해서 꼭 필요한 국가경영기술인 정치만은 훔치지 못했다. 정치는 제우스가 직접 맡고 있었는데, 프로메테우스는 출입이 엄격하게 금지되었던 제우스의 성채로 들어갈 시간적 여유도 없었던 데다가 무시무시한 제우스의 경호원들이 지키고 있었기 때문이다.3) 그렇다면 프로메테우스가 훔치지 못한 제우스의 정치란 과연 어떤 것일까?

올림피아의 크로노스 언덕

그리스의 대표적인 관광촌으로 유명한 올림피아 시가지를 벗어나 고대 올림픽이 열렸던 올림피아 유적으로 가는 길로 들어서면 '크로노스의 언덕'이라 불리는 자그마한 산 하나가 우리를 맞는다. 원래 이곳은 대지의 여신 가이아의 성소가 있었던 곳으로, 가이아의 신탁으로 유명해 사람들이 많이 찾았다. 그 후 크로노스가 아버지 우라노스의 생식기를 거세하고 우주의 패권을 잡자 이곳은 크로노스 신앙의 중심지로 바뀌었다.

이 지역 전설에 따르면 어린 제우스를 기르던 쿠레테스 부족이

크레타에서 이곳 근처의 아다이온 동굴로 이주해 왔다고 한다. 그리고 이를 기념하여 쿠레테스 형제 가운데 제일 큰형인 헤라클레스*가 형제들과 레슬링 경기를 열어 우승자에게 올리브관을 주었다고 전해진다. 이후 형제 숫자에 맞춰 다섯 번째가 되는 해에 정기적으로 경기를 주최했다. 첫 번째 올림픽 경기에는 신들도 참가했는데 제우스가 크로노스를 이겨 권력을 얻었다고 전한다. 아폴론은 권투에서는 아레스를, 단거리 달리기에서는 헤르메스를 이겼다고 한다. 전설은 이어져서 펠롭스가 이곳의 왕 오이노마오스를 전차 경기에서 이기고 히포다메이아와 결혼한 뒤 이것을 기념하여 전차 경기를 올림픽 게임에 첨가했다고 한다.

제우스가 크로노스를 레슬링 경기에서 이겨 권력을 차지했다는 이 지역의 신화는 제우스가 티타네스와 9년에 걸쳐 전쟁을 치른 끝에 크로노스를 몰아내고 권력을 잡았다는 다른 지역의 그리스 신화와는 상당히 다르다. 그러나 이 신화에는 폭력적인 전쟁이 아닌 정정당당하게 겨루는 운동 경기를 통해 승자를 가리는 올림픽 정신이 그대로 드러난다. 야만과 문명이 만나 문명이 이긴 곳, 카오스가 코스모스에게 자리를 내주고 물러난 곳, 자유와 평등, 정의와 평화라는 그리스 정신의 정수가 태어난 곳, 온 그리스인이 일체감을 느끼며 자신들의 정체성을 확인하던 곳인 올림피아는 고대 그리스인들의 최고 성소였다. 그리고 제우스는 바로 이 올림픽 정신에 맞는 정치를 펼쳤다.

---

* 그리스 신화에 나오는 최고의 영웅과는 다른 존재다.

제우스의 왕국 올림포스의 정치체제

크로노스의 통치는 무지막지했다. 폭력과 잔혹함을 바탕으로 피지배자들이 공포에 빠져 복종하게 만드는 것이 전부였다. 그러나 그의 통치를 끝내고 패권을 잡은 제우스는 소통과 질서를 바탕으로 안정된 세상을 만들기를 원했다. 그러기 위해서는 안정과 질서를 보살필 인물과 기구가 필요했다. 제우스는 자신의 믿음직한 아들인 아폴론에게 이 일을 맡겼다. 아폴론은 델포이에 신탁을 물으러 오는 인간들에게서 인간의 문제가 무엇인가를 파악하고는 이를 제우스에게 알려 지시를 받았다. 그리고 이 지시를 신탁이라는 수단을 통해 인간들에게 알렸다. 델포이의 신탁은 난해하기는 했지만 전체적으로 합리성을 바탕으로 하고 있었다. 제우스가 델포이 신탁을 통해 인간에게 가르친 것은 "너 자신을 알라!(Γνῶθι σεαυτόν!)"와 "어느 것도 지나치지 말라!(Μηδὲν ἄγαν!)"라는 두 가지였다. 이 가르침은 모두 인간의 '오만(ὕβρις)'을 경계하고 있다. 아폴론은 세계의 안정과 질서 이외에 의술과 질병 관리도 맡았다. 행정자치부와 보건복지부 장관을 겸한 꼴이다.

아폴론과 함께 올림포스 체제를 이끄는 또 한 신은 아테나다. 이 여신은 교육부와 과학기술부 장관의 업무인 학문과 기술을 관장한다. 밀 농사를 관장하는 데메테르 여신은 농업부 장관이고, 바다를 지배하는 포세이돈은 해양수산부 장관이다. 포도 농사와 포도주, 축제를 맡은 디오니소스는 문화부와 식품관리부 장관이고, 숲과 광야의 여신 아르테미스는 자연보호를 맡는 환경부 장관이다. 대장장이신 헤파이스토스는 제조업을 관장하는 산업부 장관이고, 지하자원을 관리하는 하데스는 자원부 장관이며, 정실부인의 권리와 가정의 화목을 관리하는 헤라는 여성가족부 장관이다. 불법과 폭력이 판치는 우범지대를 관장하고, 항간에 떠도는 소문과 정보를 수집하는 일을 하며 보이지 않는 곳에서 투명 투구를 쓰고 비밀리에 활동하는 헤르메스는 정보부 부장이고, 때로 비밀리에 제우스의 뜻을 전하는 무지개의 여신 이리스는 비밀 특사였다. 길거리에서의 싸움질이나 난장판의 소란은 아레스의 소관이었고, 남녀 사이의 사랑과 관능적 욕망은 사랑의 여신 아프로디테와 그녀의 아들 에로스가 관장했다. 제우스는 그 이외에도 수많은 전문가 집단의 조력자를 가지고 있었다.

프로메테우스는 이 정치를 훔치지 못했다. 그나마 올림포스 신화를 통해 제대로 된 정부가 갖춰야 할 요소를 알 수 있었던 것은 그리스인들에게 행운이었다.

정치는 인간의 일

제우스는 인간에게 '정치'를 주지 않았다. 이 때문에 그리스에서는 그 누구도 하늘에서부터 권력을 받지 못했고, 따라서 신성불가침의 절대권력이 존재할 수 없었다. 또 제우스는 인간에게 권력의 사용을 자제할 줄 아는 능력도 주지 않았다. 이런 상황에서 그리스인들은 불안하기 짝이 없는 '만인에 대한 만인의 무한 투쟁'이라는 약육강식의 상태를 벗어나 질서 잡히고 안정된 사회를 이루고 살기 위하여 스스로 모든 지혜를 짜내 정치를 만들어내야 했다. 이렇게 그리스에서 정치는 인간들끼리 알아서 처리하는 '인간의 일'이 되었다. 그런 까닭에 그리스인들은 왕정, 귀족정치, 금권정치, 폭군정치, 민중정치까지 인간이 생각해낼 수 있는 온갖 정치제도를 다 시험해 보았다. 그것도 불과 200년이라는 짧은 시간 동안에 이루어냈다.

중국이나 인도, 메소포타미아, 이집트 같은 거대한 강을 낀 농업 문명에는 정치란 개념조차 없다. 북경의 천안문(天安門)은 '하늘의 뜻을 받들어 나라를 평화롭게 통치한다'는 뜻의 '수명우천 안방치국(受命于天 安邦治國)'이라는 말에서 따온 것이다. '하늘에서 점지한' 신성한 존재인 천자가 하늘의 뜻을 받아 통치하는데 일반 백성이 어찌 그에 대한 비평이나 토를 달 수 있겠는가? 그저 복종하고 충성을 바쳐야 할 뿐이다. 이의를 달거나 의심하는 일 자체가 하늘의 뜻에 반하는 역적질이고 신성모독이다. 중국의 천자도, 인도의 라자도, 페르시아의 대왕도, 이집트의 파라오도, 그리고 우리나라의 임금도 모두 그런 신성불가침의 존재다. 이런 정체에서는 통치만 있지 정치는 있을 수 없다.

그리스의 전통을 이어받았다는 로마에도 정치는 없었다. 로마 공화정 시대에는 민중정치가 있었지만 티베리우스 그라쿠스(기원전 169/164(?)년~기원전 133년쯤)와 가이우스 그라쿠스(기원전 154년~기원전 121년) 형제의 개혁이 무력으로 진압된 뒤부터 로마인들은 자신들의 갈등을 해결하기 위해 내전이라는 방법을 동원했다. 기원전 88년부터 기원전 82년까지 벌어졌던 마리우스(기원전 157년~기원전 86년)와 술라(기원전 138년쯤~기원전 78년) 사이의 제1, 2차 내전과 율리우스 카이사르(기원전 100년~기원전 44년)와 폼페이우스(기원전 106년~기원전 48년) 사이의 내전, 독재자가 되려는 율리우스 카이사르의 야심을 눈치채고 그를 암살한 브루투스(기원전 85년~기원전 42년)와 카시우스(기원전 85년쯤~기원전 42년) 일당과 이 암살자들을 처벌하려는 옥타비아누스(기원전 63년 9월 23일~기원후 14년)와 안토니우스(기원전 83년쯤~기원전 30년) 일당 사이의 내전, 그 뒤를 이어 기원전 31년에 벌어진 옥타비아누스와 안토니우스 사이의 악티온(Ἄκτιον) 해전을 통해 로마는 결국 1인 독재자가 다스리는 제국이 되었다. 토의와 양보, 타협을 통해 합의에 이르는 정치 과정 대신 내전에서 이긴 사람이 승자독식의 원칙에 따라 모든 권력을 차지하도록 하는 것이 로마 나름의 갈등 해소 방법이었다. 로마는 그리스의 많은 것을 받아들였지만 정치만큼은 받아들이지 않았다.

동로마 제국이라 불리는 비잔티온 제국 역시 내전으로 얼룩진 역사를 보여준다. 제국의 건설자인 콘스탄티누스 대제(기원후 272년~337년)도 정적 리키니우스(기원후 263년~325년)와 내전에서 승리하면서 권력을 확고히 했다. 또 로마의 전통을 이어받은 서유럽의 역사에도 정치는 나타나지 않는다. 중세의 봉건영주들과 근대국가의 왕들이 절대권력을 휘두르는 1인 독재 체제에서 정치란 필요 없는 불편한 것에 불과했다. 정치가 꼭 필요한 민중정치가 다시 역사에 등장한 것은 영국의 대헌장과 명예혁명, 미국의 독립, 프랑스의 혁명으로 이어지는 시민혁명이 한창이던 18세기에 이르러서다.

2

왕국에서 폴리스로

그리스의 왕국 시대: 미케네의 정치체제

그리스에서도 처음에는 왕이 나라를 다스렸다. 기원전 2200년에서 기원전 2000년 사이에 비옥한 크레타섬에서 왕궁을 중심으로 수많은 건물들이 미로같이 뻗어나가는 도시를 특징으로 하는 미노아 왕궁 문명이 시작됐다. 크레타의 미노아 왕들은 '선형문자 A(Linear A)'라고 불리는 음절문자로, 받아들인 물건과 내보낸 물건, 보관 중인 물건이나 가축, 땅, 인원 등의 목록을 기록했다. 이 문명은 재분배에 바탕을 둔 상호의존적 경제체제를 가지고 있었던 것으로 추정되는데, 중앙정부가 생산자들에게 중앙저장시설의 기능을 하는 왕궁에 바칠 물건의 종류와 양을 결정하여 통지하고, 사회 각 구성원이 생활과 포상으로 가져갈 물건의 양을 결정해서 분배했다. 왕궁은 시장을 통한 자유로운 교환을 최대한으로 억제했다. 고도의 조정 능력과 복잡한 행정 능력을 필요로 했던 이 문명은 여러 세기 동안 원만하게 유지되었다. 이 시기는 평화로웠기 때문에 궁전이나 마을 주변에 어떤 방어 시설도 설치하지 않았다.

기원전 1700년쯤에 있었던 큰 지진이 크레타 왕궁을 파괴했지만 미노아인들은 더 큰 왕궁을 다시 세우고 번영을 이어나갔다. 그러나 기원전 1600년을 고비로 또 다른 자연의 대파괴를 경험해야 했다. 학자들은 이 재앙이 산토리니섬의 화산 폭발 때문에 일어난 것으로 추정하고 있다. 미노아인들은 또다시 왕궁을 재건했다. 그러나 이번에는 예전의 영광을 되찾지 못했다.

미노아 문명의 뒤를 이은 것은 그리스 본토에서 일어난 미케네 문명이었다. 미노아 문명이 쇠락하기 시작한 기원전 1600년 무렵 그리스어를 사용하는 한 무리의 사람들이 펠로폰네소스반도를 중심으로 새로운 강자로 두각을 나타내기 시작했다. 이들은 '와낙스(Fάναξ)'라고 불리는 왕을 중심으로 엄격한 위계질서를 강조하는 정치-사회-경제체제를 만들었다. 이 체제를 떠받치는 것은 전쟁이 주 관심사였던 엘리트 전사 계급이었다. 이들은 값비싼 투구와 방패, 갑옷, 창, 칼로 무장한 채 말이 이끄는 가벼운 이륜 전차를 타고 전쟁을 했다. 이런 비싼 무장을 하지 않는 보병은 주로 해외에서 사온 용병에 의존했다. 전쟁을 일상으로 삼았던 미케네인들에게 성곽은 매우 중요한 시설이었다. 그런 까닭에 미케네 문명의 중심지인 미케네와 티린스, 필로스 등지에서는 엄청나게 큰 돌들로 쌓은 육중한 성벽을 볼 수 있다. 거대한 성곽과 돌로 잘 다듬어진 도로와 배수 시설을 만들고 관리하기 위해서는 조직적인 집단 노동이 필요했을 것이다. 이런 체제는 강력한 지배 계급이 있어야 유지 가능하다.

미케네는 성곽과 궁전 중심 사회였다. 미케네인들은 기원전 14세기 들어 '메가론(Μέγαρον)'이라 불리는 큰 방을 중심으로 왕궁 단지를 만들기 시작했다. 왕궁 단지 안에는 농산물과 사치품, 무기를 저장하는 창고와 왕족과 전사 계급이 필요로 하는 토기와 가구를 비롯한 일상용품과 무기, 사치품 등을 제작하는 공방들이 갖추어져 있었다.

네 개의 기둥이 받치고 있는 메가론의 중심에는 성스러운 불이 타오르는 화로가 있고 벽면으로는 통치자들을 위한 자리가 마련되어 있었다. 동굴이나 산꼭대기, 전원주택 등 거의 전 지역에 성소를 차렸던 미노아인들과 달리 미케네인들은 대규모 종교 건물을 세운 흔적이 없다. 그들은 궁전의 중심인 메가론에 성소를 차리고 불에 태운 희생물을 신들에게 바쳤다.

메가론은 또한 왕과 비슷한 신분을 가진 자들, 즉 '바실레우스(βασιλεύς)'라 불리던 우두머리 전사들의 잔치와 오락의 공간이었다. 지방 감독관인 바실레우스들은 일반 백성이 신전에 바친 봉헌물과 자신이 보유하고 있는 많은 수의 가축에서 수입을 얻었다. 또 백성으로부터 걷는 세금과 전쟁 포로의 몸값, 전리품도 수입원이었다. 이들의 집은 사치스럽지 않았고 음식도 소박했다. 이들의 신분 상징은 전차였다.

세속 전사 귀족인 바실레우스를 규정짓는 것은 부나 권력이 아니라 삶의 스타일이었다. 바실레우스는 무엇보다도 남들보다 빼어난 자들이어야 했다. 그리스어로 '빼어남'을 '아레테(ἀρετή)'*라 하고, 이 아레테를 가진 사람들을 '아리스토이(ἄριστοι)', 즉 '빼어난 사람들'이라 불렀다. 빼어난 사람의 일원이 되기 위해서는 무엇보다도 부유하고 권력을 가진 집안에서 태어나야 했다. 그러나 그것만으로는 아직 온전히 빼어난 사람의 자격을 다 갖춘 것이 아니었다. 미케네 시대의 전사 엘리트 계급에게 아레테란 전쟁터에서의 용기와 기술을 비롯한 훌륭한 전사 자질과 육체적 매력을 뜻했다. 종교 축제나 전쟁 시에 잉여 농산물을 아낌없이 베풀어 자신의 부와 관용을 과시해야 하고, 동등한 신분을 가진 자들에게 값비싼 선물을 함으로써 유대를 공고히 할 줄 알아야 했을 뿐 아니라 아랫사람들에게도 은혜를 베풀어 존경과 지지를 얻어야 했다.

특히 왕궁이나 귀족 대저택의 메가론에서 벌이는 잔치에 참가하는 것은 '빼어난 사람들'에게서 빠질 수 없는 특성 가운데 하나였다. 평화 시에 이들은 메가론에 모여 잔치를 열고 만취할 때까지 술을 마셨다. 끊임없이 전투를 해야 하는 그들에게 함께 술을 마시고 취한다는 것은 스트레스 해소와 유대감 강화를 위해 중요한 의례였다. 이 잔치는 평화 시에도 전쟁을 준비하기 위한 친선 모임의 성격을 갖는 동시에, 전시의 공격성과 충동의 억제를 위한 것이었다. 만취 상태의 탈선 무대인 술자리는 참가자들에게 전쟁터와 같은 공포의 감정과 긴장감을 느끼게 했고, 자리를 함께한 이들에게 조직에 대한 충성심을 만들어주었다. 이와 같이 전쟁과 잔치와 술은 긴밀하게 상호작용을 했다.

메가론에서의 잔치는 경쟁적 낭비와 손 큰 인심을 과시하는 현장

---

* '빼어남, 뛰어남, 탁월함'의 뜻을 가지고 있는 낱말로서 흔히 '덕'으로 번역된다.

이기도 했다. 당시 풍습으로 집주인은 손님을 잘 대접하고 선물을 아낌없이 베풀어야 할 의무가 있었기 때문이다. 귀족들의 집단적 가치관을 유지하고 확산하는 이러한 잔치 전통은 호메로스의 서사시《일리아스》와《오디세이아》의 영향으로 기원전 5세기까지도 '심포시온(συμπόσιον)', 즉 '향연'의 형태로 이어졌다.

미케네 시대의 그리스 왕은 신으로부터 신성한 권력을 받은 것이 아니기에 그 권위가 다른 문명의 왕에 비해 보잘것없었다. 왕과 전사 귀족들은 공동이익이 걸린 중요 문제에 대해서 공공장소에 모여 토론을 한 뒤에 결정했다. 회의 중에 발언자는 권위와 치외법권의 상징인 '홀'을 잡았다. 호메로스의 서사시《일리아스》(제2권 48행~393행)는 아가멤논 왕이 어떻게 다른 전사 엘리트들과 일반 병정들(민중)을 회의에 소집하고 회의를 이끌고 나가는지 자세하게 보여준다. 그는 우선 회의를 소집하기 위해 권위의 상징인 왕홀(스켑트론 σκέπτρον)을 집어든 다음 전령들을 보내 회의를 소집한다. 그리고 일반 병사들이 모여들기 전에 빼어난 사람들만의 회의를 열어 자신의 의중을 밝히고 협조를 구한다. 민중이 모여들었을 때 역시 아가멤논은 왕홀을 손에 쥔 채 연설을 한다. 아가멤논이 거짓으로 퇴군을 결정했다고 말하자 오랜 전쟁에 지친 병사들은 서로 앞다퉈 자신들의 배로 향하지만 아테나 여신의 사주를 받은 오디세우스가 이들을 가로막는다. 병정들에게 명령을 내리기 위해 오디세우스는 아가멤논에게서 왕홀을 건네받는다. 이 장면에서 보듯 미케네 시대의 그리스 왕은 다른 귀족과 회의를 거친 뒤에 모든 것을 결정했다. 또 회의 석상에서 발언권은 귀족들에게만 주어졌고 무기를 들 수 있는 남자들로만 구성된 민회는 그 사안에 찬반만을 표시할 수 있었다.

호메로스의 또 다른 서사시 《오디세이아》에도 오디세우스의 아들 텔레마코스가 회의를 소집하는 장면이 나온다. 그는 우선 전령을 보내 회의를 소집하고 자신은 청동 창을 들고 참석하여 아버지의 자리인 왕좌에 가 앉는다. 왕인 오디세우스가 없는 회의에서 첫 번째 발언권은 최연장자인 아이깁토스에게 돌아간다.(제2권 15행) 그가 누가 이 회의를 소집했느냐고 묻자 텔레마코스가 전령으로부터 왕홀을 전해 받고 발언을 시작한다.(제2권 38행) 그리고 어머니의 구혼자들을 비난하는 연설을 마친 뒤 왕홀을 땅에 집어던진다. 그 이후로는 원하는 사람이 자유 발언을 이어 나간다. 그리고 그 회의를 끝낸 것도 텔레마코스였다.(제2권 257행)

호메로스의 서사시 《일리아스》는 아폴론 신전의 신관인 크리세스가 그리스인들의 우두머리인 아가멤논 왕이 전리품으로 차지한 자신의 딸 크리세이스를 많은 몸값을 줄 테니 돌려달라고 요청하는 장면으로 시작한다.(제1권 11행~21행) 이때 회의에 모인 모든 그리스인들이 그렇게 하자고 요구하지만 아가멤논은 왕의 권위를 내세우며 이를 거절하고 크리세스를 내쫓는다. 그러나 이에 분노한 아폴론이 그리스인들의 진영에 질병의 화살을 아흐레 동안 쏘아대자 이를 더 이상 견디지 못하고 아킬레우스가 회의를 소집한다.(제1권 54행) 이 회의에서 아가멤논은 크리세이스를 보내기로 마지못해 양보한다. 하지만 아가멤논은 최고 사령관의 권위를 내세워 아킬레우스의 전리품인 크리세이스를 빼앗는다. 그러자 아가멤논의 그런 오만한 행위에 분노한 아킬레우스가 전투에 참가하지 않을 것이라고 선언하고 회의를 끝낸다.(제1권 305행) 그 결과 수많은 그리스인 전사들이 죽임을 당하게 된다.

이와 같이 호메로스의 서사시 세계에서는 왕조차 중요한 일은 모두 다른 참전 장군들과 상의하여 결정해야 했다. 이 시대에 그리스는 이미 종교와 정치가 완전히 분리되어 있었다. 종교적 권위를 가진 사제 계급도, 어떤 특수 분야의 전문가라는 특권층도 없었고 회의에 참가한 모든 사람은 판단과 결정에 동등한 권한을 가지고 있었다. 또 이 시대 전사 계급은 기본적으로 개인주의적이어서 협동적이라기보다는 경쟁적 관계에 놓여 있었지만 명예를 중요하게 여기고 수치를 참지 못하는 동일한 가치관을 가지고 있었다.

그리스 폴리스의 출현

그리스의 이런 불완전한 왕정마저도 기원전 12세기 말에 들이닥친 난민 '바닷사람들(Sea People)'에 의해 붕괴되었고, 이내 그리스의 암흑시대가 시작되었다. 문자가 잊혀진 이 시대가 후세에 남긴 잔재는 거의 없다. 다만 확실한 것은 지중해의 사회조직상 지리적·경제적 제약과 어울리지 않았던 동방 전제주의적 왕정 체제가 이 시대를 거치면서 완전히 사라졌다는 것이다.

왕정을 대체한 최초의 정치체제는 부족국가였다. 부족국가의 기능은 전쟁 수행이었다. 바닷사람들에 의해 청동기 사회체제 전체가 붕괴되고 북쪽에서부터 새로운 그리스 부족인 도리아인들이 들이닥치자 사회는 커다란 혼란 상태가 되어 치안과 안전이 불안해졌다. 따라서 각 지역의 주민들은 자신들의 힘으로 안전을 책임져야 했다. 이때 혈연을 중심으로 하는 씨족들의 연합체인 부족국가가 바로 이 빈틈을 메우는 중요한 수단으로 등장한 것이다. 부족국가는 지배자와 자문기구, 행정조직을 가지고 관습법에 바탕을 둔 법정을 가지고 있었다. 부족국가를 구성하는 씨족들은 전쟁 시에는 힘을 합쳐 싸우고 평화 시에는 자치 단위로 기능했다. 각 씨족은 '헤타이레이아(ἑταιρεία)'라는 전사 계급의 모임을 중심으로 이루어졌는데, 이들은 무장을 할 수 있는 성인 남자들만의 공간에 모였으며 미성년자들의 교육과 훈련을 담당했다. 이런 전통은 후대에까지 이어져 폴리스가 세워진 후에도 특정 씨족에 속하지 않는 사람은 정치적 권한을 갖지 못했다. 이런 부족국가 체제는 기원전 8세기 초까지 그리스 세계의 주된 국가 형태였다.

암흑시대의 혼란을 틈타 몇몇 유력 가문이 땅을 차지하여 부를 독점하면서 귀족 특권층을 형성했고, 이들 가운데 가장 강한 유력자를 중심으로 주변 부족국가들이 연합체를 형성하여 폴리스란 새로운 국가 형태를 만들었다. 이 국가의 제일 목적은 자신들의 방어였다. 이들은 비상사태를 대비하여 자신들의 영역 안 가장 높은 곳에 '폴리스(πόλις)'*라고 하는 요새를 만들고, 이곳에서 중요한 사항들에 대한 토론과 결정을 하는 회의를 열었다. 또 폴리스는 사회 구성원 전체가 참가하는 종교적 제의를 치르는 곳이기도 했다.

세월이 흐름에 따라 생산성이 증가하고 전문화된 경제체제가 발달하면서 폴리스 바로 아래에 '아고라(ἀγορά)'**, 즉 시장이 생겨나서 공동생활의 중심지가 되었다. 이때부터 '폴리스'는 왕과 귀족들이

---

* '폴리스'의 어원적 뜻은 '요새, 성채'다.
** '아고라'는 '모이다'라는 뜻의 동사 'ἀγείρω'에서 온 낱말이다.

사는 성채와 그 바깥의 주민들이 사는 지역 모두를 아우르는 의미를 갖게 되었고, 정치와 종교의 중심지인 성채 자체는 '아크로폴리스(ἀκρόπολις)'로 불리게 되었다.

이런 형태의 얼개는 이미 호메로스 시대부터 나타나기 시작하여, 기원전 850년과 기원전 750년 사이에 후대에 볼 수 있는 형태의 폴리스가 완성된 듯하고, 기원전 700년쯤에는 전 그리스 세계의 표준적인 사회조직으로 발전했다. 전형적인 폴리스는 한 개의 도심과 여러 개의 시골 마을로 구성되어 있었는데, 도심에 높은 성벽을 가진 아크로폴리스와 신전과 아고라가 있었고, 도로들은 돌로 잘 포장되어 있었다. 또 보통 두 개 이상의 항구를 가지고 있으며, 시골에서 도심으로 향하는 입구는 좁았다.

기원전 800년쯤, 그리스의 역사가 다시 기록되기 시작했을 때, 그리스 곳곳에는 폴리스라는 독특한 정치체제가 자리 잡고 있었다. 전설적인 왕 미노스가 다스리던 크레타섬에만 50여 개의 폴리스가 들어서 있었다. 다양성을 가장 큰 특성으로 하는 그리스 문명의 바탕이 바로 이 크기와 정치·경제체제, 모시는 수호신이나 심지어 공용어와 문화까지도 제각기 다른, 정치·경제적으로 독립된 폴리스였다. 그리스 문명이 한창일 때 폴리스는 수백 개가 넘었다.

폴리스 구성에서 가장 중요한 요소는 공론과 공동의 결정을 하는 공공장소였다. 폴리스의 모든 일은 시민들이 참여하여 토론과 결정을 하는 과정을 통하여 이루어졌다. 이때 그리스인들은 신성이나 전통, 인간이 만든 법률에 호소하지 않고 토론을 통한 의견 교환과 상호 이해, 이를 바탕으로 한 양보와 타협을 통한 합의에 의해 공동의 문제를 결정했다. 이런 토론과 합의는 이미 호메로스 시대부터

중요했다. 이런 결정 과정은 구성원들 각자의 자유가 전제되어야
가능했다.

초기 폴리스의 정체: 귀족정의 대두

초기 폴리스를 지배하던 세력은 소수의 귀족들이었다. 암흑시대
동안 그리스 사회의 신분에는 커다란 변화가 일어났다. 세습적 왕
은 군사령관으로서 특권을 가지고 있었다. 그러나 그런 왕이 무능
하여 전투에서 패배하는 일이 잦아지자 전사 계급인 귀족들은 군사
령관직을 선출직으로 바꿔 왕권에서 분리시켰다. 이런 조치로 왕도
전쟁 시에는 사령관의 말에 따라야 하게 됨으로써 왕권의 치명적
약화를 가져왔다. 특히 가난하고 작은 집단의 세습 왕은 물질적 경
제 기반도 도덕적 우위도 갖고 있지 못했고, 사치스러운 궁전으로
숨을 방법도 없었으며, 정권 유지를 도와줄 조정 신하도, 왕에게 충
성을 바치는 호위 세력도 없었기에 이를 막을 방법이 전혀 없었다.
이렇게 위엄을 잃은 왕들은 왕위에 걸맞지 못한 개인 인격을 쉽게
드러내면서 결국 많은 귀족들 가운데 한 명으로 전락하고 말았다.

이렇게 왕과 귀족 사이의 상대적 힘의 변화에서 온 결과 새로 나
타난 폴리스의 정체는 귀족정이었다. 기원전 700년부터 기원전 500
년 사이에 왕정은 그리스 세계에서 자취를 감추고 신흥 경제 세력
으로서의 귀족들이 직접 통치에 나섰다. 귀족들은 그럴 능력을 충
분히 갖추고 있었고, 또 귀족 작위가 없었던 신흥 부자들의 협조도
얻었다. 이 시기 이후에도 왕정을 유지한 곳은 스파르타와 마케도

니아, 에페이로스, 키프로스뿐이었다.

아리스토텔레스(기원전 384년~기원전 322년)는 왕실 안의 불화와 법을 무시하는 왕들의 독선적 독재 때문에 왕정이 몰락하게 되었다고 보았다.[4] 실제로 이오니아 지방의 밀레토스에서는 두 왕족 가문이 치열하게 권력 다툼을 하다가 공멸했다. 그러나 대부분의 폴리스에서는 왕들의 권력 남용 때문에 왕정이 무너졌다.

왕이 권력의 상당 부분을 양보한 스파르타와 왕이 시민들과 함께 권력을 나눠 행사하도록 타협한 키프로스에서는 왕정이 유지되었다. 아리스토텔레스는 "왕정은 절제를 지킴으로써 보존되고, 왕들의 특권이 제한될수록 더 오래간다"고 주장하면서, 왕의 통치를 감독하는 감독관 제도를 허용함으로써 왕권의 상당 부분을 양보한 스파르타의 테오폼포스(Θεόπομπος) 왕이 "아버지에게서 물려받은 것보다 더 적은 왕권을 아들에게 물려주는 것이 부끄럽지 않냐"고 묻는 아내에게 "부끄럽긴, 나는 아들에게 더 오래 지속될 왕권을 물려주는 거요"라고 대답한 사건을 전해준다.[5]

그러나 기원전 8세기 무렵부터 귀족정은 심각한 위기에 봉착했다. 이기적 귀족들의 토지 독점과 이에 따른 사회 불안이 위기의 가장 중요한 원인이었다. 암흑시대의 부족국가에서 토지는 비교적 균등하게 분배되어 있었다. 그러나 당시 씨족은 모든 남자 자식에게 재산을 나눠주는 균등상속제였기에 자식이 많은 가정의 땅은 계속 땅이 작게 분할되면서 한 가족조차 먹여 살릴 수 없게 되어 끝내 파산하는 경우가 많았다. 경제적 여유가 있었던 몇몇 유력 가문은 이 기회를 놓치지 않고 가난한 자영농 농부들의 파산을 먹이 삼아 토지를 넓혀갔다. 더욱이 귀족들은 소작인이나 노예를 부려 점점 더 부유해졌다. 게다가 기원전 8세기 2/4분기부터는 농업 이외에 무역이 발달하면서 그리스에 화폐가 도입되었다. 무역업 역시 자본을 가지고 있는 귀족 부자들이 뛰어들기에 훨씬 유리했다. 화폐가 쓰이게 되면서 그렇지 않아도 점점 벌어지고 있던 빈익빈 부익부의 양극화가 더욱 커지고 속도도 빨라졌다. 귀족들은 남아도는 잉여 농산물을 예전처럼 평민들에게 노나주어 자기편으로 만드는 데 쓰지 않고, 팔아서 자본을 축적하기 시작했다. 귀족들은 그렇게 해서 쌓인 돈을 가난한 사람들에게 비싼 이자를 받고 빌려주어 더욱더 큰돈을 벌었다.

그 결과 귀족들은 그들만이 누리는 여가를 도심지에서 보내면서 정치에 전념할 수 있었다. 법을 만들고 해석하는 일도 그들의 차지가 되면서 특권은 확장되고 권력까지 독점했다. 이제 같은 시민이라도 귀족은 피가 달랐다. 귀족들만이 권력의 자리에 오를 수 있었고, 비싼 제물을 바쳐야 하는 신들에 대한 제사를 지낼 수 있었다. 귀족들의 노동 경시 사상이 시작된 것도 바로 이때였다. 이런 귀족들은 그리스 본토 전체에 50여 개 가문에 불과했다.

게다가 기원전 8세기 동안 그리스 세계는 인구가 급격히 늘어나 토지 부족 현상이 더욱 심화되었다. 이에 따라 가진 자와 못 가진 자 사이의 갈등과 긴장은 점점 더 위험한 수준으로 치달았다. 이런 위기에 대한 각 폴리스의 해결 방법은 조금씩 달랐다. 해외 식민지 건설이나 황무지 개간, 또는 정복이나 사회 내부 개혁이 위기를 극복하는 대안들이었다. 이 가운데 가장 널리 쓰인 해결 방법은 해외 식민지 개발이었다.

그리스인들의 식민지 개발

그리스인들이 자신들이 원래 살고 있던 땅을 떠나 식민지를 개척한 것은 기원전 9세기부터였다. 이때 그리스 본토에 살고 있던 이오니아족과 에올리아족은 북쪽에서부터 내려오는 도리아족을 피해 에게해 너머 이오니아 지방에 정착했다. 그리고 이때로부터 200년이 채 지나기도 전에 그리스인들은 남부 이탈리아와 시칠리아, 프랑스와 스페인 남부까지 식민지를 개척했을 뿐 아니라 북아프리카 해안과 흑해에까지 이주하여 폴리스를 세웠다.

이런 놀라운 확산은 초창기에는 외적으로부터의 도피를 위한 것이었지만, 암흑시대 중반부터 지중해 무역이 활성화된 것도 식민지 개척을 결정적으로 자극했다. 기원전 800년쯤에 에우보이아섬 사람들은 순전히 상업적인 목적을 위해 시리아 해안에 '알 미나'와 터키 아나톨리아반도 동남부에 위치한 킬리키아(Κιλικία) 해안에 타르소스(Ταρσός)라는 식민 폴리스를 세웠다. 타르소스는 안티타우로스산맥*에서 생산되는 구리와 그 밖의 광물자원의 집산지였고, 알 미나 역시 아르메니아의 광물자원이 도착하는 곳이었다. 이들은 이 두 항구를 통해 필요한 광물자원을 수입했을 뿐 아니라 자신들이 만든 올리브기름과 포도주 등을 수출했다.

그러나 기원전 8세기 중반부터는 토지 부족이 식민지 건설의 가장 중요한 동기가 되었다. 암흑시대 초기에는 사회 혼란과 인구 감

---

* 터키 아나톨리아반도 동남부 실리키아 지방에 위치한 산맥.

소로 인해 많은 좋은 땅이 주인을 잃었기에 땅 부족 현상이 없었다. 그러나 이런 주인 없는 땅은 곧 사라졌고, 탐욕스러운 귀족들의 비양심적 토지 욕심 때문에 땅 없는 자유시민들의 숫자가 급격히 증가하면서 긴장이 고조되기 시작했다. 이런 땅 없는 불만 세력을 멀리 해외로 보내 식민지를 건설하는 것은 아주 훌륭한 해결 방법이었다.

그리스인들 가운데 가장 먼저 식민지를 개척한 경험이 있는 에우보이아인들이 기원전 775년쯤에는 나폴리만에 있는 이스키아(Ισκία)섬에 피테쿠사이(Πιθηκοῦσαι)를 건설한 것이나, 기원전 750년쯤에 지금 나폴리에 위치한 키미를 세운 것은 농토를 얻기 위한 것으로 보인다. 이들은 또한 케르키라*에도 식민지를 건설했다. 기원전 734년에는 에우보이아의 폴리스 칼키스(Χαλκίς) 사람들이 시칠리아 동쪽 해안에 낙소스(Νάξος)를 세웠다. 코린토스(Κόρινθος) 사람들은 기원전 734년에 이미 에우보이아인들이 식민지를 세운 케르키라에 자신들의 식민지를 건설했고, 그다음 해인 기원전 733년에는 시칠리아 동남부에 시라쿠사(Σιρακούσα)를 세웠다. 그 이후 200년 동안 그리스 본토와 이오니아 지방의 그리스 폴리스들은 남부 이탈리아와 시칠리아는 물론, 흑해와 아프리카 북부 해안, 심지어는 남부 프랑스와 스페인에까지 수많은 식민지를 건설했다.

국내에 토지로 말미암은 갈등이 없더라도 식민지 개척은 또한 국내의 사회적 소요를 일으킬 수 있는 불만 세력을 제거하는 유력한

---

* 그리스 서북쪽 끝에 있는 섬.

방법이기도 했다. 실제로 이웃 메세니아(Μεσσενία)*를 정복하여 토지 갈등을 해결한 스파르타(Σπάρτα)는 전쟁 도중인 기원전 706년, 시민으로 편입할 자격이 없는 사생아들이 반란 음모를 꾸미자 이들을 체포하여 남부 이탈리아의 타라스(Τάρας)로 이주시켰다.

---

* 그리스 펠로폰네소스반도의 서남부 지역으로, 스파르타의 영토 라코니아와 이웃하고 있다.

3

스파르타의 대의 민중정치

스파르타 폐허에서

오늘날 스파르타는 3만 5000명 남짓한 인구를 가진 소도시다. 높이 2404미터의 웅장한 타이게토스산을 배경으로 온 도시가 조용하고 깨끗하다. 도시 중심의 동서로는 고대 스파르타의 전설적 천재 입법가의 이름을 딴 리쿠르코스(Λυκουργός) 길이, 그리고 남북으로는 이곳 출신이자 비잔티온 제국의 마지막 황제인 콘스탄티노스 팔로오로고스(Κωνσταντίνος Παλαιόλογος) 길이 뻗어 있다. 이 콘스탄티노스 팔레오로고스 길을 따라 북쪽으로 끝까지 가면 페르시아 전쟁 때 친위대 300명을 이끌고 테르모필라이까지 가서 장렬하게 산화한 레오니다스 왕(기원전 540년~기원전 480년)의 청동상이 나타난다. 동상이 서 있는 길 이름은 '300명'을 의미하는 '트리코시온(Τρακόσιον)'이다. 동상 뒤에 있는 축구장을 끼고 왼쪽으로 따라 가면 500년에서 200년 정도 세월을 견딘 올리브나무가 들어선 숲 이 나타난다. 그 숲 뒤쪽 언덕이 고대 스파르타의 아크로폴리스다. 언덕 아래 올리브나무 숲으로 조금 들어가면 거대한 돌들로 지어 진 성벽 흔적과 건물 잔해들이 보인다. 지금 한창 발굴 중이어서 돌 마다 번호가 적혀 있고 군데군데 금줄이 쳐져 있다. 그 안쪽에 고 대 원형극장 폐허가 있다. 아테네를 비롯한 다른 고대 그리스 폴리 스의 극장보다 조금 작다는 인상 때문인지 초라하게까지 느껴진다. 고대 유적지에 으레 있는 매표소도 없고 안내 설명도 안 보인다. 그 저 올리브 숲 입구에 화살표 옆에 '고대 스파르타'라고 쓰여 있는 조그만 안내판만 있을 뿐이다. 이곳에 올 때마다 투키디데스(기원전 460년~기원전 400년)가 《펠로폰네소스 전쟁사》(제1권 10장 2)에서 스 파르타를 두고 한 말이 떠오른다.

> 라케다이몬인들의 도시가 폐허가 되고 신전과 건물의 기초만 남
> 게 된다면, 오랜 세월이 흐른 뒤 사람들은 아마도 그들에게 과연
> 명성만큼의 실력이 있었는지 의심하게 될 것이다. …… 그들은 한
> 도시에 모여 살지도 않고, 값비싼 신전이나 물건도 없고, 그리스
> 의 옛 관습에 따라 여러 마을에 흩어져 살기에 외견상 초라해 보
> 일 수도 있을 것이다. 그러나 똑같은 일이 아테네에 일어난다면,
> 사람들은 외관만 보고 이 도시가 실제보다 두 배나 더 강했다고
> 추측할 것이다.

과연 오늘날 스파르타에는 화려한 신전의 흔적도, 궁전 터도 남

오늘날의 왜곡된 인식과 다르게
스파르타는 고대 그리스 세계에서 폭군 독재자들을 몰아내는 데 앞장섰다.
스파르타의 참모습은 폐허가 된 원형극장으로 남아 있을 뿐이다.

아 있지 않다. 거의 다 무너져 버린 원형극장 폐허만 초라하고 을 씨년스럽게 나그네를 맞을 뿐이다. 절제와 극기를 최고의 덕목으로 삼고 검소하게 살던 스파르타인들은 플라톤과 플루타르코스(기원후 46년쯤~120년쯤)*와 같은 수많은 고대 그리스 철학자들에게 가장 이 상적인 국가로 비쳤다. 스파르타의 무엇이 그들을 그토록 매혹했을 까? 현대인들은 물론 당시의 다른 그리스 폴리스 사람들도 제대로 이해할 수 없었던 스파르타 정신이란 무엇일까? 그리고 얼핏 보기 에 전체주의 독재국가의 전형으로 보이는 이 폴리스가 어떻게 기원 전 6세기 동안 코린토스(기원전 583년), 시키온(Σσικυών)(기원전 556년) 등 그리스 곳곳의 폭군 독재자를 몰아낸 나라로 유명했을까?

스파르타가 가장 중요하게 내세웠던 가치는 위계질서와 국가 권 위에 대한 개인의 존중과 복종, 그에 따른 전체에 대한 개인들의 헌 신적 봉사와 희생이었다. 그런 까닭에 스파르타는 군국주의 체제의 독재국가인 듯한 인상을 준다. 그러나 스파르타의 정치 형태는 자 유시민들 사이의 완전한 평등을 바탕으로 권력 분리와 견제, 그리 고 대의에 충실했던 민중정치 체제였다. 고대 그리스에서 간접 민 중정치를 이룩한 폴리스는 스파르타뿐이었다. 기원전 6세기부터 기 원전 5세기에 이르는 동안 스파르타의 정치 발전은 왕에게 집중된 권력이 서서히 민회에서 선출된 에포로이(ἔφοροι)에게로 옮겨가는 과정이었다. 실제 스파르타인들이 가장 중요하게 여긴 정치적 가치 는 '법이 잘 지켜지는 것', 즉 '에우노미아(εὐνομία)'였다. 스파르타가

---

*《비교 생애》(흔히 《플루타르코스 영웅전》으로 알려져 있다)의 저자로 유명한 고대 그리 스 시대의 철학자, 정치가 겸 작가.

기원전 6세기 내내 폭군정 폴리스의 정권을 전복시킨 까닭은 폭군정이 에우노미아를 파괴하는 정치 형태라고 보았기 때문이었다.

기원전 8~기원전 7세기의 스파르타

해외 식민지 개척은 토지를 갖지 못한 불만 자유시민들을 이주시킴으로써 귀족들의 이권과 권력을 안정시키는 장치였다. 그러나 이 방법은 무장을 하고 싸우는 시민 병사의 숫자를 줄이는 부작용을 가지고 있었다. 경제 양극화를 해결하면서도 군사적 손실을 막을 수 있는 방법은 이웃 민족을 정복하여 토지를 확보하는 것이었다. 바로 이 방법을 선택한 폴리스가 스파르타다.

기원전 8세기가 시작될 무렵 스파르타는 토지 귀족이 민회를 지배했던 다른 폴리스들과 크게 다르지 않았다. 아직도 왕정이 유지되고 있다는 것만이 특이한 점이었다. 그러나 스파르타인들은 인구 증가에 따른 토지 부족의 문제와 토지 소유의 극심한 불평등 문제를 풀어나가는 데 있어서 다른 폴리스들처럼 해외 식민지 개척하는 대신 비옥한 이웃 지방 메세니아를 정복하는 전쟁을 선택했다. 대부분 폴리스의 기원전 8세기 역사는 별로 남아 있지 않지만 스파르타는 그들이 치렀던 전쟁 때문에 이 시기의 역사가 비교적 자세히 알려져 있다.

⊙ 제1차 메세니아 전쟁
스파르타가 선전포고도 하지 않은 채 이웃에 있는 메세니아를 쳐

들어가 벌어진 제1차 메세니아 전쟁이 언제 시작되어 언제 끝났는지에 대한 학자들의 의견은 엇갈린다. 그러나 학자들은 가장 유력한 학설로 기원전 735년에서 기원전 715년 사이를 지지하고 있다. 왜냐하면 기원전 776년부터 기원전 736년까지 고대 올림피아 제전에서 일곱 명의 메세니아 출신 우승자 이름이 밝혀져 있기 때문이다. 점령하려는 자와 이를 막으려는 자들 사이의 전쟁은 20년 동안이나 치열하게 계속되었지만 최후의 승자는 스파르타였다. 전쟁에서 진 뒤 많은 메세니아인들이 외국으로 망명했다. 미처 피하지 못한 주민들은 농노로 전락했다. 스파르타인들은 이들을 최초로 정복당한 '헬로스(Ἕλος)'란 도시 이름을 따 '헤일로타이(εἵλοται)'라고 불렀다. 이 명칭은 나중에 스파르타 구성원의 최하층민을 지칭하는 낱말이 된다.

스파르타인들은 제1차 메세니아 전쟁에서 모든 메세니아 땅을 정복하지 못하고 자신들의 영토와 가까운 동쪽 지역만 점령한 듯하다. 전쟁 후에 폴리도로스 왕이 스파르타 시민들에게 나눠준 필지의 수가 3000개 또는 4500개라고 전해진다. 아마도 이 정도의 땅으로는 당시 스파르타를 위기로 몰아넣었던 갈등을 해소하기에는 역부족이었던 것 같다. 전리품 분배에 있어 귀족과 일반 시민 사이의 갈등은 전쟁 전보다 오히려 더 심각해졌다. 토지 부족의 문제를 해결하기 위해 메세니아와 전쟁을 주도한 권력층 귀족은 당연히 자신들의 몫이 일반 시민보다 커야 한다고 주장했다. 그러나 폴리도로스 왕은 민중 편을 들어 이를 거절하고 계급에 관계없이 모든 시민들에게 균등하게 토지를 분배했다. 이에 흥분한 한 귀족 청년이 폴리도로스 왕을 암살했다.

이 암살 사건이 일어난 직후 '파르테니아이(Παρθενίαι)'*라고 불리던 전쟁 중에 태어난 사생아들이 자신들에게도 토지를 나누어 달라는 요구가 거절당하자 이에 불만을 품고 반란 음모를 꾸미다가 발각되었다. 스파르타 정부는 이들을 처벌하기보다는 이탈리아 남부에 타라스라는 식민도시를 세워 그곳으로 추방했다. 기원전 708년에서 기원전 706년 사이의 일이다. 이렇게 전리품으로 얻은 토지에 대한 분배 문제로 스파르타는 분열될 대로 분열되어 긴장은 높아만 갔다. 귀족들은 귀족들대로 자신들이 주도한 전쟁의 결과로 자신들의 영향력이 증가하기는커녕 오히려 상대적으로 경제적 특권이 약화되었다고 느꼈고, 일반 시민들은 일반 시민들대로 목숨을 걸고 싸웠음에도 불평등한 차별을 받았다고 분노했다.

엎친 데 덮친 격으로 스파르타는 안으로는 헤일로타이의 반란 위협에 불안한 상태였고, 밖으로는 이웃 폴리스의 침입을 받을 위험에 시달리고 있었다. 이러던 와중에 결국 스파르타는 기원전 700년쯤에 이웃 테게아스인들과의 전쟁에서 패배했다. 이제 위기는 계급에 관계없이 온 시민들의 현실이 되었다. 이런 위기는 기원전 8세기 1/4분기 동안 내내 계속됐다.

당시 그리스 세계는 급변하고 있었다. 특히 군사 전술적 측면에서 새로운 변화가 급격하게 일어났다. 기원전 700년을 고비로 새로운 무기 개발과 함께 새로운 전술이 개발됐다. 더 이상 그리스 폴리스의 주력 군대는 예전 호메로스 서사시의 영웅들처럼 전차나 말을

---

* 이 말은 '처녀의 아이들', 즉 '아비를 모르는 미혼모의 자식들'이라는 뜻이다.

타고 1대1 대결을 하는 귀족 전사들이 아니고, '호플리테스(ὁπλῖτες)'라 불리는 중무장 보병들이었다. 중무장 보병은 스스로 자신의 무구 일습을 준비할 수 있는 중산층 시민들로 이루어져 있었다. 이들은 청동 갑옷과 정강이 보호대, 튼튼한 투구와 방패로 온몸을 보호하고 창과 칼 등 공격 무기로 무장한 채, 옆 병사와 어깨와 어깨를 붙여 방패를 벽처럼 빈틈없이 붙이고 싸웠다. 기원전 8세기까지만 해도 금속은 비싼 물건이었기에 지배 계층과 비교적 소수의 부자들만이 이런 무장을 할 수 있었다. 그러나 기원전 7세기 중반 들어 금속이 널리 보급되면서 무장을 사들일 수 있는 것이 더 쉬워졌다. 그에 따라 새로운 중무장 보병의 숫자가 많이 생겨났다. 이런 중무장 보병의 밀집 부대 사각형 진법을 '팔랑크스(φάλαγξ)'라고 한다. 이런 변화의 결과, 전쟁터에서 귀족과 일반 시민 사이의 중요도가 비슷해졌다. 아니, 오히려 날이 갈수록 중무장 보병의 역할이 더 중요해지면서 이제 전투의 승패는 전투력이 강한 중무장 보병 시민을 얼마나 많이 가지고 있느냐에 따라 결정되기에 이르렀다. 중무장에는 비용이 따르므로 중무장 보병을 유지하려면 어느 정도 이상의 토지를 가진 중산층이 있어야 했다. 따라서 경제적으로 자립할 수 있는 시민의 수를 많이 확보하는 것이 국가 안보에 결정적인 변수로 등장했다. 또 경제 자립을 한 시민들이 많아질수록 불만 세력도 줄어들게 마련이었기에 사회 안정에도 땅을 가진 중산층 시민 계급은 중요했다.

귀족들도 이런 시대 변화를 충분히 인식하고 있었기에 어느 정도의 양보를 받아들일 의향이 있었다. 문제는 땅을 어떻게 더 확보하는가였다. 이 문제를 해결하기 위해 스파르타는 기원전 675년쯤에 또다시 전쟁을 일으켰다. 이번에는 북쪽에 있는 아르카디아와 아르골리스 지방이 목표였다. 그러나 아직 스파르타는 무적의 군대가 아니었다. 기원전 669년 스파르타는 중무장 보병을 앞세운 이웃의 아르고스에 오히려 참패를 당했다.

⊙ 제2차 메세니아 전쟁과 토지 분배

이런 혼란을 틈타 메세니아 지방의 헤일로타이들이 반란을 일으키자 스파르타는 공포에 빠졌다. 제2차 메세니아 전쟁(기원전 668년?~기원전 651년?)이 시작된 것이다. 이 전쟁에서 귀족들은 아직도 예전 전통에 집착하여 개성이 지워지는 중무장 보병의 팔랑크스에 합류하지 않고 호메로스 서사시의 영웅들처럼 개별적인 전투를 벌인 듯하다.

이 전쟁은 메세니아인들이 북쪽의 아르카디아의 원조까지 받아 결사적으로 버티는 바람에 첫 몇 해 동안 스파르타는 고전을 면치 못했지만 기원전 659년을 고비로 전세는 스파르타 쪽으로 기울기 시작했다. 그리고 기원전 657년에는 메세니아인들의 가장 강력한 요새를 점령함으로써 결정적인 우위를 차지하기 시작했다. 결국 이 전쟁에서도 승자는 스파르타였다. 그 결과, 메세니아인들은 그 이전까지 아직 빼앗기지 않았던 땅마저도 다 잃었다. 이제 스파르타는 펠로폰네소스 땅의 5분의 2 정도를 차지한 그리스 안에서 가장 큰 폴리스가 되었다. 메세니아에 대한 스파르타의 지배는 테바이의 에파메이논다스(기원전 362년 사망)가 레욱트라(Λεύκτρα) 전투에서 스파르타군을 패배시키고 해방시켜주는 기원전 370년까지 계속되었다.

승리한 스파르타는 메세니아의 모든 주민을 노예화하여 헤일로타이 계급으로 편입시키고, 전리품으로 빼앗은 땅과 함께 제비뽑기로 4500명의 시민에게 균등하게 배분했다. 이로써 스파르타는 모든 시민이 농토를 갖게 되었다. 이 토지 분배에서 눈여겨보아야 할 것은 애초에 계급 사이의 양극화를 가져와 위기를 불러일으켰던 라코니아 지방의 귀족 소유 토지에는 손대지 않고 새로 정복된 땅만 분배했다는 점이다. 그 결과, 전통 부자인 귀족들은 여전히 일반인들보다는 많은 땅을 가지고 있어 빈부 차이는 완전히 해소되지 않았다. 나중에 이런 빈부 차이가 스파르타의 아킬레스건으로 작용하여 멸망의 길을 재촉하게 된다.

플루타르코스는 리쿠르고스(기원전 800년(?)~기원전 730년)가 토지 소유의 엄청난 불균형으로 말미암아 가난하고 무력한 시민들이 많아져 폴리스 자체가 힘들어지고, 소수 부자들의 교만과 사치가 가난한 자의 질투와 범죄로 이어지면서 사회 불안이 생긴다고 보고, 귀족들에게 토지를 모두 내놓게 한 뒤 새로 나누어 평등한 생계 수단을 가지고 동등하게 살면서 덕이라는 것만으로 뛰어남을 겨루도록 하는 동시에 천한 행동을 비난하고 훌륭한 행동을 칭찬하는 방법으로 사람들 사이에 차이나 불평등이 없음을 납득하도록 배려했다고 전한다. 그리고 새로 얻은 메세니아의 땅을 9000필지는 스파르타 시민에게, 3만 필지는 스파르타에 거주하는 외국인인 '페리오이코이(Περίοικοι)'들에게 나누어주었다는 것이다. 리쿠르고스는 이렇게 함으로써 부자도 다른 사람과 동등한 지위와 수입으로 살면서 스스로 용기와 명예를 얻도록 하여 죄에서 오는 불명예와 고귀한 행동에서 오는 신뢰만으로 평가받게 만들었다고 전한다. 그렇게 되자 스파르타에는 교만과 사기, 사치와 같은 빈곤과 치부에서 생기는 무서운 병폐가 치유되었을 뿐만 아니라 탐욕과 가난도 사라지고 평등과 독립성만 남아 소송 자체가 사라지게 되었다고 주장한다.[6]

그러나 플루타르코스의 이런 주장은 그리 신빙성이 있어 보이지 않는다. 우선 리쿠르고스라는 인물이 실존했는지조차 확실하지 않고, 실존 인물이라 하더라도 그가 어느 시기에 활동했는지는 알 수가 없다. 플루타르코스는 리쿠르고스의 토지 분배 뒤에 폴리도로스 왕이 토지 분배를 보완했다고 전하는데, 이 주장이 맞는다면 리쿠르고스는 제1차 메세니아 전쟁 당시에 생존했어야 하는데 어떤 기록도 이를 뒷받침하고 있지 않다. 고대 그리스인들은 스파르타의 독특한 정치체제는 물론 모든 특이한 생활 방식을 고안하고 시행한 것이 리쿠르고스라고 믿었다. 그러나 이것은 전설에 가까울 뿐 역사적 사실로 받아들이기에는 무리가 많아 보인다.

⊙ 스파르타의 세 계층

제2차 메세니아 전쟁 후 스파르타는 주민을 폴리스의 정치에 참여할 수 있는 온전한 시민인 스파르티아테스(Σπαρτιάτες)와 스파르타 영토 안에 사는 자유인이지만 정치에는 참여할 수 없는 페리오이코이, 그리고 국가의 노예인 헤일로타이의 세 계층으로 구분했다.

스파르티아테스는 조상 때부터 스파르타 도심에 살던 원주민의 후예들로, 엄격한 스파르타식 교육 과정인 '아고게(ἀγωγή)'를 완수해야 하고, 군인 이외의 직업은 허용되지 않았다. 이들은 메세니아 지방의 일정한 토지를 배정받아 헤일로타이들이 경작하는 생산물로 생활을 꾸려갔다. 그러나 어떤 이유로든 가난해져 자기에게 할

당된 공동생활 비용이나 아고게를 받을 비용을 댈 여력이 없어지면 자격을 상실하고 중간 계층인 페리오이코이로 강등되었다. 이 법 때문에 스파르타는 후대에 전투 등으로 시민을 잃어도 이를 대신할 전사를 보충할 수 없어 국가 유지가 위태롭게 되고 만다. 아주 예외적으로 헤일로타이가 스파르티아테스로 신분 상승을 할 수 있는 경우가 있었다. 어떤 스파르티아테스가 헤일로타이의 아이를 양자로 입양하여 아고게의 비용을 대주었을 때 이 아이가 모든 훈련을 만족스럽게 해내면 시민권을 주었다. 또 다른 경우는 외국에서 유학온 학생이 아고게를 잘 치러 내면 시민권을 주기도 했다. 그러나 이 두 경우는 지극히 예외적인 것이었다.

두 번째 계층인 페리오이코이는 스파르타 영토의 외곽 지역에 사는 자유인들로서 자치권과 재산권을 보장받았지만 정치에는 참여할 수 없었다. 또 이들은 아고게의 대상도 아니었고 스파르티아테스와 결혼도 할 수 없었다. 농업이나 교역, 제조업에 종사하던 페리오이코이들에게는 과세와 참전의 의무가 있었다. 이소크라테스 (기원전 436년~기원전 338년)는 이들이 스파르타가 형성되던 초기에 귀족들에게 권력을 빼앗긴 일반 시민들이라고 전하지만 확실하지는 않다. 이들의 수는 시민의 수와 거의 맞먹었다. 고대 그리스인들은 스파르티아테스와 페리오이코이를 아울러 라케다이몬인 (Λακεδαιμόνιοι)라고 불렀다.

최하류 계층인 헤일로타이는 정복당한 메세니아인들로, 땅에 매인 국가 소유 노예였다. 이들은 수확의 절반을 부재지주인 스파르타인 주인에게 바쳐야 했고 의무적으로 개가죽 모자와 가죽조끼를 착용해야 했으며 연중 일정 대수의 매를 맞아야 했다. 만약 헤일로타이의 주인이 이들에 대한 감시를 소홀히 하면 벌금을 물어야 했다. 이들은 또한 비밀경찰 조직인 '크립테이아(Κρυπτεία)'의 감시를 항상 받아야 했다.

역사학자들의 연구에 의하면 기원전 7세기 중반 스파르타에는 3만 6000명의 스파르티아테스(성인 남자 9000명, 아녀자 2만 7000명)와 3만 명의 페리오이코이, 그리고 12만 명의 헤일로타이가 있었다고 추정된다. 스파르타는 이렇게 자그마치 국민의 3분의 2가 노예인 기이한 모습의 국가로 변모했다.

⊙ 스파르타의 정치개혁

토지 분배보다 더 중요한 개혁은 정치 분야에서 이루어졌다. 고대 그리스인들은 이 정치개혁을 전설적인 입법가 리쿠르고스의 공으로 돌렸다. 플루타르코스에 의하면 리쿠르고스는 왕인 형이 죽자 왕위에 올랐지만 형수가 아들을 낳자 여덟 달 만에 왕위를 내려놓고 해외로 망명했다고 한다. 그는 먼저 크레타로 가서 그곳 귀족정의 여러 형태 정부를 연구하여 나중에 본국에 돌아갔을 때 좋은 법은 채택하고 쓸모없는 법은 없애기로 마음먹었다. 그 후 소아시아 이오니아 지방으로 가서 그곳 사람들의 호방한 생활양식을 크레타의 근엄하고 중용을 지키는 생활양식과 비교하여 앞으로 조국을 이끌어나갈 아이디어를 얻었다. 이어서 이집트로 갔을 때 그곳에서는 군인과 일반 시민을 엄격히 구분하는 것을 보고 나중에 이를 스파르타에 채택하리라 다짐했다. 그러던 중에 조국의 왕과 시민들이 그가 돌아오기를 바란다는 말을 듣고 귀국해서는 개혁을 시작했다. 우선 리쿠르고스는 친족 중심으로 되어 있었던 정부 구성을 지역적

구분으로 대체하여 옛 명문가들의 권력을 약화시키고 시민들이 보다 폭넓게 정치에 참여할 수 있도록 했다. 리쿠르고스가 만들어낸 스파르타의 정치체제는 군주정치와 귀족정치, 그리고 민중정치이 묘하게 혼합된 형태였다.

⊙ 이중 왕권 제도

스파르타의 정치체제에 있어 무엇보다도 특이한 것은 왕이 두 명이라는 것이다. 헤라클레스의 자손인 아기아다이(Ἀγιάδαι) 집안과 에우리폰티다이(Εὐρυποντίδαι) 집안에서 각기 한 명씩 왕을 배출했는데 두 왕가는 이렇게 타협함으로써 왕좌의 상속권을 지킬 수 있었다. 이들은 동등한 자격을 가져 서로의 결정에 대해 거부권을 가지고 있었는데 한 왕이 다른 왕에게 거부권을 행사하면 거부당한 왕은 이를 거스를 수가 없었다. 이는 한 명의 왕이 지나친 권력을 갖게 되어 독재를 하는 것을 막기 위한 장치였다.

왕들은 종교와 사법, 군사 분야에서 나름의 권한과 임무를 가지고 있었다. 왕들은 종교적으로 국가의 최고 제사장이었고, 스파르타 정치에서 늘 중요했던 델포이 신탁에 대한 일들을 담당하여 신탁을 물으러 가는 사절단을 임명하는 등 델포이와 연락을 독점했다. 또 왕들은 공적인 동물 희생제에서 맨 먼저 헌주를 바치고, 제일 먼저 연회석에 앉으며, 모든 음식을 가장 먼저 시중받았고, 남들을 접대할 수 있도록 두 배의 양을 제공받았다. 또 외국에 선물로 보낼 수 있도록 돼지가 새끼를 낳을 때마다 한 마리씩 가질 권리도 주어졌다. 제물로 바쳐진 동물의 가죽과 등심도 왕들의 몫이었다. 운동 경기 관람도 제일 앞줄 특별석에서 하고, 외국사절을 접대할 시민을

임명했다.7)

　군사적으로 왕들은 전쟁 때에 사령관직을 맡을 권리가 있었다. 헤로도토스(기원전 484년쯤~기원전 425년쯤)에 의하면 왕들은 원하기만 하면 어떤 나라하고도 교전할 수 있고 이를 막는 자는 신성모독죄로 저주를 받게 되었다. 또 왕들은 진격할 때는 앞장서고, 물러갈 때는 맨 뒤에 섰다. 싸움터에서는 100명의 정선된 전사들의 호위를 받았다. 원정 때 왕은 개인적 용도로 원하는 만큼의 가축을 가져갈 수 있었다.8) 아리스토텔레스는 스파르타의 왕정을 "일종의 무제한적이고 영속적인 장군직"9)이라고 정의했다. 이는 장군직의 세습이라는 면이 강하게 작용한 결과다.10) 하지만 그들의 군사적 권한은 세월이 흐름에 따라 조금씩 줄어들어 페르시아 전쟁이 벌어진 기원전 5세기 초부터는 왕들이 독자적으로 선전포고할 권한을 잃고 전쟁에 나갈 때 반드시 집정관인 에포로이 두 명과 함께 동행해야 하게 됐다. 사법적으로도 왕들의 권한은 계속 줄어들어 헤로도토스가 역사를 기술했던 기원전 450년쯤에는 상속녀, 양자 입양, 공공도로에 관한 송사 정도로 제한되었다.11) 민사 및 형사 소송*은 처음에는 원로원인 게루시아(Γερουσία)에, 나중에는 집정관들인 에포로이에게 권한이 넘어갔다.

　왕의 또 다른 특권은 스파르티아테스라면 누구나 받아야 하는 교육인 아고게를 받지 않아도 되는 것이었다. 또 왕이 나타나면 모든 시민들은 일어나야 했지만 민회의 대표인 에포로이들은 그대로 앉

---

* 실질적으로 고대 그리스 시대에는 민사와 형사의 구분이 없었다.

아 있었다. 그리고 왕은 자신을 위해서, 에포로이는 폴리스를 대신하여 매달 맹세를 하는데, 왕은 자신의 권한을 폴리스의 법에 따라 행할 것을, 에포로이는 왕이 맹세를 지키는 한 왕위를 보호할 것을 맹세한다. 그리고 왕이 죽으면 영웅으로 기렸다.[12] 이와 같이 스파르타에서 두 명의 왕은 절대권력을 잃고 명목상의 국가원수로 남게 되었다. 이렇게 왕의 절대권력이 합리적 수준으로 축소됨으로써 왕들은 오히려 권력에 대한 시기나 그로 인한 위험에서 벗어나게 되었다. 플루타르코스는 테오폼포스의 왕비가 이런 양보를 한 남편에게 "선조들에게 받은 왕의 권리를 축소해서 아들에게 물려주었다"고 비난하자 테오폼포스 왕은 "왕권이 더 작아진 것이 아니라 더 커진 것이요. 권력이 더 오래갈 것이기 때문이요"라고 응수했다고 전한다.[13]

그러나 모든 왕이 이런 왕권 제한에 반발하지 않은 것은 아니었다. 클레오메네스 1세(기원전 489년쯤 사망, 재위 기원전 519년~기원전 490년)나 아게실라오스 2세(기원전 444년~기원전 360년, 재위 기원전 400년~기원전 360년) 같은 강력한 왕들은 기존 정치 기구와 충돌하여 문제를 일으켰다. 그러나 그들의 이런 시도는 결국 실패하여 추방이나 폐위당하는 불명예를 당했고, 그 이후 스파르타에서는 왕이 왕위에 적합한가를 점성술에 의해 판단해 폐위시키는 것을 법제화하기에까지 이르렀다.

⊙ **게루시아**(원로원)

스스로 해외로 망명하여 여러 나라를 돌아다니며 이상적인 정치 형태를 연구한 리쿠르고스가 귀국하여 제일 먼저 착수한 것은 정치

개혁이었다. 리쿠르고스는 개혁에 앞서 몸소 델포이로 가서 신탁을 물었다. 신탁은 앞으로 그가 만들 법은 좋은 법이 될 것이며 이 법을 지키는 동안 그의 나라는 세상에 널리 이름을 떨치게 될 것이라고 예언했다. 리쿠르고스가 델포이로부터 받은 '레트라(ῥήτρα)'*라고 부르는 이 법은 신성한 것으로 여겨져 거의 400년 동안 큰 변경 없이 그대로 지켜졌다. 이 법은 현존하는 최고(最古)의 헌법으로 알려졌다.

이런 신탁에 힘을 얻은 리쿠르고스는 두 명의 왕과 28명의 원로, 이들 30명에게 완전무장을 하고 아침에 시장으로 가서 대기하라고 명령했다. 개혁에 반대하는 사람들을 겁주려는 목적에서였다. 이렇게 게루시아라고 불리는 30인의 원로원을 만든 것이 그의 첫 번째 개혁이었다. 이 기관은 왕들과 동등한 권한을 지닌 기관으로서 절대적인 왕권을 완화하는 동시에 민중들의 지나친 요구를 견제하여 폴리스에 안정과 평화를 가져다줄 장치였다.[14]

일종의 입법 기관인 게루시아의 원로들은 민회에서 선출되었는데 종신직이었고, 후보 자격은 60세 이상의 왕가 귀족 출신으로 제한되어 있었다. 스파르타에서는 아직 60세가 되지 않은 사람은 나라의 정책을 결정하기에는 미숙하다고 여겼기 때문이다. 결원이 생겨 새로운 원로를 뽑을 때는 평판 높은 시민들을 후보로 정하고, 이들 가운데 민회에서 남들보다 더 큰 박수를 받은 사람을 당선자로 결정했다. 스파르타인들은 이 방법이 가장 공정하고 민중정치적인

---

* 원래는 '말씀' 또는 '선언'이라는 뜻으로, 여기에서는 델포이의 '신탁'을 뜻한다.

것이라고 생각했다.[15]

게루시아는 땅의 소유와 군 복무, 시민들의 공동식사에 내야 할 공동비용과 같은 중요한 사항에 대한 입법권을 가지고 있었다. 이들은 국가의 중요한 정책들을 심의하여 과반수 이상의 찬성에 의해 결정된 법안을 민회에 제안했다. 이때 항상 두 개의 법안을 제출해 민회가 그 두 법안 가운데 하나를 선택하도록 했다. 그리고 민회에서 어떤 법안이 부당하게 통과되었다고 생각하면 게루시아는 그 결정을 뒤집을 수 있는 비토권을 가지고 있었다. 스파르타의 모든 공공정책은 게루시아를 통과해야 합법적인 것으로 받아들여졌다. 또 게루시아는 기원전 5세기 초까지 최고 법정으로 살인과 같은 중요 범죄에 대한 재판권을 가지고 있었다.

⊙ **아펠라**(민회)

게루시아를 만든 다음 리쿠르고스가 공을 들인 정치개혁은 민회 창설이었다. 그가 델포이에 갔을 때 원로들로 이루어진 게루시아의 창설과 함께 시민들을 위한 기구도 만들라는 신탁을 받았기 때문이다.[16] '아펠라(Ἀπέλλα)'라고 불리던 이 민회는 30세 이상의 스파르타 시민으로 이루어졌다. 다만 전쟁에서 패배하고 돌아온 자와 유산에 의문점이 있는 자, 그리고 가난해져서 자신의 경제적 의무를 제대로 감당하지 못하게 된 자는 시민 자격을 박탈당해 민회에 참석할 수 없었다.

민회는 한 달에 한 번, 보름달이 뜨는 날 열렸다. 모든 법은 민회의 동의를 구해야만 효력이 있었다. 민회는 투표를 통해 게루시아가 제출한 두 개의 법안 가운데 하나를 선택했다. 민회는 법안에 대해 투표로 평민들이 최후의 결정과 판결을 내리는 곳이었지만 법안에 대하여 논의하거나 개정하는 일은 불가능했다. 원래는 법안에 대한 논의와 개정도 가능했던 것 같으나 민회가 자꾸만 법안을 개정하게 되자 테오폼포스와 폴리도로스 치세 때 게루시아가 이렇게 수정된 법안이 부당하다고 생각하면 거부할 수 있도록 했다고 전해진다. 이런 제한은 게루시아가 민회를 법 제정의 훼방꾼으로 전락시킨 것으로, 민회의 권한을 대폭 축소시키는 결과를 가져왔다. 그러나 본질적으로 전사 계급의 모임인 민회는 군사 지도자 선출이나 전쟁과 평화 같은 해외 정책 결정에 큰 영향력을 가지고 있었다. 이런 민회의 권력이 어디에서 기원했는가는 스파르타의 비밀주의와 사료 부족으로 잘 알려져 있지 않다. 기원전 700년 이후 스파르타 민회의 성격은 거의 변화하지 않아 민회는 정치력에 있어서 큰 발전을 하지 못했다.

⊙ 에포로이(집정관)

스파르타에는 '에포로이'라는 민회보다 더 확장된 권력을 가진 민중 기구가 있었다. 일반 시민을 대표하는 다섯 명의 에포로이들은 민회에서 선출되었는데 신분 제한은 없었고 임기는 1년이었으며, 중임은 금지되었다. 이 기구는 레트라에는 언급되어 있지 않아 정확하게 언제 만들어졌는지는 확실하지 않다. 헤로도토스는 이 에포로이 제도를 리쿠르고스가 만들었다[17]고 하는 데 비해 플루타르코스는 리쿠르고스의 개혁이 있은 지 130년 만인 테오폼포스 왕 때 만들어진 것[18]이라고 전한다. 그러나 스파르타의 역사 기록에는 기원전 754년에 이미 당시 에포로이의 이름이 나온다.

에포로이는 정부의 법령 집행과 군과 경찰 업무, 비밀경찰 크립테이아 운영과 같은 모든 실질적인 권력 행사를 했고, 또 민회인 아펠라와 귀족 집단 게루시아 회의를 주관했다. 이런 권한들은 원래 왕들의 것이었는데 기원전 7세기와 기원전 6세기 사이에 모두 에포로이들에게 넘어갔다. '킬론(Xίλων)'이라는 유능한 정치가가 에포로이로 활동하던 기원전 556년에서 기원전 553년 사이에 에포로이의 권력이 왕들과 동등하게 되었다고 한다. 이 이후에 에포로이와 왕들은 민회의 주도권을 놓고 자주 충돌했다. 그러나 에포로이들은 게루시아와 협조 아래 1년이라는 시한부 임기의 약점을 보완해 가며 성공적으로 왕들과 맞섰다. 특히 에포로이들은 게루시아에 고소하여 왕들을 소환하거나 업무를 정지시킬 수 있는 자신들의 특권을 이용해서 왕들을 제압해나갔다. 페르시아 전쟁이 끝난 뒤로는 왕의 권한이었던 외국사절 영접, 시민들 사이의 분쟁 판결, 군 지휘까지 모두 에포로이들이 행사했다. 그뿐 아니라 왕들에게 지시를 하거나 왕들에 대한 처벌과, 그 처벌에 대한 면책까지 결정하는 권한도 갖게 되면서 실질적인 최고 권력 기관으로 발돋움했다. 이 시기에는 오로지 게루시아만이 에포로이를 제어할 수 있었다.

스파르타의 시민들은 아직 에포로이의 권한이 강하지 않던 기원전 7세기에 이미 에포로이로 뽑힐 수 있는 피선거권을 얻었다. 이는 아테네 시민들의 피선거권 획득보다 적어도 두 세대 앞서는 쾌거였다. 아리스토텔레스는 모든 시민이 에포로이로 뽑힐 수 있는 피선거권이 있었기에 스파르타 체제가 그렇게 오래 유지될 수 있었다고 보았다. 일반적으로 민중들은 자신들이 최고의 권력으로부터 소외되지 않고 그 자리에 오를 가망성이 있으면 그 정치체제를 유지하

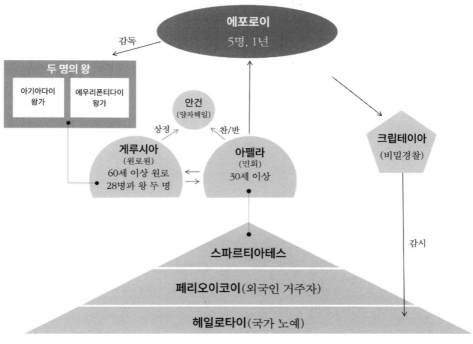

에포로이
5명, 1년

감독

두 명의 왕
아기아다이 왕가 | 에우리폰티다이 왕가

안건
(양자택일)

상정

찬/반

크립테이아
(비밀경찰)

게루시아
(원로원)
60세 이상 원로
28명과 왕 두 명

아펠라
(민회)
30세 이상

스파르티아테스

페리오이코이(외국인 거주자)

헤일로타이(국가 노예)

감시

스파르타의 정체

고 싶어 하게 마련이라는 주장이다. 바른말이다.

이런 독특한 스파르타 정치체제의 목적은 오직 하나다. 개인이건 집단이건 그 누구도 권력을 독점하여 독재를 할 수 없게 하기 위함이다. 이를 위해 치밀한 정치적 장치를 마련하다 보니 이런 독특한 정치 형태가 나타나게 된 것이다. 스파르타인들은 이렇게 정해진 법들을 철저하게 잘 지켰다. 독재에 대한 스파르타인들의 이런 두려움과 혐오가 스파르타가 기원전 6세기 동안 그리스 세계에서 폭군 독재자들을 몰아내는 데 열을 올리도록 만든 것이다. 독재를 철저하게 방지하는 제도를 통해 이루어낸 스파르타의 질서와 평등은 다른 나라에까지 영향을 끼쳤다. 현명한 정부와 훌륭한 생활태도로 타의 모범이 되었기 때문이다.

4

스파르타식 교육과 생활

테르모필라이 콜로노스 언덕에 서서

아테네에서 고속도로를 따라 북쪽으로 한 시간 정도 가면 제2차 페르시아 전쟁 때 스파르타의 레오니다스 왕과 300명의 결사대가 페르시아의 100만 대군을 맞아 장렬하게 산화한 테르모필라이에 도착한다. 기원전 5세기 때에는 늪이었던 곳을 개간하여 만든 아스팔트 길옆에는 금방이라도 창을 던질 듯한 모습의 레오니다스 왕의 기상 높은 동상이 서 있고, 그 아래에는 그와 함께 죽은 300명의 용사들을 조각한 부조가 있다. 부조 아래에는 용사들의 이름이 하나하나 새겨져 있다.

길을 건너 콜로노스 언덕은 이들이 비장하게 산화한 곳이다. 기원전 480년 여름, 건너편에 에우보이아섬이 보이는 해발 15미터에 불과한 이 낮은 언덕에는 긴장이 감돌았다. 크세르크세스 대왕(기원 전 519년쯤~기원전 465년)이 직접 지휘하는 페르시아 대군이 언덕 북쪽의 평원에 진을 치고 있었고, 언덕 위에는 스파르타의 레오니다스 왕과 그의 결사대 300명이 죽음을 각오하고 길목을 막고 있었다. 크세르크세스는 나흘 동안 매일 자신의 군대들로 하여금 시위를 하게 하여 그리스인들이 전투를 벌였다가는 중과부적으로 절대 살아서 돌아갈 수 없음을 깨닫고 스스로 물러가게 하려고 했다. 그러나 후퇴를 모르는 스파르타의 결사대는 꿈쩍도 하지 않았다. 이에 화가 난 크세르크세스는 닷새째 되는 날 총공격을 명령했으나 통로가 좁아 수적 우세를 이용할 수 없었을 뿐 아니라 개개인의 전투력에 있어 스파르타인들이 월등히 우세하여 피해만 보고 물러나야 했다. 다음 날에는 페르시아의 최고 정예부대이자 대왕의 근위병인 '아타나토이(죽지 않는 자들)'를 보내 공격하게 했으나 결과는 마찬가지였다. 그리고 페르시아인들은 매번 공격 때마다 엄청난 전사자가 나오자 사기가 떨어졌다. 이렇게 이틀 동안 공격이 무위로 돌아가자 크세르크세스는 고민에 빠졌다. 그러던 중에 에피알테스란 그리스인이 산중에 양치기들이 다니는 오솔길이 있다는 정보를 가지고 오자 크세르크세스는 아타나토이를 그 길로 보내 포위 공격을 하게 했다.

당시 테르모필라이를 지키던 그리스 폴리스의 연합군 수는 3930명이었다. 배반자 에피알테스의 안내를 받은 페르시아군이 자신들의 배후로 돌아 들어와 포위할 것이 확실해지자 레오니다스는 다른 나라 병사들에게 훗날을 기약하라며 후퇴하라고 말했다. 다른 폴리스의 군대는 그의 말을 듣고 떠났지만 그 근방에 자신들의 조국이

기원전 480년 소규모 군대를 이끌고 테르모필라이에서 페르시아의 대군에 맞서 싸우다 전사해
굴복하지 않는 스파르타의 정신을 보여준 레오니다스 왕.
그를 기린 조형물이 테르모필라이의 대로변에 서 있다.

있는 데스페이아이의 700명의 전사들은 어차피 한 곳이 뚫리면 자
신들이 살아남을 수 없음을 잘 알았기에 물러나지 않고 스파르타인
들과 함께 최후까지 싸웠다. 전투가 시작된 지 사흘째 되는 날, 페
르시아군에 포위당한 1000명의 그리스인들은 모두 장렬하게 산화
했다.

　그들이 전멸한 지점에 마지막으로 전투를 벌일 때의 스파르타

300 용사들의 대열을 상징하여 만든 원형 기념 조형물이 하나 있다. 그 기념비 한가운데에 있는 붉은 사각형 안에 적혀 있는 기원전 5세기 아테네의 유명한 서정시인 시모니데스(기원전 556년~기원전 468년)의 시구절이 외로운 나그네의 심금을 울린다. 페르시아 전쟁이 끝난 뒤 시인이 직접 여기로 와서 조국의 자유를 위해 산화한 300명의 스파르타 용사들을 기리기 위해 쓴 시다.

지나가는 나그네여,
라케다이몬(스파르타) 사람들에게 전하라!
그들의 명령에 따라
우리가 여기 누워 있노라고.

스파르타의 금수저들 가운데 가장 고귀한 신분인 이들은 뻔히 죽을 줄 알면서 이곳으로 왔다. 그리고 죽음을 앞두고도 조금의 흔들림을 보이지 않았다. 페르시아의 크세르크세스 대왕이 목숨은 살려줄 테니 무기를 내려놓으라고 하자 레오니다스 왕은 "몰론 라베!(Μολὼν λαβέ! 네가 와서 가져가!)"라고 대답했다. 이들의 기상은 너무 높아 끊임없이 사람들의 경탄을 불러일으켰고, 역사상 이들보다 더 고귀한 희생을 찾아보기 힘들다.

기원후 1세기에 이곳을 찾은 철학자 아폴로니오스 티아네우스(기원후 15년~100년)는 한 제자가 "세상에서 어느 산이 가장 높으냐?"고 묻자 "이 콜로노스 언덕이 바로 세상에서 가장 높은 산이다. 왜냐하면 이 언덕에서 가장 고매한 자들이 법에 복종하여 자기를 희생함으로써 기초는 이 땅 위에 있지만 정상은 하늘의 별까지 닿는 인간의 기념비를 세웠으니까"라고 대답했다.

무엇을 위해 싸우는가를 아는 군대를 이길 군대는 없다. 자유를 위해 싸운 자들, 그들은 자유가 피가 낭자한 곳에서만 피어난다는 것을 잘 알고 있었다. 자유는 투쟁을 통해서만 얻을 수 있는 것이기 때문이다. 그리고 자유 없이 민중정치는 불가능하다.

그러나 무엇이 이들을 이토록 고귀하고 용감하게 만든 것일까? 신분의 고하를 막론하고 나라를 위해서라면 자신의 행복이나 부귀 영화를 헌 짚신짝처럼 내던지고 목숨까지 바칠 수 있었던 스파르타 인들의 고매한 엘리트 정신은 어디서 오는 것일까? 시민 전부를 이런 영웅으로 만든 스파르타식 교육의 본질은 무엇인가? 그리고 그토록 위대했던 나라가 왜, 그리고 어떻게 멸망하게 되었을까? 내가 그곳을 처음 갔던 날, 기온이 42도라는 기상청 예보가 있던 그 여름 날 오후, 잔인하게 지글거리며 내리쬐던 뙤약볕도 나의 이런 의문과 궁금증을 막지 못했다.

스파르타의 사회개혁과 생활방식

⊙ 사회개혁의 배경

기원전 7세기에 개혁을 하는 동안 스파르타의 귀족 계층은 거의 모든 특권을 잃고 다른 시민들과 마찬가지로 전사 계급의 일원으로 편입되었다. 이제 스파르타 사회는 일종의 전사 계급 길드와 같은 조직으로 변했다. 스파르타의 귀족들이 특권을 스스로 포기하고 자신들에게 불리한 변화를 받아들인 까닭은 무엇일까? 이 모든 변화는 스파르타의 메세니아 정복에서부터 시작되었다.

이미 이야기한 대로 기원전 8세기 들어 인구 증가로 경작할 땅이 부족해지고, 거기에 일부 귀족들이 땅을 독차지하면서 양극화가 심해져서 사회 위기가 왔다. 이 위기는 크게 두 가지로 나눌 수 있다. 하나는 가난한 시민들의 불만이 위험 수준에 와 있다는 것이고, 또 다른 하나는 무장할 수 있는 시민의 수가 줄어들면서 전쟁을 치를 병사의 수 역시 줄어들어 국방 문제가 심각해지고 있었다는 것이다. 이런 문제를 해결하기 위해 귀족들이 중심이 되어 이웃 나라 메세니아를 침략하여 오랜 기간 동안의 치열한 전투 끝에 메세니아를 정복했다. 그 결과, 자신들의 시민 수보다 훨씬 많은 헤일로타이를 지배하게 되면서 피정복민의 끊임없는 반항과 반란 위협은 스파르타 사회의 새로운 불안 원인이 되었다. 게다가 주변의 적들도 만만하지 않은 상대였다. 이런 상황에서 스파르타는 자신들의 생존을 안전하게 만들기 위해 별로 고분고분하지 않은 내부의 적 헤일로타이들을 항구적으로, 그리고 효과적으로 억압하는 데에 자신들이 가진 모든 역량을 쏟아야만 했다.

기원전 7세기 초에 스파르타는 아직도 귀족 계급과 민중 사이의 갈등을 해결하지 못한 채 정치적 위기가 계속되면서 시대 변화에 제대로 대처하지 못해 국가 방위력은 눈에 띄게 약해졌고, 끝내는 아르고스에 참패를 당하는 수모를 겪었다. 항상 기회를 엿보던 메세니아인들이 스파르타의 이런 약한 모습을 보고 다시 반란을 일으켰다. 악전고투 끝에 헤일로타이의 반란을 진압한 스파르타는 자신들을 거의 멸망의 위기로 몰아갔던 내부 갈등을 그대로 내버려 둘 수 없음을 절실하게 느꼈다. 귀족들도 더 이상 특권을 주장하지 않고 자신들의 특권을 내려놓았다. 그러지 않고는 스파르타라는 폴리스가 유지될 수 없음을 잘 알고 있었기 때문이다. 그런 까닭에 왕을 비롯한 모든 귀족 계급이 거의 혁명이라고 할 정도의 정치개혁을 순순히 받아들였다. 귀족정을 지키기 위해 귀족들이 이웃 정복 전쟁을 주도했지만 그 결과로 귀족이 없는 민중 중심 정부가 들어선 것은 아이러니하다. 그러나 이런 변화에서, 위기 앞에서 하나가 되는 스파르타의 장점이 가장 분명하게 드러난다.

정치는 일상생활에 가장 큰 영향을 끼치는 요소이기에 정치개혁은 자연스럽게 사회 전반의 변화를 가져왔다. 스파르타는 새로운 체제를 떠받치기 위해 직업과 교육, 공동생활, 결혼제도 등, 몇 가지 독특한 장치를 고안했다. 이 이후 스파르타는 거의 400년 동안 어떤 변화도 거부하고 그 체제를 그대로 유지하는 가장 보수적인 전사 계급 사회로 고착됐다.

⊙ 군인 이외의 직업 금지

스파르타가 강력한 전사 계급을 양성하고 유지하기 위해 가장 먼저 취한 조치는 직업의 제한이었다. 모든 스파르타인들은 군인 이외의 어떤 직업도 가질 수 없었다. 플루타르코스는 리쿠르고스가 이 제도를 군인과 일반 백성을 분리한 이집트에서 가져왔다고 전한다. 리쿠르고스는 이런 조치로 특권 계급인 스파르타인들을 천하고 기계적인 작업에 종사하는 노동자들과의 접촉을 금지하여 스파르타를 높은 품격과 아름다움을 가진 나라로 만들었다는 것이다. 농사는 농노 계급인 헤일로타이가 맡았고, 무역을 비롯한 상업과 수공업은 외국인 거주자인 페리오이코이가 맡았다.

스파르타인에게 상업이나 수공업을 못하게 한 또 다른 이유는 다른 폴리스에서 상공업에 종사하는 시민들이 과두정이나 폭군정을 지지하는 경우가 많았기 때문에 이를 피하려는 의도에서였다. 그러나 남자들에게 국한된 이런 경제 부분에 대한 제약은 나중에 교육받지 못한 여자들이 경제권을 휘두르게 만듦으로써 빈부 격차를 심화시켜 스파르타의 몰락을 재촉하는 원인이 된다.

⊙ 스파르타식 교육: 아고게

강력한 전사 계급 양성에 가장 중요한 것은 엄격한 훈련과 교육이었다. 새로운 정치체제 안에서 스파르타의 자유시민은 모두 동등한 전사 엘리트들이었다. 그들은 헤일로타이가 농사를 지어 소작의 반을 바치는 땅을 가지고 있고, 이 소득을 바탕으로 시민의 필수 교육 과정인 '아고게'를 받는 데 필요한 비용과 공동식사에 할당된 제몫을 내놓았다. 왕이나 귀족이라는 세습 계급이 사라진 것은 아니었다. 귀족들은 여전히 사유재산을 상속받아 부자-상류층을 이루고 있었다. 하지만 차이는 거기까지였다. 새로운 스파르타 사회에서 모든 시민은 계급에 관계없이 모두 필수 교육 과정인 아고게를 받아야 했다. 오직 왕위 계승자들만이 아고게가 면제되었다. 스파르타는 이 아고게를 통하여 모든 구성원에게 동일한 가치관을 주입했다. 아고게의 교육 내용은 읽기와 쓰기, 역사 교육, 음악 중시, 체육과 군사 교육, 토론에서 짧고 명확하게 말하기 등이었다.

모든 스파르타 남자아이는 만 6세가 되면 어머니 곁을 떠나 국가가 운영하는 집단생활 교육장으로 들어가야 했다. 그들이 가장 먼저 받는 교육은 읽기와 쓰기였는데 문맹을 벗어나는 정도로 아주

기초적인 수준이었다고 한다. 만 12세까지 계속되는 이 기초 교육 과정 동안 아이들은 스스로 뽑은 반장의 지도 아래 생활했다. 이 시기에 스파르타인들의 가장 특징적인 성품인 복종과 위반 시의 처벌 감수, 호전적 용기와 가치관을 길렀다. 아직 불굴의 정신을 기르는 교육은 하지 않았고 도덕적 가치를 배우고 그 실천을 할 수 있는 습관을 형성하는 시기였다.

만 13세가 되면 본격적인 군사훈련과 정신교육이 시작됐다. 머리를 짧게 깎고 맨발로 다녀야 했으며, 속옷도 없이 홑겹 옷 하나만 달랑 입고 생활해야 했다. 목욕은 금지되어 강을 건널 때나 비가 올 때 몸을 씻는 것으로 만족해야 했으며, 잠자리도 골풀을 깐 거친 것이었다. 식사량도 항상 모자라 굶주림을 벗어나려면 도둑질을 해야만 했다. 그러나 들키면 불명예와 처벌을 감수해야 했다.

만 19세가 되면 전투에 참가할 수 있는 자격을 얻었다. 이때부터 7세 이상 아동들의 감독관으로 활동했다. 또 성인들의 공동체인 시시티아(συσσίτια)의 일원으로 받아들여지는 시험을 통과해야 했다. 기존 구성원들이 투표를 통해 이들의 입문을 결정했다. 단 한 명이라도 반대하면 그의 입문은 이루어지지 않았다. 이 시험을 통과하지 못한 젊은이는 10년 동안 여러 공동체를 다니며 받아들여지기 위한 시험을 치러야 했다. 그러다가 끝내 아무 공동체에서도 그를 받아 주지 않으면 정식 시민권을 얻을 수 없었다. 이런 과정을 거쳐 만 24세가 되어야 비로소 정식 전사로 인정받았고, 만 30세가 되면 완전한 시민으로 인정되어 병영생활을 벗어나 독자적으로 가정을 꾸릴 수 있었다. 또 민회에 참석하고 에포로이로 뽑힐 수 있는 자격도 생겼다.

스파르타인들은 이런 아고게 교육을 통해 강인한 체력과 죽음을 두려워하지 않는 용기, 극기와 절제로 모든 역경과 결핍과 고난을 이겨나가는 불굴의 의지와 인내, 행-불행에 좌우되지 않는 평정심, 복종과 책임감으로 이루어진 확고한 기강과 법에 대한 경외심, 쾌락에 대한 경멸, 정직과 건강관리, 그리고 무엇보다도 공동체를 위해 자신을 희생하는 고귀한 의무를 배웠다. 이런 우수한 전사들을 가진 자신감에서 스파르타는 방어를 위한 성곽을 갖지 않았던 유일한 폴리스였다.

스파르타식 교육은 이미 고대 그리스 시대부터 훌륭한 것으로 유명하여 이에 감명을 받은 다른 폴리스의 귀족들이 자기 자식을 유학 보내 스파르타 아이들과 함께 교육받기를 바랐다. 실제로 이런 아이들 가운데 우수한 사람 몇 명은 스파르타 당국으로부터 정식 시민의 자격을 얻기도 했다.*

어려서부터 공동숙식을 통해 가치관을 공유하게 하고 개인의 이기심을 버리고 나라와 민족을 위해 봉사하고 심지어 비상시에는 자기 생명을 내놓은 고귀한 희생정신을 기르는 스파르타식 교육은 영국을 비롯한 서양 제국의 엘리트 교육의 본보기가 되었다. 아시아에서 세계적 제국을 꿈꿨던 군국주의 일본도 이를 본 따 자기 나라 엘리트 교육을 스파르타식으로 했다. 그러나 이런 제국들이 식민지의 엘리트 교육을 할 때는 특권의식은 그대로 심어주었으나 나라와 민족을 위해 목숨을 바치는 고귀한 희생정신은 가르치지 않았다.

---

* 스파르타에서는 이런 외국 유학생을 '신트로포스(σύντροφος)', 즉 '함께 식사하는 자'라고 불렸다.

그런 까닭에 식민지의 엘리트들은 특권의식만 내세우며 대우를 받으려고만 하지, 베풀거나 희생하지는 않는다. 식민지를 겪은 나라들의 이런 비극은 독립을 한 뒤에도 고쳐지지 않은 채 나라 발전을 가로막고 있다.

⊙ 공동식사: 시시티아

스파르타의 또 다른 독특한 제도는 공동식사 제도다. 30세 이상 60세 이하의 모든 시민은 15명 정도의 공동체에 함께 식사해야 했다. 여기에는 왕도 예외가 아니었다. 각 구성원은 매달 공동식사를 위한 할당량을 가져와야 했다. 플루타르코스에 의하면 매달 한 사람당 보리 77리터와 39리터의 포도주, 치즈 3킬로그램, 무화과 1.5킬로그램, 그리고 고기나 생선을 살 수 있도록 아이기나 돈 5오볼로스를 가져와야 했다. 만일 누군가가 이 할당량을 감당할 수 없게 되면 완전한 시민에서 탈락하여 페리오이코이의 지위로 강등됐다.

공동식사에서는 모두 똑같은 음식을 먹었다. 그리고 이 음식은 맛이 없기로 악명이 높았다. 이 음식을 먹어 본 외국인이 스파르타인들이 왜 죽음을 두려워하지 않는가를 알 수 있다고 했을 정도다. 이런 제도를 만들었다는 것은 플루타르코스의 말대로 놀라운 일이었다.[19] 왕을 비롯한 어떤 부자도 남들보다 더 좋은 음식을 먹을 수 없도록 만듦으로써 사치와 재물의 의미가 거의 사라지게 되었기 때문이다. 공동식사를 통해 스파르타 사람들은 사치스러운 식탁에 앉아 인생을 낭비하지 않게 되었고, 과식과 식탐으로 몸과 마음이 약해져 환자처럼 많은 보살핌을 필요로 하는 일이 없게 되었다. 잠을 많이 자고 따뜻한 물로 목욕하는 것도 금기였다. 스파르타에서 건강은 기본 덕목이었고, 병에 걸린다는 것은 일종의 범죄였다. 이런 엄격한 제한은 전쟁 중에는 상당히 완화되었다. 그런 까닭에 스파르타인들은 전쟁을 오히려 일종의 휴식으로 받아들였다고 한다.

또 공동식사는 스파르타인들로 하여금 혼자 살 수도 없고 또 그러기를 바라지도 않는다는 의식을 심어주었으며, 각자가 자유로이 생각하고 독립적인 성품을 지닌 채, 나라를 위해서는 모두 하나가 되고 애국심과 동지애로 굳게 뭉치게 만들었다.

공동식사에는 반드시 전원이 모두 참석해야 했다. 희생제와 같은 종교의식에 참가해야 하거나 사냥을 하러 갈 때에만 예외가 인정되었다. 왕이라고 해도 예외가 아니었다. 아테네군에 승리를 거두고 온 아기스 왕이 왕비와 단둘이 식사하기 위해 공동식당으로 하인을 보내 자기 몫의 음식을 보내라고 명령했지만 공동식사의 책임자는 이를 거절했다고 한다.[20] 식사 때 포도주를 마시지만 취하는 것은 절대 금기였다. 또 식사를 마치고 집으로 돌아갈 때 어떤 경우에도 횃불 사용을 금했다. 어둠 속에서도 대담하게 움직일 수 있는 버릇을 들이기 위한 조치였다. 공동식사장은 또한 아이들의 교육장소로도 활용되었다. 아이들은 이 자리에서 어른들이 나누는 대화를 들으며 스파르타식의 간결하지만 날카로운 대화법과 국정에 관한 일을 배웠다.

◉ 결혼제도와 우생학

스파르타의 인구 부족은 전사 수의 부족을 의미했고, 이는 곧 국방 약화라는 위기를 의미했다. 그런 까닭에 스파르타에서는 가임 여성들이 될 수 있는 대로 많이, 튼튼한 아이를 낳도록 하는 것이 매우 중요했다. 이런 필요성이 그리스 세계에서 스파르타 여인들만이 독특한 특권을 갖도록 허용했다. 소녀들을 위한 특별한 공적 교육제도는 없었다. 여자아이들은 집안에서 하는 도덕적 교육을 통해 겸손과 복종을 배웠다. 그러나 스파르타의 소녀들은 튼튼한 몸을 만들기 위해 어려서부터 남자아이들과 함께 운동했고, 축제 때 남자들과 동등한 자격으로 춤과 합창 공연과 운동 경기에 참가했다. 스파르타에서 여성다움은 미덕이 아니었다.

스파르타의 여성은 남성에 맞먹는 자유와 권리를 가지고 있었다. 가장 큰 권리는 재산 소유권이었다. 아테네를 비롯한 그리스의 다른 폴리스에서는 여자들의 재산이 남편이나 오빠, 자식에게 속해 있어 여자가 온전한 경제권을 행사하지 못했다. 그러나 스파르타에서는 여자도 남자와 동등하게 재산권을 가지고 있었고, 실제로 전쟁터에 자주 나가야 하는 남자들보다 여자들의 재산권 행사가 더 많았다. 특히 전시에는 부인이 집안의 유일한 주인이었다. 일부 고대 철학자들은 훈련을 받지 않은 여자가 이런 자유와 권리를 갖는 것은 문제를 일으킬 여지가 많다고 지적했다. 아리스토텔레스는 여자들의 지나친 자유와 재산권 행사를 스파르타 멸망의 주요한 원인의 하나로 보았다. 그는 자기 시대에 스파르타의 토지 40퍼센트 이상을 여자들이 가지고 있다고 생각했다.[21] 이런 토지 독점은 아고게와 시시티아에 참가할 수 있는 용사의 수를 줄여 놓은 결과를 가져와 스파르타 몰락의 원인이 된다.

결혼은 중매로 이루어졌으며, 배우자의 건강과 성격이 가장 중요한 고려 대상이었다. 적령기는 남자는 30세, 여자는 20세라고 생각했고, 독신으로 사는 것은 범죄로 취급되어 참정권을 제한하고 축제 참여를 제한하는 등 법적 처벌을 받았다. 또 훌륭한 자식을 낳기 위해 부인에게 다른 남자와 동침을 허용하는 것을 명예로 여겼다. 또 나이가 많은 남자가 젊은 여인과 결혼하여 아이를 낳는 것도 장려했다. 어떤 남자가 어떤 유부녀를 사랑하게 되면 그녀 남편의 허락을 얻어 동침하는 일도 허용됐다. 사정이 이렇다 보니 스파르타에는 간통은 물론 창녀도 없었다고 한다.

리쿠르고스가 이런 낯선 관습을 장려한 까닭은 아이들은 나라의 것이지, 부모의 것이라 보지 않았기 때문이다. 스파르타에서는 아버지가 아들을 마음대로 할 수 없었다. 아이들에 대한 교육은 이미 태어날 때부터 국가가 관리했다. 부모들은 갓난 사내아이들을 국가가 지정하는 곳으로 데려가야 했다. 그러면 국가의 원로들이 아이를 잘 살펴본 다음 기를 만큼 튼튼한가를 판정했다. 만약 아이가 연약하거나 몸이 성치 않다고 생각하면 타이게토스 산의 커다란 바위틈에 버리라고 명령했다. 허약한 아이는 국가에 부담이 된다고 생각했기 때문이다.22) 이런 점에서 스파르타는 우생학이 태어난 곳으로 여겨진다.

스파르타의 전사들은 검소하고 엄격한 자신들만의 생활방식을 갖고 있고, 그것을 굳건히 지키고자 한 공동체로서 패배 후까지 살아남는 것을 수치로 여겼다.

⊙ **스파르타의 경제생활**

왕으로부터 일반 시민까지 모두 거친 음식을 먹는 스파르타의 공동식사 제도는 음식에 있어 모든 빈부 차이를 지워 버렸다. 음주와 연회는 물론 사라졌다. 의상에 있어서도 스파르타인들은 거의 비슷한 옷을 입었다. 사치스러운 예술품이나 장신구도 금지했다. 이와 함께 당연히 세련되고 화려한 금은 공예도 자취를 감췄다. 금은 세공사와 보석상, 조각가들도 모두 사라졌다. 이제 스파르타 장인들은 일상용품에 주력하여 단단하고 실용적인 일상용품을 만들었다. 기원전 7세기에 스파르타 제품 가운데 유일하게 유명한 것은 청동기뿐이었다. 사치품 수요가 끊기자 다른 나라 상인들도 스파르타에는 배를 보내지 않게 되었다. 또 아고게란 공교육은 사교육을 완전히 고사시켜 교사들도 사라졌고, 죽음에 대한 공포나 귀신이 붙는다는 불안을 막기 위해 미신을 금하자 점술가들도 다 떠났다. 무덤에 이름을 새기는 것도, 부장품을 넣는 것도 금지됐다.

스파르타의 경제생활에서 가장 특이한 것은 화폐였다. 리쿠르고스는 모든 금화와 은화를 없애고 철로 만든 주화만 남겼다. 철 주화는 무게에 비해 가치는 작았기에 물건을 사고파는 일을 아주 번거롭게 만들었다. 웬만한 물건의 값을 치르기 위해서 황소 한 마리가 필요할 정도였다고 한다. 이렇게 되자 돈은 거의 쓸모없는 물건이 되고 말았다. 자연스럽게 시장은 쪼그라들었다. 게다가 30세 이전에는 시장 출입이 금지되어 있었다. 금과 은도 완전히 자취를 감췄다. 이제 스파르타인들 사이에 겉으로 드러나는 재산 차이는 없었다. 이런 방법으로 리쿠르고스는 부 자체의 의미를 없앰으로써 부자들의 특권을 무력화시켰던 것이다. 이렇게 되자 스파르타에서는 탐욕과 가난이 모두 사라지고 평등과 풍요로운 삶만 남았다고 한다.[23]

그러나 역사학자들은 스파르타의 철 주화 사용과 그에 대한 플루타르코스의 이 주장에 상당히 비판적이다. 스파르타 안에서도 외국 주화가 통용되었으며, 특히 펠로폰네소스 전쟁 이후 스파르타가 펠로폰네소스를 벗어나 더 넓은 지역과 교류하게 되면서부터는 국제적으로 통용되는 주화 사용이 필수적으로 되었다는 데에 의견이 일치한다. 게다가 스파르타에서도 역시 항상 권력자들의 부패가 심각했으며, 이런 검은 돈들은 금은으로 주고받았다는 증거들이 많이 남아 있다. 또 당시 철이란 광물이 결코 싸지도 않았고, 무기 제작에는 금은보다 더 유용했기 때문에 스파르타의 철 주화 사용에는 군사용 자원 확보라는 측면도 강하게 고려되었을 것으로 보았다.

⊙ 비우호적인 외국인 정책

리쿠르고스가 추구한 또 하나의 경제정책은 자급자족이었다. 그는 이를 위해 외국과의 교류를 최대한 억제했다. 같은 이유로 스파르타인의 해외여행을 될 수 있는 대로 금지했고, 외국인의 방문도 극도로 꺼렸다. 이유 없는 외국인 방문은 허락하지 않았고, 장기간 체류하는 외국인들을 정기적으로 내쫓았다. 낯선 말이나 사상, 풍습이 들어와 나라의 조화를 깨는 것을 막기 위한 조치였다. 그러나 이런 쇄국적 태도는 극도로 절제된 국내 생활에서 오는 피로감과 함께 스파르타인들이 해외에서 오히려 더 심하게 타락하는 원인을 제공했다.

⊙ 스파르타의 예술과 학문

스파르타는 정신적인 면에서 다른 그리스 폴리스에 비해 유난히 불모지였다. 리쿠르고스의 개혁 이전인 기원전 7세기 말까지 스파르타는 문화적으로 다른 폴리스들과 크게 다르지 않았다. 당시 스파르타인들은 특히 시와 음악을 사랑했다. 기원전 670년쯤에 스파르타로 와 제1차 메세니아 전쟁 때 크게 활약한 레스보스 출신 테르판드로스는 서정시인인 동시에 그리스 음악의 아버지라 불릴 정도로 훌륭한 음악가였다. 리쿠르고스가 크레타 여행에서 만나 스파르타로 함께 왔다는 탈레타스 역시 서정시인이자 음악가로서 스파르타에 두 번째 음악 학파를 만들었다는 전설적인 인물이다.[24] 제2차 메세니아 전쟁 때 대활약을 한 티르타이오스는 원래 아테네의 아피드나라는 마을 출신이었다고 전해진다. 스파르타가 전쟁에서 이기려면 어떻게 해야 하는가를 델포이 신탁에 묻자 아테네에서 한 명의 조언자를 데려와야 한다는 대답이 왔다. 이에 스파르타인들이 아테네에 시인 한 명을 보내달라고 하자 아테네인들은 절름발이에 지식도 별거 없다고 생각되는 수사학 선생 티르타이오스를 보내주었다고 한다.[25] 그는 조국의 위기에 맞서 용감하게 싸우다 장렬하게 전사하는 것을 영광이라고 부추기는 선동적인 시들로 유명하다.

그러나 시에 대한 스파르타인들의 애정도 메세니아를 정복하고 자신들보다 훨씬 많은 헤일로타이를 억압해야 하는 필요성이 생기자 사라졌다. 그리고 스파르타인들의 삶에서 매력이 사라지고, 예술과 문학·철학·과학은 돌연사했다. 그와 함께 스파르타인들의 상상력도 끝났다. 그 이후 400년 동안 스파르타인들은 체제 유지만을 위해 거의 모든 것을 희생했다. 그 궁극적 결과는 몰락이었다.

스파르타 체제의 붕괴

⊙ 스파르타 체제의 특성

기원전 8세기 중반, 스파르타는 내부의 문제를 풀기 위해 해외 식민지 개척보다는 이웃 국가인 메세니아를 정복하기로 결정했다. 이런 해결 방법은 그리스적인 것이 아니었다. 다른 그리스의 폴리스는 자신들과 동등한 자격을 가진 이웃 그리스인을 노예화한다는 것을 금기로 여겨 감히 상상조차 하지 못했다. 이런 시도는 상비군 유지를 필요로 했는데 그것은 자유를 사랑하는 그리스인들의 기질에도 맞지 않았고, 또 상비군을 유지하는 것은 결코 쉽지도 않은 일이었다. 스파르타만이 상비군을 만들었고 또 유지했다. 그러나 그러기 위해서는 많은 것을 포기해야 했다.

우선 스파르타는 고대 세계의 아파르트헤이트(Apartheid)*라고 할 수 있는 정책을 실시함으로써 자신들의 모든 자유시민을 전사로서만 살도록 강요해야 했다. 이는 소수 지배 계급이 자신들보다 몇 배나 많은 피지배자들을 노예화하여 억압하고 착취하기 위해서는 어쩔 수 없는 일이었다. 바로 이 압력이 스파르타를 다른 폴리스와 매우 다른 모습으로 만들었다. 스파르타는 '레트라'라고 하는 법률과 제도를 통해 이기심을 버리고 국가의 공공선에 헌신하도록 훈련하는 등 시민들을 완벽하게 이상에 맞도록 훈련했다. 여기에서 가장 강조된 것은 복종과 희생이었다. 항상 헤일로타이의 반란이라는 국

---

* 남아프리카 공화국이 1948년부터 1991년까지 실시했던 인종 차별 정책.

가의 존폐와 생존이 달린 위기가 계속되었기 때문에 스파르타인들은 스스로를 지키기 위해 자발적으로 강제에 순응하여 복종과 훈련을 통한 용기를 길렀고, 변화를 거부했으며, 스스로 황폐하고 부정적인 삶의 방식을 받아들였다. 이런 상황에서 시민의 권리 신장 따위는 사치였다. 이런 과정에서 스파르타인들은 자연스럽게 자신들은 긴밀하게 엮인 공동체라는 고도로 조직되고 높은 자의식을 가진 집단으로 발전해갔다. 이들에게 자신의 최고의 성취는 국가의 이익과 같은 것이었고, 전체의 이익을 위해 단결해야 함은 물론이고 공공이익을 위해서는 당연히 자기 목숨을 희생한다는 애국심은 자연스러운 것이었다.

이런 모습의 스파르타는 고대 그리스인들부터 오늘날의 많은 지식인들에게까지 시대를 막론하고 매혹적인 국가로 비쳤다. 특히 스파르타인이 자신들의 법을 엄격히 준수하여, 안정되고 질서가 지배하는 사회를 만든 것은 수많은 사람들에게 부러움의 대상이었고, 또한 어느 국가나 따라야 하는 본보기였다. '법에 의하여 잘 통치되는 상태'를 그리스어로 '에우노미아'라고 하는데 스파르타야말로 이 에우노미아가 가장 잘 지켜지는 국가였다. 실제로 스파르타인들은 레트라를 가장 이상적인 법으로 보아 충실하게 지켰다. 이 법은 델포이 신탁을 받은 것이므로 신성한 것이요, 또 그렇기에 바꿀 필요가 없는 것이었다. 그런 까닭에 스파르타에서는 이 법을 400년 동안 한 자 한 획도 바꾸지 않고 지켰다.

로마법은 관행을 성문화한 것으로, 사람들과 사건의 관계를 규정하는 데 주력하는 실용적인 법이었다. 이는 바로 현대의 법 개념이기도 하다. 이런 법은 창조적이지도 않고, 삶에 형식을 부여하지 못한다. 이에 반해 고대 그리스인들에게 법이란 인간이 당연히 따르고 또 일생 동안 추구해야 하는 이상이요, 도덕의 기준이었다. 폴리스는 법률을 통해 시민들에게 사회적 의무와 덕목을 가르쳤다. 한마디로 법은 개별적인 사항에 대한 정의를 확보함과 동시에 보편적 정의를 고취시키는 정신적 이상이었다.

스파르타인들은 이 예를 따라 레트라를 아레테, 즉 '빼어남' 또는 '덕스러움'의 형식으로 받아들여 자신들의 삶의 형식으로 승화시켰다. 이런 점에서 스파르타의 법은 그리스적 법 관념의 최고 기능을 철저히 수행했다. 만약 스파르타의 법이 실패한다 해도 이는 법률의 잘못이 아니라 법을 제대로 따르지 못한 인간의 개인적 본성 결함 때문이다. 스파르타인에게 국가의 법은 자신의 영혼이었고 육체는 그 영혼의 명령을 수행하는 도구일 뿐이었다. 그런 정신으로 무장했기에 레오니다스와 그의 동료 300명은 나라와 민족을 위해 스스럼없이 목숨을 던질 수 있었던 것이다.

스파르타는 '법에 대한 존중과 절대복종, 충성심과 애국심으로 강철처럼 단단한 단결력, 단순하고 확고한 확신과 이에 따른 일사불란하고 신속하면서도 단호하고 냉혈적인 수행 능력을 가진 기강 잡힌 용감한 전사'라는 인류 역사상 가장 인상적인 인간형 하나를 창조했다. 이런 특성은 독재자들이 가장 좋아하는 덕목들이기에 히틀러와 무솔리니, 일본 군국주의자들을 비롯한 모든 독재자가 스파르타를 자신들의 이상적 국가 형태로 떠받들었다. 그들에겐 엄격한 질서로 안정된 이런 국가야말로 가장 이상적인 것이었다. 여기에 우수한 무기와 전술을 가진 우세한 군사력만 덧붙인다면 천하무적 국가가 될 것이 확실하다고 믿었다. 그러나 바로 여기에 치명적 함정이 있다.

⊙ 스파르타 체제의 약점과 붕괴

얼핏 보기에 완벽해 보이는 스파르타의 체제 안에는 몇 가지 치명적인 약점이 도사리고 있었다. 첫 번째 약점은 위기가 다가와도 이에 대응하여 적당한 시기에 적절하게 변화할 수 없는 체제 자체의 경직성이다. 이런 점에서 스파르타 체제는 오랫동안 일종의 '금속 피로증(metal fatigue)'을 앓고 있었다. 겉으로 보기에는 튼튼하고 멀쩡한 금속 구조물이 외부로부터 끊임없이 힘이 가해지면 내부에 미세한 균열이 생기기 시작하고 세월이 지남에 따라 끝내는 이 균열이 구조물 전체의 파괴를 가져오는 현상이 금속 피로증이다.

무엇보다도 스파르타 체제는 인간의 본능이라고 할 개인의 욕망을 억누르는 체제였다. 아무리 정신적으로 잘 무장되어 있어도 장기간 본능과 싸워 이긴다는 것은 불가능하다. 특히 일반적 규범이나 금기에서 비교적 자유로운 특권 지배 계층에게는 위반의 유혹이 더 컸다. 스파르타인들의 이런 낌새는 해외 원정 때 드러나기 시작했다. 예상한 대로 이런 도덕적 해이는 사령관인 왕에서부터 시작됐다. 이미 기원전 6세기 말부터 이렇게 타락한 왕에 대한 고소 사건이 알려져 있다. 기원전 5세기 들어 이런 일은 훨씬 더 잦아졌다. 헤로도토스는 테살리아 원정 중에 그 나라를 정복할 수 있었는데도 뇌물을 받고 물러났다가 현장범으로 잡힌 레오티키데스 왕(기원전 545년쯤~기원전 469년쯤)[26] 이야기와 기원전 480년에 있었던 아르테미시온 해전 때 철군하려다가 아테네의 장군 테미스토클레스(기원전 524년쯤~기원전 459년)가 건넨 5탈란톤을 뇌물로 받고 그냥 전

선에 남은 스파르타의 왕 에우리비아데스 이야기를 전하고 있다.²⁷⁾
투키디데스도 펠로폰네소스 전쟁 때 스파르타의 플레이스토아낙스
왕(재위 기원전 458년~기원전 409년)이 뇌물을 받고 아테네에서 철군
한 이야기를 전한다.²⁸⁾ 플레이스토아낙스를 뇌물죄로 고소한 클레
안드리데스*도 나중에 뇌물죄로 유죄를 받고 추방되었다.²⁹⁾ 심지
어 길리포스라는 스파르타 장군은 왕이 자기에게 맡긴 돈에서 일부
를 횡령했다가 들켜 국외로 도망쳐야 했다.³⁰⁾ 그러나 스파르타의
경제 철학과 제도를 완전히 허물어뜨린 왕은 리산드로스(기원전 395
년 사망)였다. 그는 기원전 404년 스파르타가 오랜 전쟁 끝에 아테
네를 이기고 항복을 받아낸 뒤에 엄청난 전리품을 스파르타로 들여
와서 스파르타 사회를 혼란으로 몰아넣었다.³¹⁾ 엄청나게 큰돈이 해
외에서 갑작스럽게 유입되자 지난 3세기 이상 스파르타를 지켜주
었던 안정적 사회 체계는 밑바탕부터 흔들렸다.³²⁾

　이후 스파르타에서는 더 이상 훌륭한 자질을 가진 사람이 군을
안정적으로 지휘하는 일이 거의 불가능하게 되었다. 특히 기원전
4세기 초에 스파르타가 다른 그리스 폴리스를 다스리려던 시도는
결정적인 재앙을 가져왔다. 그들은 국제적인 일에 익숙하지도, 준비
되어 있지도 않았다. 이런 일에서 스파르타의 왕들은 해외에서 보
여준 탐욕과 무능을 드러낼 뿐이었다. 국제적 감각이 없던 스파르
타의 왕들은 심지어 페르시아에 그리스의 자유를 팔아먹으려고까
지 했다. 국외에서의 계속되는 추태와 이런 결정적인 실책으로 다

---

* 펠로폰네소스 전쟁 때 스파르타의 장군.

른 폴리스 주민들이 스파르타에 대해 막연하게 가지고 있던 기대감은 산산이 부서지고 실망만이 남았다. 이제 아무도 스파르타를 그리스의 지도적 국가로 보지 않게 되었다.

스파르타의 또 다른 약점은 공공재정이었다. 스파르타의 정치제도는 특권 계층의 권력 행사는 통제할 수 있었지만 그들이 가진 돈을 내놓게 하는 제도가 없었다. 나라에 큰돈이 필요하면 부자들의 자발적인 협조만을 기대해야 했다. 항만 건설과 관리, 해외 요새를 유지하는 일은 많은 비용이 필요했다. 특히 전쟁이 일어나면 전비를 어떻게 감당할 것인가에 대한 구체적인 정책이 없었다. 투키디데스는 이런 상황이 연출한 스파르타의 어려움에 대해 간단하게 언급하고 있다. 아테네와 전쟁을 할 것인가, 말 것인가를 두고 치열한 논쟁을 하는 과정에서 스파르타의 왕 아르키다모스는 반대 의견을 내세우며 그 근거 가운데 하나로 "국고는 비었고, 개인(스파르타인)들도 사유재산에서 금품을 출연할 의향이 없다"는 점을 지적한다.[33] 전쟁에 나가는 전사들은 스스로 무기와 식량을 가지고 왔지만 그것만 가지고 전쟁을 치르기는 어려웠다. 물론 승리할 경우에는 전리품으로 전비를 감당할 수 있겠지만 그것을 믿고 전쟁을 수행한다는 것은 위험하기 짝이 없는 일이다. 공공재정이 불안한 상황에서 국가는 긴급한 위기 때에 제대로 대처할 수 없었다.

스파르타의 세 번째 약점은 가장 치명적이었다. 바로 인구 부족에서 오는 전사 수의 부족이다. 기원전 5세기 초에 스파르타 시민의 수는 8000~9000명을 헤아렸다. 그러나 한 세기 뒤에는 불과 1000여 명만이 남았다. 기원전 465년에 있었던 지진이 결정타였다. 이때 스파르타 인구 2만 명이 죽었다고 하니 전사 계급은 거의 반 토막 났을 것이다. 그리고 아테네와 벌인 펠로폰네소스 전쟁(기원전 431년~기원전 404년) 동안에도 전투원의 숫자는 계속 줄어들어 결국 1000여 명만 남게 된 것이다. 일찍이 이런 사태를 염려한 리쿠르고스는 축첩제 허용과 부인 공유, 독신 제재를 통하여 출산율을 최대로 높이려 했지만 역부족이었다. 오히려 시민들은 특권을 지키기 위해 출산을 제한했다. 기원전 5세기 중반부터 인력 부족을 페리오이코이와 헤일로타이에게 반(半)시민권을 보장하여 해결하려던 시도도 별다른 효과를 보지 못했다.

리쿠르고스는 현명하게도 스파르타인들에게 많은 나라를 지배하려는 의도를 갖지 말라고 충고했다. 제한된 인적 자원으로 전쟁을 자주 하면 언젠가는 인구 부족 문제에 부닥치게 될 것을 걱정한 것이다. 그는 또 같은 적을 상대로 여러 번 전쟁을 하지 말라고도 했다. 적이 전쟁하는 법을 배워 강해지기 때문이다. 그런 까닭에 스파르타는 해외 군사 파견에 항상 늦장을 부렸던 것이다. 그런 점에서 아테네를 상대로 27년 동안 싸운 펠로폰네소스 전쟁은 이 두 충고를 모두 어긴 실책이었다. 스파르타는 비록 승리했지만 자신도 상처투성이가 되고 말았다.

엎친 데 겹친 격으로 기원전 4세기 초 에포로이 가운데 한 명이었던 에피타데우스(Επιταδεύς)가 재산과 토지를 반드시 아들에게 물려주어야 한다는 리쿠르고스의 법을 폐지하고 본인이 원하면 아들 이외의 사람에게도 살아생전에 선물하거나 유언을 통해 상속할 수 있게 만듦으로써 사회적 질서와 경제적 평등이 급속하게 무너졌다. 이렇게 되자 부자 권력자들이 정당하게 유산을 물려받을 자격이 있는 사람들에게서 토지를 빼앗으면서 토지 독점화와 빈부 양극화 현상이 일어났다. 이렇게 재산을 빼앗긴 사람들은 이제는 명예로운 일을 해 봤자 아무 소용도 없다고 생각하게 되어 폴리스 일에 소극적이 되거나 무관심하게 되었고, 또 지저분한 방법으로 재산을 불린 부자 귀족들을 증오하게 되었다.[34] 이런 불평등은 아고게와 시시티아에 자기 몫을 감당할 수 있는 시민 전사의 수를 눈에 띄게 줄여 놓았을 뿐 아니라 남은 전사 계급의 결속력과 친화력도 떨어뜨려 놓았다.

결국 그 후유증은 기원전 371년 레욱트라 전투의 패배로 이어졌다. 이 전투에서 스파르타 측은 스파르타 전사 700명과 동맹 폴리스에서부터 지원받은 1만여 명의 중무장 보병, 그리고 1000여 명의 기병을 동원했고, 에파메이논다스가 이끄는 테바이 측은 6000~7000명의 보병과 1500명의 기병이 참전했다. 전투의 결과는 수적으로는 오히려 우세했던 스파르타 연합군의 대패였다. 양측 사상자 수는 기록에 따라 다르지만 스파르타 측은 1000~4000명이었고, 테바이 측은 47~300명이었다고 하니 스파르타 측의 참패임은 분명하다. 이 전투를 계기로 아무리 우수한 전사들이라 하더라도 더 이상 용기만으로는 이길 수 없음이 분명해졌고 스파르타의 군사적 우위의 전설은 끝났다.

레욱트라의 패배는 스파르타에 그야말로 대재앙이었다. 이 전투에서 스파르타는 700명 중 400명을 잃고 겨우 300명 정도의 순수 스파르타인 전사만 남았다. 그러나 시민의 수를 늘리는 일은 경직된 시민권 자격 조건 때문에 불가능했다. 토지 소유와 아고게 교육을 받을 권리, 공동식사에 참가하는 권리는 양도도 불가능했다. 게다가 스파르타는 레욱트라 패배로 메세니아 땅과 헤일로타이를 잃었다. 이런 와중에도 스파르타의 귀족 부인들은 땅 욕심을 계속 부려 토지 집중화는 악화일로에 있었다. 끝내는 더 이상 아고게를 유지할 수 없을 정도로 땅이 없는 스파르타인들의 숫자는 늘어만 갔다. 기원전 3세기에 아기스 4세(재위 기원전 265년쯤~기원전 241년)와 클레오메네스 3세(재위 기원전 235년~기원전 222년)의 개혁 시도가 국내 귀족들과 마케도니아의 공모로 좌절된 뒤에 스파르타는 그리스인들과 로마인들에게 보여주기 위한 것으로 바뀌어 버린 공동식사나 청년을 채찍으로 때리는 장면과 같은 예전의 관습을 보러 오는 관광지로 전락하고 말았다. 심지어 이런 연출된 쇼를 보기 위한 극장까지 만들어졌다. 실로 비참한 몰락이요, 타락이다.

스파르타에 대한 평가

스파르타를 평가하기란 쉬운 일이 아니다. 특히 우리는 시간적으로나 공간적으로 멀리 떨어져 있기에 스파르타를 이해하기가 쉽지 않다. 스파르타는 그리스에서 가장 강한 인상을 남긴 폴리스임에 틀림없다. 기원전 5세기 동안 여러 폴리스의 보수주의자 귀족들에게 스파르타는 중무장 보병과 귀족이라는 특권 계급에 의해 다스려지는 가장 이상적인 국가로 여겨졌다. 그리고 몰락이 시작되던 기원전 4세기 초 스파르타는 그리스 사상가들에 의해 가장 이상적인 국가로 칭송받기 시작했다. 참으로 크나큰 역사적 아이러니다.

플라톤은 시민 교육의 중요성을 강조하면서 이 점에 있어 가장 훌륭한 나라로 스파르타를 꼽았다. 당시 그리스 세계에서 국가가

운영하는 교육제도를 가진 폴리스는 스파르타뿐이었다. 플라톤은
또 공동식사를 통한 시민들 사이의 소통과 친교도 높이 평가했다.
플라톤이 보기에 스파르타의 국가 교육인 아고게와 공동식사는 모
든 국가가 따라야 할 본보기였다. 플라톤은 그의 대화편《국가》에서
이상적인 국가를 논하며 스파르타 체제를 모델로 삼았다. 플라톤
의 이상 국가에서는 화폐를 사용하지 않으며 시민들의 군사훈련 과
정은 스파르타의 제도를 따르고 있다. 스파르타가 레욱트라 전투에
서 패배한 이후에 쓴《법률》에서 플라톤은 스파르타의 실패 원인을
다루고 있다. 그는 스파르타가 실패한 것은 비겁함이나 전쟁에 관
한 지식이 없어서가 아니라, 인간 삶에 대한 무지 때문이라고 보았
다.[35] 이 무지로 말미암아 스파르타인들은 욕망과 이성을 조화롭
게 다스리지 못한 것이 실패의 원인이라는 것이다.

플라톤과 같은 시대 사람이자 소크라테스의 제자이기도 한 크세
노폰(기원전 430년쯤~기원전 354년)은 스파르타의 찬미자로 유명하다.
그는《라케다이몬 정치제도》라는 책에서 스파르타를 국가와 시민
을 위해 만들어진 체제 가운데 가장 훌륭하고 현명한 것이라고 칭
찬했다. 그러나 그는 이 글을 스파르타가 아직 레욱트라에서 패배
하기 전 스파르타에 머물면서 온갖 혜택을 다 받을 때에 썼다. 그럼
에도 그는 자신의 글 끄트머리에서 당대 스파르타의 지배자들은 나
라 밖 땅의 권력자가 되는 것을 주저하지 않으며, 패권을 잡는 일에
만 신경을 쓰고 있다고 비난한다. 그리고 그 때문에 다른 나라 그리
스 사람들이 스파르타가 패권을 잡으려는 것을 방해한다고 이야기
하면서 이는 모두 스파르타인들이 신에게도, 리쿠르고스 법에도 복
종하지 않기 때문이라고 결론짓는다.[36]

헬레니즘 시대에 왕과 귀족, 시민의 민회가 적당히 뒤섞인 스파르타의 혼합 정치체제는 가장 이상적인 정치체제 모델로 여겨지면서 많은 나라들이 이를 본받으려 노력했다. 또 폴리비오스(기원전 200년쯤~기원전 118년쯤) 때부터 키케로(기원전 106년~기원전 43년)에 이르는 시기까지 로마의 지식인들에게 스파르타는 불완전한 로마 공화국의 전신으로 여겨졌다.

현대 독재자들과 군국주의자들 역시 모든 국민이 일치단결하여 오직 체제에 복종하고 봉사하는 군사 강국 스파르타에서 자신들의 이상적 국가 체제를 발견했다.

지식인들의 스파르타에 대한 이런 이상화는 그들이 스파르타에 살지도 않았고, 또 살 필요도 없었기 때문에 가질 수 있던 환상일 뿐이었다. 엄밀하고도 냉정하게 보았을 때 스파르타는 소수의 중무장 보병 전사 지배 계급과 다수의 농노로 유지되는 독재국가였다. 이 나라를 떠받치는 두 개의 기둥은 전사들의 우수한 군사력과 농노에 대한 가혹한 착취였다. 이 둘 가운데 하나만 무너져도 이 체제는 유지될 수 없었다. 이 체제를 유지하기 위해 스파르타가 취할 방향은 단 하나였다. 우수한 군사력을 안전하게 확보하는 일이다. 그래야만 노예들을 착취할 수 있기 때문이다. 스파르타는 이 단 하나의 목적을 위해 다른 것들을 모두 희생시켰다. 모든 시민을 직업군인으로 만들었고 국가는 커다란 병영이 되었다. 시민 전체가 철저한 군인 정신으로 무장되어 있고, 일상생활 어디에나 군사 문화가 깊숙이 스며든 나라 안에서 스파르타인들은 인간적인 행복을 빼앗겼다.

군사력만 강한 국가는 겉보기에는 강해 보여도 내부로부터 붕괴

된다. 아리스토텔레스는 자신의 정치론에 스파르타 체제를 많이 인용하고 있다. 그러나 플라톤이나 크세노폰과는 달리 그의 비난은 훨씬 신랄하다. 그는 "스파르타는 모든 입법을 한 가지 빼어남, 즉 전쟁에서 승리를 보장해주는 전사로서의 빼어남만을 추구하고 있"[37]다고 날카롭게 비판했다. "전쟁을 목적으로 삼는 나라(스파르타)는 전쟁을 하는 동안에는 안전했지만, 승리 후 패권을 쥐고 나서는 쇠퇴"하기 시작했다.[38] 평화시 번영과 여가를 누리게 되자 스파르타인들이 "무쇠처럼 무뎌지고 교만해"[39]졌기 때문이다. 그들은 군사훈련만 받았지, 평시에 여가를 선용할 수 있는 교육을 받아본 적이 없었다.[40] 국가는 공공이익과 완전한 삶의 실현을 목표로 한다. 그러므로 당연히 시민에게 노동과 전쟁을 치르는 방법 못지않게 여가를 즐기는 법도 교육해야 한다. 전쟁의 목표는 평화고 노동의 목표는 여가이기 때문이다.[41] 여가가 났을 때 이를 이용할 줄 몰라 노동과 전쟁에서는 유능해 보이지만 평화와 여가를 즐길 때는 노예보다 나을 게 없다는 것은 부끄러운 일이다.[42] 그는 이와 같이 "오직 한 가지 빼어남만으로 최고의 선에 도달할 수 있다고 생각한 스파르타인들을 다른 나라 사람들도 비겁하게도 찬양했다"[43]고 비난했다.

사람들이 수많은 어려움을 이겨내며 삶에 집착하는 까닭은 삶에 행복감과 즐거움이 내포되어 있기 때문이다.[44] 스파르타인들은 법을 준수했음에도 인생의 행복한 부분을 잃어버렸다.[45] 전쟁 수행만을 위한 그들의 교육과 일상생활 방식은 너무 가혹하여 이를 유지할 수 없었다. 스파르타인들에게 전쟁에서 죽을 준비가 되어 있다는 것은 전혀 칭찬할 거리가 아니었다. 죽음으로써 그들은 고된 노동과 비참한 생활을 벗어날 수 있었기 때문이다. 끊임없는 통제와 긴장이 가져오는 지루함과 압박감은 개인으로 하여금 일탈과 탈선에 대한 본능적 욕구 앞에 무너지게 만들었다. 어떤 체제도 인간의 이기적 본성과 탐욕을 막을 수 없다. 이런 절망적 상황에서 개인들은 법을 위반함으로써 감각의 쾌감을 만족시키려 들 수밖에 없었다.

붕괴는 안에서부터 시작되었다. 공공재정 제도의 약점, 부자들의 이기심과 기부 기피, 관직을 사고파는 부패, 이런 타락은 스파르타가 위선적 사회였기에 겉으로 드러나지 않았을 뿐이다. 원래 스파르타는 정치적으로는 평등했지만 경제적으로는 빈부 차가 가장 큰 나라였다. 여기에 남자들과는 달리 공공 도덕심을 교육받지 못한 여자들이 재산권을 행사하는 전통 때문에 토지 집중이 심화되면서 스파르타 체제가 바탕부터 무너지기 시작했지만 속수무책이었다. 아무리 공동식사와 사치 금지로 겉으로는 부의 과시를 할 수 없게 만들었다 하더라도 인간의 재물에 대한 탐욕과 과시욕을 막을 수 없었다. 과시욕 절제에 대한 외부 압박은 오히려 안으로는 과시욕을 더 자극하여 기회만 되면 횡포를 부리게 만든다. 이런 불평등과 위선과 도덕적 타락을 숨기고 있었던 나라가 그토록 오래 유지된 것이 오히려 기이할 정도다.

스파르타의 이런 내부 모순과 약점이 본격적으로 밖으로 드러난 것은 펠로폰네소스 전쟁에서 승리한 후였다. 인문학적 교양과 예술적 상상력이 부족했던 스파르타의 전사들에게 외부 세계와의 접촉은 재앙이었다. 군인 정신 이외에는 내세울 것이 없었던 그들은 갑자기 엄격한 틀에서 벗어나자 새로운 환경에 적응하지 못하고 손쓸 틈도 없이 타락했다. 오늘날 국민을 가장 많이 통제하는 국가인 싱가포르의 국민들은 그 덕분에 정치·경제적으로 안정된 번영을 누리고 있지만 참기 어려운 통제와 긴장을 벗어나기 위해 불과 30~40분이면 갈 수 있는 말레이시아나 한 시간 정도 배를 타면 갈 수 있는 인도네시아 바탐 섬으로 넘어가 국내에서는 금지된 담배를 피우고, 껌을 씹는가 하면 이것들을 길바닥에 던지고 침을 뱉는 자유를 만끽한다. 또 과속을 즐기고 바람을 피우기도 한다. 바로 이런 현상이 스파르타의 전사들에게 일어났던 것이다. 오늘날 싱가포르 국민들이 자신들의 우월적 경제력을 바탕으로 이웃 나라에 가서 일종의 횡포를 부리며 스트레스를 해소하듯이 고대 스파르타인들은 자신들이 가지고 있던 용맹성과 육체적 강인함을 바탕으로 횡포를 부렸다. 용기는 훌륭한 덕임에는 틀림없지만 지혜나 분별, 정의감이 없는 용기는 파탄을 피하기 어렵다. 정신적으로 메말랐던 스파르타는 훌륭한 병사 이외에는 아무것도 낳지 못했다. 그리고 이 훌륭한 병사의 경직된 군인 정신은 자신들보다 훨씬 더 성숙한 다른 폴리스의 문화와 만나자 열등의식으로 바뀌었다. 그리고 열등의식에 빠진 스파르타인들은 무자비하고 잔인한 폭군으로 변했다. 이에 대한 그리스 세계의 반발은 단호하고도 강력했다. 모두 단결하여 스파르타의 압제에 맞섰다. 결국 스파르타는 이런 도전을 이겨내지 못하고 기원전 3세기에는 소국으로 전락하고 만다. 인간의 본성을 무시하고 효율성과 물리적인 힘만 중시한 스파르타 체제의 종말이다. 스파르타는 활력이 모자라서가 아니라 시민의 수가 작았고, 경직되어 독창적 발상이 부족해서 망했다. 그리고 스파르타가 함락되었을 때 모두 놀랐지만 아무도 슬퍼하지 않았다.

5

알파벳 도입이 가져온 변화

헬리콘 평원을 내려다보며

테바이에서 델포이로 48번 국도를 따라가다 보면 왼쪽으로 오시오스 루카스(Ὅσιος Λουκᾶς, 기원후 910년~기원후 953년) 수도원으로 가는 길이 나온다. 겨울이면 눈으로 얼어붙어 교통이 끊기는 좁은 산허리 길을 30분쯤 달리면 수도원에 도착한다. 수도원 앞 넓은 광장의 수백 년 묵은 아름드리나무들이 드리우는 그늘은 한여름에도 시원하다. 그곳에서 그리스 커피를 한잔 먹든가, 아니면 수도원에서 담근 약간 시큼한 맛이 나는 백포도주를 마시면서 수도원 건물의 고풍스러움을 맛본다는 것은 커다란 즐거움이다. 기원후 10세기에 세워진 오시오스 루카스 수도원은 아름다운 비잔티온 모자이크 성화로 유명하다. 특히 성당 실내로 빛이 들어오기 시작하는 오후 3시쯤에 그곳에 가면 햇빛을 받은 모자이크 성화가 벌이는 빛의 향연에 압도된다. 찬란하기보다는 신비스럽고 성스러운 분위기에 공연히 무릎 꿇고 기도하고 싶어지는 곳이다. 이 수도원이 주는 놀라움은 이것만이 아니다. 돌로 포장된 길을 따라 성당 뒤편으로 가면 예전에 병원으로 쓰이던 건물이 나온다. 그 건물 뒤에 있는 나지막한 테라스로 올라가면 놀라운 광경이 나타난다. 건너편에 웅장한 헬리콘산이 버티고 있고 그 앞으로는 넓은 평원이 펼쳐져 있다. 이 평원이 바로 헤시오도스(기원전 750년~기원전 650년 활동)가 양들을 돌보다가 예술과 학문의 여신인 무사이(Μοῦσαι)들을 만나 노래를 배우고 시인의 길로 들어선 곳이다.

> 틀린 말을 하지 않는 위대하신 제우스의 따님들은
> 잎이 무성한 월계수 가지를 내게 주시어
> 경탄할 만한 멋진 홀(笏)로 다듬게 하셨고, 내게 신적인 목소리를
> 불어넣어
> 내가 미래 일과 과거 일을 노래할 수 있게 하셨다.[46]

　무사이들은 지배자들에게 달콤한 말을 주어 정의 구현을 가져다주고 불화를 그치게 한다. 무사이들에게서 영감을 받은 헤시오도스는 지배자들의 개인 인격을 강조하며 "정치의 목적은 정의 구현과 평화 만들기이니 그 의무를 충실히 하라"고 일깨워준다. 그렇다. 힘 있는 자들이 무사이들이 가르치는 온화한 마음과 정의감을 가진다면 민중은 평안하고 행복해진다. 오시오스 루카스 수도원 테라스에서 황혼의 게으른 햇빛이 스며드는 헬리콘 계곡을 내려다보며 도덕

오시오스 루카스 수도원 뒤편으로
웅장한 헬리콘산 아래 헬리콘 평원이 펼쳐져 있다.
이곳에서 헤시오도스는 무사이들에게서 영감을 받아 도덕 정치를 강조했다.

정치를 강조한 헤시오도스의 모습을 떠올려본 그 순간, 나는 마치 아름다운 꿈을 꾸는 것 같았다.

기원전 8세기의 그리스 문자혁명과 헤시오도스 서사시의 정치사상

기원전 8세기는 그리스 세계 전체가 '도전과 응전'이라는 대변화의 소용돌이에 휩쓸린 시기였다. 급격히 늘어난 인구와 토지 부족, 화폐의 도입과 이에 따른 빈부 격차의 심화라는 경제적 위기는 가진 자와 못 가진 자 사이의 갈등과 긴장이라는 정치·사회적 위기를 불러일으켰다. 그러나 후대에 더 광범위하고 지속적인 영향을 끼칠 또 하나의 도전은 알파벳 문자의 발명과 보급에서부터 비롯됐다.

그리스에서 쓰였던 최초의 문자들은 미노아 시대의 '선형문자 A(Linear A)'와 그 뒤를 잇는 미케네 시대의 '선형문자 B(Linear B)'이다.* 많은 수의 뜻글자들이 섞인 음절문자인 이 문자들은 배우기에 어렵고 쓰고 읽기도 매우 불편했기에 단순 기술만 가능하여 기억의 보존 수단 정도로만 쓰일 뿐 사상이나 감정을 나타내는 도구로는 기능할 수 없었다. 사용이 까다롭고 불편하다 보니 아주 제한된 관료주의에나 적합했던 이들 문자는 일부 특권 계급의 전유물이 되어

---

* 선형문자Linear Script: 선으로 만들어진 문자. 선형문자 A와 선형문자 B가 대표적이다. 선형문자 A는 아직 해독되지 않았으나 선형문자 B는 1952년 영국의 젊은 건축학도 벤트리스에 의해 해독되어 미케네 시대의 언어가 그리스어임을 밝혀냈다.

지식을 보급하기보다는 독점하는 데에 더 큰 공헌을 했다. 그렇게나마 제한적으로 쓰이던 선형문자 B는 기원전 1100년쯤에 바닷사람들의 침입으로 말미암은 미케네 문명의 몰락과 함께 잊히고 그리스는 무문자 시대로 빠져든다.

구전문학 시대를 배경으로 하는 호메로스의 서사시에는 문자에 대한 언급이 거의 없다. 꼭 한 번 예외적으로 티린스의 프로이토스왕이 자기 부인을 유혹하려 했다는 벨레로폰을 죽이라고 장인에게 뜻을 전달할 때 여러 가지 끔찍한 사연을 둘로 접은 판에 적어 보냈다고 이야기하고 있다.[47] 이미 문자 시대를 사는 사람이 무문자 시대를 완전히 재구해내기란 이렇게 힘든 것이다.

300여 년간의 암흑시대가 지난 기원전 9세기 말부터 기원전 8세기 초 사이에 페니키아 문자에 모음을 첨가한 그리스 알파벳이 등장한다. 알파벳은 하나의 글자가 한 개의 음소를 나타내는 소리글자여서 배우기도 쉽고 쓰고 읽기에도 편하다. 따라서 알파벳은 아주 짧은 시간 동안 널리 보급되고 사용됐다. 알파벳의 확산에 따라 지식과 정보의 소통도 넓게, 그리고 빨리 이루어졌다. 알파벳으로 적힌 최초의 기록은 기원전 750년쯤에 나타난다. 그 이후 한 세기도 지나기 전에 알파벳은 그리스인들의 일상생활에 광범위하게 사용되기에 이르렀다. 그리고 이에 따라 귀족 계급은 경제·군사 면에서뿐만 아니라 문화·지식 면에서까지 상대적 우월함을 잃게 되어 권력의 약화를 받아들여야 했다.

문자는 처음에는 인간의 기억을 보조하는 수단으로 만들어졌다. 인간은 문자를 이용하여 목록과 회계장부를 만들어 세금이나 장사를 효과적으로 관리할 수 있게 되었다. 그러나 인간은 곧바로 문자를 통해 공동의 기억을 관리할 수도 있음을 깨달았다. 이렇게 해서 생겨난 것이 바로 약속과 계약을 관리하는 문서다. 문자의 기록 기능과 문서 기능은 한 사회를 일관성 있게 합리적으로 다스리기 위한 법률 기록을 위해 쓰이게 됐다. 게다가 문자는 순간적으로 사라지는 말로는 이루어낼 수 없는 개념의 체계화·보급화·투명화를 가능하게 한다. 불명료한 개념의 안개를 걷어내고 투명하고 명료하게 만드는 힘이 있다. 문자를 통해 하는 사고와 소통은 말로써는 도달할 수 없는 높은 차원의 사색인 철학과 지식의 체계화인 학문을 가능하게 했다. 이제 배우기 쉽고 쓰기와 읽기에 편한 문자인 알파벳만 나타나게 되면 인류의 사상사는 엄청난 발전을 할 가능성이 있었다. 그리스의 알파벳은 바로 이 역할을 훌륭하게 해냈다.

알파벳 보급은 곧바로 정치·사회적 변화에 커다란 영향을 끼치기 시작했다. 특히 폴리스의 중심 개념인 법과 정의에 대한 시민들의 인식에 큰 변화를 불러일으켰다. 이런 변화가 가장 빨리 드러난 것은 시골의 가난한 농부 출신인 서사시인 헤시오도스의 작품들이다. 헤시오도스는 추상적 개념을 신들의 자식으로 상징화했다. 그는 《신통기Θεογονία》*에서 제우스가 '관습의 여신 테미스(Θέμις)'와 어울려 '규범의 여신 호라이(Χῶραι)'와 '법질서의 여신 에우노미아(Εὐνομία)', '정의의 여신 디케(Δίκη)', '평화의 여신 에이레네(Εἰρήνη)'를 낳았고, 반면 '복수의 여신 에리스(Ἐρίς)'는 '노동, 망각, 기아, 슬픔, 싸움, 전쟁, 살육, 살인, 분쟁, 거짓말, 말, 논쟁, 복수, 거짓 맹세'

---

* 신들과 영웅들의 족보를 다룬 헤시오도스의 서사시.

와 같은 온갖 악을 낳았다고 말한다. 헤시오도스는 폴리스 체제에서 가장 중요한 정의와 법질서, 평화와 같은 추상적인 개념을 신의 계보에 편입시켜 신성화함으로써 인간인 귀족 지배 계층이 함부로 좌지우지할 수 없는 보편적 가치로 만들었다.

헤시오도스는 《일과 날 Ἔργα καὶ Ἡμέραι》*에서 무사이의 입을 빌려 인간 정치에서 권력의 조화를 강조한다. 그는 지배자들에게 정의에 귀 기울이고 불의에 빠지지 말라고 충고한다. 정의는 사람들에게 불의보다 강하다. 특히 불의는 지위가 낮은 사람들에게 재앙을 가져다준다. 도덕과 평화를 주는 정의는 번영과 풍요를 가져오지만 불의는 단 한 사람이 행하더라도 폴리스 전체에 기근과 역병, 불임과 같은 재앙을 가져온다. 그렇기에 지배자들은 공정하게 재판해야 하고 거짓 맹세와 거짓 증언을 벌해야 하며 염치를 알고 남의 것을 빼앗지 말 것이며 오히려 베풀어야 한다. 이어서 헤시오도스는 제우스가 동물들에게는 정의를 주지 않아 그들의 세계에서는 폭력이 난무하여 서로 잡아먹게 되었지만 인간에게는 정의를 주어 평화롭게 살 수 있게 하였다고 주장한다.[48]

헤시오도스는 아레테, 즉 '빼어남'은 땀으로만 얻을 수 있는 것이라고 말한다. 저열한 것들은 얼마든지 손쉽게 얻을 수 있다. 그리로 가는 길은 평탄하고 아주 가깝기 때문이다. 그러나 신들은 '빼어남' 앞에는 땀을 준비해 놓았다. 멀고도 가파르고 거친 오르막길을 지나야 비로소 '빼어남'에 도달할 수 있다. 그 길은 정상에 가까이 갈

---

* 정의와 노동 같은 인간의 일을 노래한 헤시오도스의 서사시.

수록, 끝나지는 않아도, 수월해진다. 그리고 무엇이 마지막에 이르렀을 때 최선인지를, 처음부터 생각하는 사람이 바로 완벽한 사람이다. 또한 옳은 충고를 따르는 자가 훌륭한 사람이다. 스스로 깨닫지도 못하는 주제에 남의 충고를 받아들이지도 못하는 사람은 형편없는 자다.[49]

헤시오도스는 노동의 미덕을 강조한다. 굶주림은 게으름의 동반자요, 일하지 않고 살아가는 자들은 신들도 싫어한다. 노동을 게을리하지 않으면 곳간은 식량으로 가득하고, 양 떼가 넘쳐 부자가 될 것이다. 왜냐하면 신들은 일하는 사람을 사랑하기 때문이다. 노동은 부끄러운 것이 아니다. 오히려 게으름이 부끄러운 것이다. 인간의 운수가 어떻든 간에 노동은 바람직한 것이다. 공연히 남의 재물을 탐내는 대신 열심히 노력한다면 가치 있는 자가 되어 명예가 뒤따를 것이다. 가난은 부끄러움과 비참함을 가져오고, 자신의 노력에 대한 확신은 부를 가져온다.[50]

빼어남과 노동에 대한 헤시오도스의 이런 주장은 이전 시대 귀족들의 가치관과 정면으로 대치된다. 지주 특권 계급이었던 귀족들은 노동이나 개인의 노력에 대해 아무런 가치를 부여하지 않았다. '빼어남'은 혈통에 의해 저절로 주어지는 것이지 스스로 노력하여 땀으로 얻는 것이 아니라고 생각했고, 노동은 일반 시민들이나 하는 것이지 정치나 법 만드는 일과 같은 고상한 일에만 신경을 쓰는 귀족에게는 어울리지 않는 것이었다. 이런 특권의식에 사로잡혀 있던 귀족들은 마음껏 게으름 피우며, 뇌물을 받고 부당한 재판이나 하고, 약한 자들의 재산을 권력으로 가로채는 등 타락에 젖어 있었다.

헤시오도스는 이런 귀족 계급의 잘못된 가치관에 정면으로 도전한다. 그에게 주요한 것은 정의와 노력과 노동이지 신성한 핏줄이 아니었다. 그는 노력을 통해 얻은 것이 아닌 귀족 신분과 같은 빼어남이나 행운으로 얻어진 빼어남은 진정한 빼어남이 아니라고 보았다. 특히 부정한 짓으로 쌓은 재력이나 권력은 빼어남이 아니라 수치라고 여겼다. 오로지 노동과 노력을 통해 힘들여 얻은 빼어남이야말로 그 사람의 가치를 나타내는 진정한 미덕이라고 그는 주장한다.

이것은 당시 막 두각을 나타내기 시작했던 상인과 뱃사람으로 이루어진 새로운 계급의 가치관이었다. 그리고 바로 이들이 알파벳을 배워 글을 읽고 쓰던 계층이다. 일상생활에 글이 별로 필요 없는 농민들과 달리 상공인 계급은 계약서와 장부를 쓰기 위해서 문자를 아는 것이 꼭 필요했다. 그리고 문자 해독은 지식 습득을 용이하게 해줄 뿐 아니라 체계적이고 합리적인 사고를 키운다. 알파벳 보급에 따라 시대는 새로운 사상과 가치관을 만들어 나갔다. 이와 함께 정치에 대한 새로운 욕구도 점점 더 커져갔다. 기원전 7세기 중반에 쓰인 헤시오도스의 서사시에서 지배자와 일반 시민 사이의 인간관계가 연구와 토론의 대상이 되면서 다음 세대에 닥쳐올 모든 정치·사회적 변혁의 사상적 밑바탕이 탄탄하게 준비되기에 이르렀다. 새로운 시대를 맞기 위한 사상적 혁명은 이미 헤시오도스에서부터 시작된 것이다.

성문법의 출현

문자 보급이 가져온 또 다른 사상적 변화는 법의 개념에 대한 것이었다. 이제 시민들은 귀족들이 자기네 마음대로 휘둘러 대는 신성한 관습법이라는 권위에 도전할 준비가 되어 있었다. 그리스의 암흑기 시대에서 알파벳이 처음으로 보급된 시기 사이의 가장 큰 정치적 변화는 법을 귀족들로부터 빼앗아 민중이 직접 다루고 통치자들도 따라야 하는 성문법으로 대체한 것이다.

왕과 초창기 귀족정의 귀족들은 선조 때부터 대대손손 구전으로 내려오는 관습법에 따라 통치했다. 이 법은 그리스어로 '테스모스(θέσμος)'라 불렸는데, 이는 '(밖으로부터) 주어진 것'이라는 뜻이다. 이 '쓰여지지 않은 법(ἄγραγοὶ νόμοι)', 즉 불문법은 신성한 것으로 신들의 보호를 받았다. 그러나 이 법은 귀족들의 자의적 해석에 따라 원칙 없이 운영되는 폐단이 있었다. 헤시오도스가 《일과 날》에서 지배자들에게 정의를 지켜야 한다고 강조한 까닭 가운데 하나도 그가 동생과의 유산 다툼에서 부패한 지배자들의 부정한 재판 때문에 피해를 입었기 때문이다.

그리스어로 귀족을 '아리스토이'라고 하는데 이 말은 '빼어난 자'란 뜻이다. 이 말은 '빼어난, 우수한'을 뜻하는 어간 '아레-(ἀρε-)'에서 온 것으로 '빼어남, 잘남, 덕'을 뜻하는 추상명사 '아레테'와 같은 어원을 가지고 있다. 호메로스의 시대에 아레테는 전사 계급의 '용기'와 '빼어난 전쟁 기술'을 뜻했다. 그러나 헤시오도스 시대에 아레테는 단순히 용기나 전투력뿐 아니라 '도덕적·정신적 우월성'을 나타내는 '정의감, 공정함'까지 아우르는 말로 뜻이 바뀌었다. 그리고 예전의 귀족 계급이 태어날 때부터 빼어나다고 주장한 데 비해 이제는 개개인이 노력에 의해 이루어낸 업적을 통해 스스로 '빼어남'을 증명해야 했다. 헤시오도스가 노력과 노동의 중요성을 강조한 것은 이러한 사회적 변화의 흐름에서였다.

　이런 사회적 분위기는 전통 귀족 계급의 권위와 신뢰의 약화를 가져왔다. 자신의 노력으로 부를 이루고 시민들의 존경을 받게 된 상공인 계급이 이런 사회적 변화를 이끌었다. 여기에 쉬운 글자인 알파벳이 보급되자 이들 신흥 계급은 자신들이 바라는 바를 공공연하게 주장하기 시작했다. 더욱이 이미 이야기한 대로 전투 기술에 있어서도 말이나 전차로 싸우는 귀족적 전법에서 스스로 갑옷과 투구, 방패를 준비하고 싸우는 중무장 보병 중심의 전법으로 이동해 갔다. 이런 변화를 바탕으로 시민들은 먼저 관습법을 명문화할 것을 요구했다. 더 이상 귀족 개인의 성향이나 기분에 따라 법을 마음대로 농단하는 것을 막자는 것이 성문법 기록의 첫째 목적이었다. 그러나 한번 생겨난 법에 대한 의구심과 불만은 그 정도 선에서 머물지 않고 더 많은 것을 얻으려는 방향으로 발전해 나갔다.

　일반 시민들은 이제 신들로부터 온 것이 아니라, 인간이 필요에 따라 만들고 집단에 의해 자유의지로 받아들여진 새로운 법의 제정을 요구하기에 이르렀다. 그리고 새로운 법을 만드는 중대한 업무를 귀족이나 시민 모두에게서 절대 존경과 신임을 받는 한 개인에게 맡기기를 바랐다. 이렇게 절대 신임을 받아 임명되어 절대권을 가지고 법을 제정한 인물을 '노모테테스(νομοθέτες)'라 부르고, 이들이 만든 법은 '노모스(νόμow)'라 했다. 이는 '나누다'라는 뜻의 동사 '네모(νέμω)'에서 파생한 것으로 '몫'이란 뜻이다. 그리스어에는 '노느다'라는 뜻의 '모이라조(μοιράζω)'라는 동사가 있는데 이 낱말에서 파생된 명사가 '모이라(μοῖρα)', 즉 '운명'이다. 다시 말해 운명은 신들이 인간 각자에게 주고 싶은 대로 노나준 것이라는 뜻이다. 그러나 노모스는 각자에게 '똑같이 나누어준 몫'이기에 남이 내 몫을 가져가면 부당하듯이 누군가가 지키지 않으면 응징을 받아야 하는 것이다. 노모스는 운문으로 전해 내려오던 테스모스와 달리 산문으로 적혀 모든 시민이 쉽게 볼 수 있는 광장 한가운데나 공공시설에 공개 전시되었다.* 노모스는 인간 사회가 추구해야 하는 보편 가치들을 바탕으로 만들어졌기 때문에 이해당사자인 시민이 모두 쉽게 알아야 했기 때문이다. 이런 뜻의 법에서 가장 중요한 것은 자기 몫을 지킬 수 있는 '자유'와 '평등'이다. 그리고 법이 제대로 지켜지는 것이 바로 '정의'다.

절대권을 가진 한 명의 노모테테스가 만든 법이 모두 기록된 것은 아니다. 전설적인 현자 리쿠르고스는 자신이 만든 스파르타의 레트라를 기록으로 남기지 않았다. 그는 법률의 목적과 목표와 실천은 중요 사항과 공공복리를 가르치는 직접 교육에 의해 완성되어야 한다고 믿었기에 어떤 법도 성문화하지 않았다. 법을 문자에 묶어 놓으면 건전한 판단력을 가진 사람들이 상황에 맞게 결정할 수 없을뿐더러, 시대에 따라 변화하는 관습과 방식에 맞춰 법을 융통성 있게 적용하는 것을 방해할 것이 두려웠기 때문이다. 그는 정치란 자발적으로 복종하도록 사람 마음을 움직이는 기술이기에 균형과 중용이 가장 중요하고, 국가의 행복도 개인과 마찬가지로 덕을 실천하고 국민들이 서로 화합을 이룸으로써 얻어지는 것이므로 한

---

* 그리스에서 최초의 성문법은 1936년 크레타 드레로스에서 발견된 기원전 6세기 후반의 비문에 새겨진 것이다. 그러나 불행히도 이 비문은 제2차 세계대전 중에 사라졌다. 그리스 신화에는 크레타의 미노스 왕이 최초의 성문법을 만든 입법가였다고 한다.

번 쓰이면 잘 변하지 않는 성문법에 의해 사람들의 생각이 경직되는 것을 경계했다. 실제로 스파르타는 오랫동안 법이 가장 잘 지켜진 나라로 유명하다.

그러나 새로운 식민지를 개척할 때는 성문법의 제정이 필수였다. 식민지에는 법의 집행을 방해할 왕이나 귀족들이 없기에 성문법이 더욱 절실했다. 그래서 식민지를 세우면 시민들은 모두에게 존경과 신뢰를 받는 한 사람의 입법자에게 절대권을 주어 자신들에게 맞는 법을 제정했다. 이렇게 하여 식민지 개척의 시대를 거치면서 그리스의 모든 폴리스는 관습법 대신에 성문법에 의해 다스려지는 정치 체제로 탈바꿈했다. 이제 법은 폴리스의 영혼이요, 가장 중요한 통치 수단이 되었다.

6

킬론의 쿠데타

팔리론 델타 공동묘지의 비밀

아테네 중심에서 팔리론 해안으로 가는 싱구루 길 끝에서 피레아스(Πειραίας) 항구* 쪽으로 우회전하는 모퉁이에 그리스의 선박왕 가운데 한 명인 스타브로스 니아르코스(기원후 1909년~1996년)가 기증한 공원이 있다. 2016년 초 이 자리에 국립 오페라 하우스와 도서관을 짓기 위한 공사가 시작되었지만 그해 4월 고대 아테네의 교외에 위치했던 대규모 공동묘지가 지하에서 발견되면서 공사는 곧바로 중단되었다. '팔리론 델타(Phaleron D) 공동묘지'

---

* 고대 이름은 페이라이에우스(Πειραίευς). 기원전 5세기에 건설된 아테네의 외항으로 아테네 도심에서 7킬로미터 정도 떨어져 있다.

라고 불리는 이 묘지 남쪽 끝에 있는 세 개의 구덩이에서 쇠고랑을 찬 채 손목을 머리 위로 치켜든 자세로 한 줄로 나란히 묻힌 해골 80여 구가 발견되었다. 모든 시신은 왼쪽 관자놀이가 둔탁한 둔기로 맞아 함몰되어 있었고, 그 가운데 한 구덩이의 시신들은 차례로 처형된 듯 일정한 거리를 두고 쓰러져 있었다. 이 시신들의 뼈를 과학적으로 분석한 결과, 대부분의 희생자들은 건장한 체구의 20~30대였고 네 명은 이들보다 훨씬 어린 것으로 밝혀졌다. 부장품의 숫자는 많지 않았지만 발견된 두 개의 조그만 항아리는 기원전 675년쯤에서부터 기원전 630년쯤까지의 코린토스식 암포라(ἀμφόρα)* 였다. 잔혹하게 처형된 것으로 보이는 이 시신들은 그러나 예의를 갖춰 묻힌 것으로 보인다.[51] 아마도 처형당한 자들이 높은 신분이었기에 이런 배려를 한 듯하다. 고통을 최소화한 처형 방법과 죽은 자들의 건강 상태가 당대의 기준으로 상당히 양호했다는 점도 이런 가설을 뒷받침하고 있다. 앞으로 디엔에이(DNA) 검사 등 인류학적 연구가 이런 가설의 정당성 여부를 가려줄 것이다. 이 발굴은 2016년 10대 고고학 발견 가운데 하나로 선정되었다.[52]

도대체 팔리론의 델타 공동묘지에 묻힌 사람들은 누구이며 왜 이토록 잔혹하게 집단적으로 살해되었을까? 발굴 책임자인 스텔라 흐리술라키(Στέλλα Χρισουλάκη)는 정권을 둘러싼 투쟁 과정에서 이런 처형이 일어났을 것으로 추정한다. 그녀는 "우리는 처음으로 기원전 7세기에 귀족들 사이에서 벌어졌던 역사적 사건의 예를 보여줄

* 손잡이가 둘인 고대 그리스 항아리.

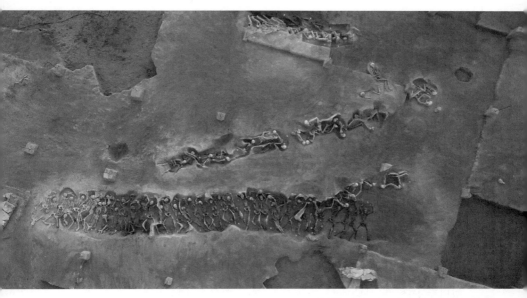

팔리론 델타 공동묘지에 나란히 묻힌 해골들은
아테네의 민중정치를 향한 오랜 투쟁의 시작이었던
'킬론의 쿠데타'를 떠올리게 한다.

수 있게 되었습니다. 이 사건은 아테네의 민중정치를 향한 오랜 투
쟁의 시작이었죠"라고 말했다. 여기에서 말하는 기원전 7세기의 권
력 투쟁이란 아마도 기원전 632년에 있었던 '킬론(Κύλων)의 쿠데타'
를 암시하는 말일 것이다.

그리스에 갈 때마다 신세지는 정말 좋은 내 친구 스타모스의 집
발코니에서 매일 바라보던, 2004년 아테네 올림픽 때의 핸드볼과
태권도 경기장 돔 건물 바로 옆에 그렇게 오랫동안 역사의 비밀을
간직한 공동묘지 터가 있었다니, 그리스의 땅 밑은 어디 한 곳 무심한
곳이 없다는 생각이 든다. 이번 발굴은 전설을 역사로 바꿀 것이다.

기원전 7세기 이전의 아테네 역사

그리스인 가운데 자신들이 가장 오래된 민족이라고 주장한 사람들은 아테네인[53]과 아르카디아인[54]이었다. 그들은 다른 그리스 부족들과는 달리 이주를 온 적도, 이주를 한 적도 없기 때문이다. 그래서 이 두 지역 그리스인들은 자신들을 '크토니오이(χθόνιοι)', 즉 '땅에서 태어난 자'라고 칭했다. 실제로 아테네인들은 다른 이오니아족이 도리아족의 침입에 쫓겨 소아시아의 이오니아 지역으로 이주했을 때 꿋꿋이 도리아족의 침입에 맞서 자신들의 땅을 지켜냈다.

그리스가 아직 왕정의 지배를 받았던 미케네 시대에 아테네는 별로 중요하지 않은 곳이었다. 그리스 신화는 아티카의 여러 마을을 하나로 연합해 아테네라는 국가를 세운 영웅은 테세우스라고 말한다. 그러나 일부 역사학자들은 이 부족 연합 국가는 미케네 시대에 붕괴되었다가 그 이후에 점차적으로 다시 연합을 계속하여 기원전 700년쯤에 이르러서야 엘레우시스(Ἐλευσις)*까지 아우르는 통일국가가 되었다고 본다.

이에 대해 또 다른 역사학자들은 아테네가 미케네 시대 이후에 분열된 적이 없다고 본다. 실제로 역사시대 들어 아테네는 네 개의 이오니아 부족 연합으로 구성된 왕정의 형태로 모습을 드러내고 있다. 각 부족은 몇 개의 씨족으로 이루어져 있었는데, 이런 구성은 역사시대 내내 아테네의 독특한 특성으로 남았다. 이는 아테네가

---

* 아테네의 가장 서쪽에 위치한 지역. 엘레우시스 비교(秘教)로 유명했다.

미케네 시대의 강력한 관료주의의 중앙집권적 정부 아래서도 이오니아족이 들어오기 이전의 부족 연합 국가 형태를 그대로 지킨 것을 암시한다. 기원전 10세기에 아테네를 침입한 도리아족을 물리친 사실은 아테네가 강력한 지도 집단 아래 단결된 힘을 가지고 있었음을 보여주는 강력한 증거다. 그리고 아테네는 이웃 섬 보이오티아와 함께 델포이의 종교 동맹*에 이오니아족 동맹으로 참가했다. 이 아테네와 보이오티아의 이오니아 동맹은 기원전 9세기까지 유지되었다.

미케네 시대 끝 무렵에 다른 그리스 지역과 마찬가지로 아테네에서도 아크로폴리스에 머물면서 통치를 하던 왕정이 무너지면서 부족 연합 체제도 붕괴되고 각 지역의 귀족들이 독자적으로 통치하기 시작했다. 그러나 자신들은 하나의 이오니아 부족이라는 민족의식과 동일한 종교 공동체라는 의식이 동맹을 굳건히 지켜주었다. 그리고 기원전 10세기부터 아테네에서도 각 부족의 귀족들이 연합하여 점점 왕의 권력을 약화시키고 권력을 잡게 되었다.

기원전 7세기의 아테네 귀족정

역사시대가 시작되었을 때 아테네는 부족 연합 국가의 특성이 그

---

* Δελφική Αμφικτυονία, 델포이의 토착 신 아폴론과 테르모필라이 근처의 데메테르에 대한 신앙을 지키기 위해 중부 그리스 지역의 12부족이 결성한 종교 동맹. 흔히 '델포이 인보 동맹'이라고도 불린다.

대로 남아 있는 정치체제를 가지고 있었다. 주민들은 네 개의 부족*
으로 나뉘어 있었고, 각 부족에는 형제단**이란 종교적·경제적 단
위 조직이 있었는데, 형제단에 속하지 않은 사람은 시민권을 가질
수 없었다. 시민들은 아이가 태어나면 바로 이 형제단에 출생신고
를 했고, 그 아이가 성년이 되면 소속 형제단의 시민으로 등록했다.
각 형제단은 30명의 남자 시민으로 구성된 30개의 씨족***을 가지
고 있었다고 하는데,[55] 형제단의 모든 구성원이 씨족 조직에 속한
것이 아니라 오직 귀족들만 이 씨족 조직의 구성원이 될 수 있었다.
아테네 귀족정의 말기에 정치적 투쟁은 이 씨족들 사이의 갈등에서
비롯되었다.

　아테네 귀족정에서는 귀족만이 국가의 일을 결정하는 민회에 참
석할 수 있었고, 관직은 귀족 가운데에서도 일정 이상의 재산을 가
진 부자만이 차지할 수 있었다. 관직에 오를 수 있는 피선거권을 가
진 귀족 계층을 '펜타코시오메딤노이(πεντακοσιομέδιμνοι)'라고 불렀
고, 단순히 민회에만 참석하여 선거권을 행사할 수 있는 귀족 계층
은 '히페이스(ἱππεῖς)'라고 했다. 펜타코시오메딤노이는 500메딤노
이라는 뜻으로, 1년 수입이 그 이상인 계층을 가리킨다. 1메딤노스
(μέδιμνος)는 5.184킬로리터 정도 된다. 당시 5인 가족 생활비가 1년
에 25메딤노이 정도였던 것으로 추정되므로 이 계급에 속하는 사
람은 약 20가구를 먹여 살릴 정도의 부자였다. 히페이스는 '기마병'

---

* 그리스어로 '부족'을 '필레(φυλή)'라고 한다.
** 그리스어로 '형제단'을 '프라트리아(φρατρία)'라고 한다.
*** 그리스어로 '씨족'을 '게노스(γένος)'라고 한다.

이란 뜻으로, 말을 소유할 수 있는 계층을 가리키는 데 쓰였던 말이다. 이들은 1년에 300메딤노이 이상의 수입을 가진 계층이었다.

정치에 참여하지 못했던 시민들도 다시 두 계급으로 나뉘었다. 이들 가운데 1년 수입이 200메딤노이 이상인 계층을 '제우기타이(ζευγῖται)'라 불렀는데 이들은 스스로 중무장을 하고 보병으로 전투에 참전할 수 있는 사람들이었다. 제우기타이라는 말은 '멍에'를 뜻하는 '제우고스(ζεῦγος)'에서 왔다는 설과 '두 개가 이룬 한 쌍'이란 뜻의 '제우곤(ζυγόν)'에서 왔다는 설 두 가지가 있다. 앞의 해석을 따르면 제우기타이는 '소를 가진 사람'이란 뜻이고, 두 번째 해석을 따른다면 남들과 짝을 이뤄 하나가 되는 밀집 진영인 '팔랑크스(φάλαγχ)'의 구성원이라는 뜻이 된다. 1년 소득이 200메딤노이에도 못 미치는 가장 가난한 계급은 '테테스(θῆτες)'라 불렸는데, 이 낱말은 '놓다'를 뜻하는 동사 '티테미(τίθημι)'에서 온 것으로 '(무엇인가를 만들어) 놓는 자'라는 뜻을 가지고 있다.*

아테네 귀족정에서 권력은 아홉 명의 아르콘(ἄρχων)에게 있었다. 이들의 임기는 처음에는 종신직이었다가 후에 10년으로 줄었고, 기원전 683년과 기원전 682년 사이에 1년으로 줄었다. 가장 오래된 관직인 왕**은 제사나 종교 축제와 같은 종교적 업무와 신성모독이나 살인, 상해, 방화와 같은 중대 범죄 재판 때 재판을 주관하는 재판장의 업무를 맡았다. 두 번째로 생긴 관직인 사령관***은 전쟁 때

---

* 아테네의 계급을 구분하는 재산 기준은 솔론 시대의 것인데, 그런 기준이 언제부터 내려오는 것인지는 알 수 없다.
** 그리스어로 '왕'을 '바실레오스(βασιλεύς)'라고 한다.
*** 그리스어로 '사령관'을 '폴레마르코스(πολέμαρχος)'라고 한다.

지휘와 군사 재판, 전몰자들을 기리기 위한 운동 경기 주관을 맡았다. 우두머리 아르콘*은 아홉 명의 아르콘의 회의를 주관하는 실질적인 권력자였고 아테네의 역사는 그해의 우두머리 아르콘 이름으로 기록되었다. 가장 낮은 직급의 아르콘은 '경리단(ταμίαι)'이라고 불렀는데, 이들은 정부의 수입과 지출을 관리했다.

기원전 7세기부터 아르콘은 법을 적는 일을 맡는 여섯 명의 선출직 입법가**의 도움을 받기 시작했다. 그리고 아테네 정부에는 아테나 여신 신전의 수입과 지출을 담당하는 경리들과 정부의 수입과 지출을 맡은 관리들, 정부 재산을 관리하는 관리들, 제2차적 중요성을 갖는 행정 일을 맡은 11인 위원회와 같은 하위 조직이 있었다.

아테네 정부 조직에서 가장 많은 논란을 불러일으키는 기구가 '아레이오스 파고스(Ἄρειος Πάγος)'다.56) 그러나 그런 전문적인 논의와 관계없이 분명한 것은 기원전 7세기에 귀족들로 구성된 아레이오스 파고스라는 의회가 존재했다는 것이고, 이 기구는 아직 법에 의한 제한을 받지 않았기 때문에 거의 무한한 권한을 가지고 있었다는 것이다. 아르콘을 지낸 귀족들은 퇴임 후 자동적으로 아레이오스 파고스의 회원으로 편입됐다. 따라서 이 기구의 구성원은 모두 최상위 계급인 펜타코시오메딤노이 출신이었다.

아레이오스 파고스에 비해 민회는 아주 제한된 권한만 가지고 있었다. 귀족들만 참가하는 당시 민회의 소집권은 아레이오스 파고스에 있었기 때문이다. 민회는 흔히 의회의 결정 사항을 더욱 강화하

---

* 그리스어로 '우두머리 아르콘'을 '아르콘 에포니모스(ἄρχων ἐπώνυμος)'라고 한다.
** 그리스어로 '입법가'를 '테스코테테스(θεσμοθέτης)'라고 한다.

기 위해 소집되었다.

기원전 7세기 중반 아테네의 경제적 위기와 킬론의 쿠데타

기원전 8세기 말부터 그리스 폴리스에 닥친 위기의 상황은 서로 비슷했다. 인구 증가에 따른 토지 부족 현상에 화폐 사용이 덧붙여지면서 극심한 양극화 현상이 일어났다. 거기에 최상의 부유 귀족들은 가난에 못 견뎌 파산하는 자영농 농부들의 땅을 탐욕스럽게 빼앗으면서 사회 위기는 내전 직전까지 이르렀다. 이에 대한 해결책으로 대부분의 폴리스는 해외 식민지를 건설했다. 예외적으로 스파르타는 이웃 메세니아를 정복함으로써 토지 문제와 양극화 문제를 해결했다. 그러나 이미 기업적 사회로 진입한 아테네는 기원전 8~기원전 7세기 내내 식민지를 건설하지 않고 심각한 내부 갈등을 타협과 양보를 통한 합의로 해결하는 길을 택했다.

아테네가 식민지로 자국민을 내보내지 않았던 데는 이오니아족 가운데 그들만이 유일하게 도리아족의 침입을 물리치고 선조들의 땅을 지켰다는 자부심이 작용한 것인지도 모른다. 그러나 그것만으로는 설명이 부족하다. 거기에는 또 다른 변수가 있었다. 바로 바다로 쉽게 나가는 길이 있었던 것이다.

항해에 유리한 지형, 이것이 다른 폴리스에 없는 아테네의 또 한 가지 중요한 이점이었다. 역삼각형 모양의 반도인 아티카는 영토 전체에 구불구불한 해안이 펼쳐져 있어 어디서든 쉽게 배를 띄울 수 있었다. 또 섬들이 징검다리처럼 촘촘하게 놓여 있어 큰 어려움

없이 에게해를 통해 소아시아까지 항해할 수 있었고, 그곳에서부터 더 나아가 흑해나 레반트(Levant)*, 이집트까지 갈 수 있었다. 그래서 땅이 없는 아테네 사람들은 일찍부터 배를 타고 바다로 나가 상인으로서 자신의 인생을 개척해 나갈 수 있었다. 이렇게 바다에 나간 사람들 가운데 몇몇은 땅을 가진 귀족 못지않은 큰 재산을 모았다.

자연환경 역시 그리스인들을 바다로 내몬 중요한 요소였다. 그리스는 영토의 80퍼센트가 가파른 산지였기에 농사를 지을 수 있는 곳은 해안이나 계곡 사이의 좁은 평원뿐이었다. 게다가 그리스의 연간 강수량은 500밀리미터를 넘지 못한다. 이런 지역에서는 밀과 같은 곡물 재배가 그리 유리하지 못하다. 그러나 그리스는 다행히 가뭄과 고온에 잘 견디는 포도와 올리브 재배에 적합한 토양을 가지고 있었다. 그리스인들은 아주 옛날부터 포도는 포도주로 담그고, 올리브는 기름을 짜서 보관하고 해외에 팔았다. 그리고 질 좋은 그리스의 포도주와 올리브기름은 예전부터 해외에서 인기가 좋았다. 그리스 귀족 지주들은 포도주와 올리브기름을 저장하고 해외에 갖다 팔기 위해서 저장 용기를 만드는 도공들과 뱃사람들한테 의존할 수밖에 없었다. 이 점에서 그리스의 귀족들은 곡식을 생산하는 고대 4대강 문명의 지주 지배자들보다 불리했다. 그곳의 지주들은 잉여 곡물을 창고에 쌓아 두고 개인 용병을 고용하여 평민을 억압할 수 있었다. 하지만 액체 형태의 생산물을 해외에 팔아야 했던 그리스 지주들은 상인들과 옹기장이들의 도움이 절실했기에 도공들

---

* 팔레스타인과 시리아, 요르단, 레바논 등이 있는 지역.

이나 뱃사람들과 협력하지 않을 수 없었다.

그러나 기원전 7세기 들어 아테네의 도공들은 기원전 8세기에 누렸던 기술적 우위를 잃고 아테네 경제는 내리막길로 치닫게 되었다. 경제 위기는 이전부터 계속되었던 사회의 갈등을 더욱 위험한 수준으로 긴장시켰다. 이런 위기에 흔히 나타나는 현상이 폭력적 방법으로 정권을 전복하려는 세력의 등장이다. 실제로 기원전 7세기에 여러 폴리스에서 몇몇 귀족이 민중들로부터의 강력한 인기를 배경으로 이기적인 다른 귀족을 폭력적으로 제거하고 정권을 잡은 '폭군'들이 등장했다. 기원전 676년에 시키온의 오르타고리데스가, 기원전 657년에는 코린토스에서 킵셀로스(기원전 695년쯤~기원전 627년)가, 기원전 600년쯤에는 메가라의 테아게네스가 이런 방법으로 정권을 잡았다. 이런 폭군들의 정치를 폭군정이라고 하는데, 이 폭군정은 기원전 7세기에서부터 기원전 6세기 중반까지 한 세기 동안 그리스에서 가장 흔한 정부형태였다.

킬론의 쿠데타와 킬론의 저주

아테네에서 처음으로 독재자가 되려는 음모를 실행에 옮긴 인물이 바로 킬론이다. 그는 아테네 최고 가문의 후예로 기원전 640년 올림픽 때에 '디아울로스(Δίαυλος)'*에서 우승한 영웅이었다. 또 그

---

* 384미터 달리기 경기.

의 장인은 당시 메가라의 폭군이었던 테아게네스였다. 그가 델포이에 신탁을 묻자, 제우스의 최대 축제 기간에 거사를 벌여 아크로폴리스를 점령하라는 대답이 나왔다. 킬론은 이를 근거로 올림픽 경기가 열리려는 시기를 골라 뜻을 같이하는 또래의 젊은이들과 장인이 보내준 메가라 군대와 함께 아크로폴리스를 점령했다. 그는 올림피아에서 열리는 올림픽 경기야말로 제우스의 최대 축제라고 믿었기 때문이다. 그러나 이것이 함정이었다. 아테네에서도 디아시아 (Διάσια)*라는 제우스 축제가 열렸기 때문이다. 물론 언제나처럼 델포이 신탁은 어느 축제가 맞는 것인가에 대해서는 아무런 암시를 주지 않았다. 이 소식을 들은 아테네인들은 농촌에서부터 모두 무장을 하고 모여들어 아크로폴리스를 포위했다. 얼마쯤 시간이 지나고 아테네인들은 지쳐 물러나면서 아홉 명의 아르콘에게 뒤처리에 대한 전권을 맡겼다. 이런 사이에 주모자인 킬론과 그의 아우는 간신히 도망칠 수 있었다. 그러나 포위당한 자들이 식량과 물이 떨어져 견딜 수 없게 되고, 더욱이 몇 명이 굶어 죽는 일까지 일어나자 아크로폴리스의 도시의 수호신 아테나 여신 제단 앞으로 가서 탄원자로 자비를 빌었다. 포위를 하고 있던 아테네의 지도자들은 이들이 신성한 신전에서 죽어 가는 것을 보자 아무런 해를 끼치지 않고 정당한 재판을 받게 해주겠다는 조건으로 반역자들을 설득했다. 죄인들은 아테나 여신상에 잡아맨 줄을 잡고 아크로폴리스를 떠나 재판정까지 내려왔다. 그런데 복수의 신전 앞에서 그 줄이 갑자기 끊

---

* 2월 초에 열흘 동안 아테네의 올림피오스 제우스 신전 근처에서 열리던 축제.

어졌다. 이에 죄인들을 호송하던 메가클레스와 다른 아르콘들은 아테나 여신이 그들을 버렸다고 생각하고 죄인들을 신전 옆에서 돌로 쳐 죽이고, 성소로 다시 도망친 자들까지 쫓아가 제단 앞에서 살해했다. 다만 아르콘의 아내들에게 도망한 자들은 목숨을 건질 수 있었다. 그리고 미리 도망간 주범 킬론과 그의 아우는 전재산을 몰수당했을 뿐 아니라 그들 자신은 물론 그들의 자손들까지도 아테네에서 영원히 추방되었다.[57) 이 일이 벌어진 뒤로 연루된 아르콘들은 신들의 저주를 받은 자들로 여겨져 민중들의 미움을 받게 되었다. 이 저주를 '킬론의 저주'*라고 한다.

얼마 지나지 않아 신성한 성소에서 부당하게 살해당한 데 대한 동정심을 등에 업은 킬론과 생존자들이 다시 세력을 키워 킬론 저주의 중심인물인 메가클레스의 집안과 끊임없는 싸움을 벌였다. 이 갈등은 폴리스 전체가 두 파로 갈려 서로 죽이는 등 아테네를 위험으로 몰아넣었다. 이에 이미 명성이 높았던 솔론(기원전 638년쯤~기원전 558년쯤)이 아테네의 최고 권력자들과 의논하여 메가클레스를 비롯한 저주받은 사람들로 하여금 명문가 출신 300명의 시민들로 구성된 재판을 받게 하였다. 이 재판에서 저주받은 자들은 모두 추방되었다. 킬론의 저주를 두려워한 시민들은 이미 죽은 자들의 시

---

* 그리스어로 '킬론의 저주'를 '킬로네이온 아고스(Κυλώνειον ἄγος)'라고 한다. 여기서 '아고스(ἄγος)'란 낱말의 정확한 뜻은 '신성모독으로 인한 오염'으로 고대 그리스인들은 한 명의 시민이라도 '신성모독에 의한 오염'에 감염되면 폴리스 전체가 신의 분노와 저주에서 벗어날 수 없다고 생각했다. 그래서 이미 죽은 자들의 시신까지도 폴리스 밖으로 갖다 버린 것이다.

신까지 파헤쳐서 폴리스 밖으로 내던졌다고 한다.[58]

드라콘의 입법

킬론의 쿠데타와 진압, 그리고 뒤이은 쿠데타 잔당과 진압 과정에서 신성모독 행위를 한 귀족들에 대한 재판은 당시 아테네 귀족들 사이의 극단적인 권력 투쟁을 반영하는 동시에 민중의 힘이 커가고 있음을 잘 보여주고 있다. 이 모든 과정에서 결정적인 역할을 한 것은 민중이었다. 킬론의 정부 전복 야욕이 실패한 까닭은 민중의 지지를 받지 못했기 때문이었고, 쿠데타 진압 과정에서 신성모독을 한 귀족 집안이 추방당한 것도 역시 민중의 지지를 잃었기 때문이었다. 게다가 당시 다른 그리스 폴리스에서는 야심 많은 귀족한 명이 불만을 품은 민중의 힘을 빌려 정부를 전복하고 폭군정치를 펼치는 일이 흔했기에 아테네의 귀족들도 민중의 요구를 외면하기 힘들었다. 이런 상황의 변화를 겪으면서 아테네의 민중은 자신들의 힘을 깨닫기 시작했고, 이런 권리의식은 자신들의 정치적 권한에 대한 요구로 이어졌다. 이렇게 하여 아테네 사회 안에 숨어 있던 귀족 계급과 민중 사이의 갈등이 천천히, 하지만 분명하게 겉으로 드러나기 시작했다.

킬론 사태로 빚어진 갈등을 해소하기 위해 아테네인들은 드라콘(기원전 7세기 활동)이라는 귀족에게 입법권을 주어 새로운 시대에 맞는 법을 제정하도록 했다. 드라콘은 상위 두 귀족 계급인 펜타코시오메딤노이와 히페이스에게만 주어졌던 참정권을 스스로의 비용

128

으로 무장할 수 있는 시민들인 제우기타이에게까지 개방했다. 중요
관직인 아홉 명의 아르콘과 국가 회계관은 10므나($\mu\nu\tilde{\alpha}$)* 이상의 부
동산을 가진 사람들만 선출될 수 있도록 정했고, 그보다 낮은 다른
관직에는 제우기타이들도 뽑힐 수 있었다. 그리고 장군과 기병 대
장은 100므나 이상의 재산과 10세 이상의 정실 아들을 가지고 있는
사람만 선출될 수 있었다. 또 예전에는 귀족만 참석할 수 있었던 민
회를 제우기타이에게도 개방했다. 모든 민회 구성원은 민회에 반드
시 참석해야 했다. 만약 불참하면 펜다코시오메딤노이는 3드라크
마, 히페이스는 2드라크마, 제우기타이는 1드라크마의 벌금을 물어
야 했다. 민회에서는 30세 이상 된 사람들 가운데 401명을 추첨으
로 뽑아 의회를 구성했다. 401인회 의원과 관리는 모든 사람이 한
번씩 선출될 때까지는 두 번 뽑힐 수 없었다. 다만 차례가 다 돌아
가면 다시 맨 처음부터 선출을 시작했다. 드라콘은 또한 귀족들의
의회인 아레이오스 파고스의 권한을 법을 수호하고 관리들의 준법
상황을 감독하는 것으로 제한했다. 시민은 관련 법조문을 제시하여
자신이 부당한 대우를 받았음을 아레이오스 파고스에 고소할 수 있
었다.59)

드라콘은 범죄에 대한 형벌도 정했다. 그는 우선 정부 전복을 꾀
하는 주모자와 그의 동조자들, 모든 친척들은 시민권을 박탈하고

---

* 무게 단위로는 0.571킬로그램에 해당되고 화폐로는 100드라크마의 가치를 가졌다. 플루
타르코스는 당시 1드라크마로 양 한 마리를, 5드라크마로는 황소 한 마리를 살 수 있었으
며, 올림픽 경기에서 우승한 자에게는 500드라크마를, 이스트모스 제전의 우승자에게는
100드라크마의 상금을 주었다고 전하고 있다.(《생애 비교》, 솔론전 23장) 따라서 10므나
는 양 1000마리 값에 해당하는 큰돈이었다.

영구 추방하며, 전 재산을 몰수한다는 불명예법을 제정했다. 또 그는 살인에 대한 복수를 다루는 51인의 재판 기구를 신설하고 고의적인 살인과 과실치사를 구분하여 형량을 달리했다 전해진다. 이런 사실은 '드라콘의 법' 하면 '잔혹한 법' 또는 '피로 쓴 법'이라고 불렸다는 플루타르코스의 기록과는 모순된다. 플루타르코스는 드라콘의 법은 너무 엄격하고 가혹하여 거의 모든 종류의 범죄에 사형을 언도했다고 전한다. 살인은 물론, 게으름을 피우거나 과일 한 알이나 화분의 꽃 한 송이만 훔쳐도 사형에 처했다는 것이다. 누가 드라콘에게 왜 모든 범행에 사형을 과하는가 물었을 때 그는 사형은 작은 죄에 적용돼야 하는 벌인데 그보다 더 큰 형벌이 없어 그랬다고 대답했다고 한다.[60]

드라콘의 법에 대해 이런 이율배반적인 이야기 가운데 어느 것이 진실인가는 사료가 부족해서 알 길이 없다. 그러나 아리스토텔레스는 "드라콘이 만든 법은 새로운 정치체제를 위한 것이 아니라 전통적으로 전해 내려오는 기존의 정치체제를 위한 것이었고 형량이 무겁다는 것 이외에는 이렇다 할 특징이 없다"[61]고 말했다. 따라서 드라콘의 법에는 고대 아테네의 범죄자에게 혹독했던 전통 불문법의 흔적이 그대로 남아 있었던 것으로 볼 수 있다.

드라콘은 기원전 624년 또는 기원전 621년에 이 모든 법을 대리석 위에 새겨 아고라의 한 회랑에 갖다 놓았다. 이렇게 함으로써 민중들도 법을 분명히 알 수 있게 되어 법의 무지에서 오는 불이익을 당하지 않을 수 있게 되었다. 이전까지 법은 전통과 관습의 문제였고, 귀족 계급은 이 전통적인 법의 수호자요 집행자로서 뇌물을 받고 부당한 판결을 하는 등 법을 자기 마음대로 해석하는 농단을 부렸다. 그러나 법이 공공장소에 적혀 공개되자 동일한 법의 적용을 받는 범죄 행위에 대하여 힘 있는 귀족이냐, 아니면 힘없는 민중이냐에 따라 다른 처벌을 받는, 소위 말하는 '유전무죄 무전유죄(有錢無罪 無錢有罪)'와 같은 일은 일어나기 어려워졌다. 공공장소에 공개된 성문법은 법 자체는 아직 원시적이라 할지라도 운영 면에서는 어느 정도 약자들을 보호하는 장치로 작용했던 것이다. 바로 이것이 성문법이 갖는 인권적 의미였고, 문자, 특히 알파벳과 같은 쉬운 문자의 힘이었다.

7

솔론의 개혁

델포이 신탁소의 경구

내가 처음 유학 갔을 때 아테네에서 델포이로 가는 길은 상당히 멀었다. 지금은 고속도로를 비롯해 넓고 곧은 길이 나서 훨씬 편해졌지만 나는 아직도 그 옛날 길을 아름다운 추억으로 간직하고 있다. 그 가운데에서도 어느 겨울 테바이 시내를 가로질러 가던 일이 기억난다. 함께 그곳을 지나던 친구들에게 오이디푸스와 안티고네 이야기를 해줄 수 있는 기회였다. 그러나 지금은 도시 외곽 도로로 지나치기에 델포이를 가면서도 테바이를 볼 수 없다. 또 예전에는 파르나소스산의 좁고 구불구불한 길을 지나다 보면 수많은 삼거리를 만나야 했는데, 그때마다 혹시 여기가 오이디푸스가 자기 아버지 라이오스를 죽인 곳이 아닐까 하는 상상을 하는 것이 즐거웠다. 어느새 참 오래된 이야기가 되고 말았다.

고대 그리스 세계의 종교적 중심지는 델포이와 올림피아였다. 올림피아에서는 4년마다 제우스에게 바치는 운동 축제인 올림픽이 벌어졌다. 이때 수만 명의 그리스인이 모여 자신들의 민족의식을 확인하고 공고히 했다. 또 전 그리스 세계의 새로운 소식과 사상이 모여들었고, 참가자들은 이렇게 알게 된 사실을 고향 폴리스에 전했다. 올림픽에서는 매번 새로운 영웅이 탄생했고, 젊은이들의 아름다운 몸매와 인간이 가지고 있는 최고의 기량을 보는 즐거움은 놀랍고도 즐거운 경험이었다. 그리스인들은 그런 경험을 통해 제우스 신의 위대함과 인간이 추구해야 할 이상을 깨닫고 다짐을 새로이 했다.

델포이는 두 가지 점에서 올림피아와 달랐다. 우선 그리스인만이 참가할 수 있었던 올림픽 제전과 달리 델포이 신탁소는 이방인에게까지 열려 있었다. 고대 그리스인들과 주변 민족은 국가의 큰일부터 개인의 소소한 일까지 델포이로 가서 신탁을 물었다. 그렇다 보니 자연스럽게 이곳에는 그리스 세계뿐 아니라 다양한 민족이 세계 구석구석의 소식을 가지고 몰려들었다. 이런 방법으로 델포이에는 고대 그리스 세계의 모든 정보가 모이게 되었다. 4년마다 열리는 올림픽 경기와 달리 델포이는 항상 열려 있었다. 그런 까닭으로 델포이에는 올림피아보다 훨씬 더 많은 최신 정보가 끊임없이 넘쳐흘렀다. 고대 그리스인들은 오늘날 우리가 무엇에 대해 정보를 얻으려면 인터넷을 검색하듯이 자신이 필요한 정보를 얻기 위해 델포이로 가서 탐색했다.

델포이 아폴론 신전 박공(愽栱, Pediment)*에는 "너 자신을 알라!"

델포이 아폴론 신전.
신전의 박공에는 "너 자신을 알라!"와 "어느 것도 지나치지 말라!"라는
두 경구가 적혀 있었다고 한다.

와 "어느 것도 지나치지 말라!"라는 두 개의 경구가 적혀 있었다. 소크라테스는 '고대 그리스의 일곱 지혜로운 자들'**이 이 경구들을 델포이 신전에 봉헌했다고 말한다.62) "너 자신을 알라!"라는 경구는 밀레토스의 탈레스(기원전 625/624년쯤~기원전 547/546년쯤) 또는 스파르타의 킬론이 말했다고 전해지고 "어느 것도 지나치지 말라!"라는 경구는 아테네의 현인 솔론의 말이라고 전해진다. 자기 자신이 누구인지도 모르고 자신의 운명에 대해 물어보았자 아무런 의미가 없을 것이고, 또 유한한 존재인 인간이 과도한 의욕을 갖거나 욕심을 부리면 좋은 결과를 얻기 힘들 것이니 이 경구는 신탁을 물으려는 사람들에게 알맞은 충고다.

고대 그리스 위인들 가운데 델포이의 이 경구에 가장 잘 어울리는 인물은 아마도 아테네의 현인 솔론일 것이다. 그는 누구보다도 자신이 가진 한계와 능력을 잘 알고 있었을 뿐 아니라, 조금도 지나침 없이 자신에게 맡겨진 일을 현명하게 이루어낸 인물이기 때문이다.

기원전 600년 아테네의 정치 위기

중무장 시민 계급 제우기타이의 민회 참석 참정권을 준 드라콘

---

* 그리스 신전의 경사진 지붕과 천장 사이에 만들어지는 삼각형 공간.
** 밀레토스의 탈레스(Θαλής ο Μιλήσιος), 미틸리네의 피타코스(Πιττακός ο Μυτιληναίος), 프리에네의 비아스(Βίας ο Πριηνεύς), 로도스의 킬레오불로스(Κλεόβουλος ο Ρόδιος), 아테네의 솔론(Σόλων ο Αθηναίος), 코린토스의 페리안드로스(Περίανδρος ο Κορίνθιος,), 스파르타의 킬론(Χίλων ο Λακεδαιμόνιος).

입법은 기존 정치체제를 계속 지켜나가려는 보수적인 것이어서 빈부 격차를 줄여 경제적 평등을 이루려는 것에 대해서는 관심조차 없었다. 이런 까닭에 드라콘의 입법이 이루어진 지 25년이 지난 뒤 아테네 내부의 사회·정치적 갈등은 위험 수준을 넘어서서 언제라도 내전이나 유혈 혁명이 일어날 수 있는 상태로 악화됐다.

기원전 7세기 동안 아테네의 토지는 대부분 극소수 부자들의 차지가 됐고 대다수 농부들에게는 가족을 먹여 살리기에도 넉넉지 못한 좁은 땅만 남게 되었다. 또 같은 시기에 아테네에 들어온 화폐 경제는 부의 집중 현상을 가속화시켜 심각한 양극화를 가져왔다. 가난에 짓눌린 평민들은 처음에는 땅을 팔고 6분의 1의 소작료를 지불해야 하는 소작농으로 전락했다가, 더 가난해지면 자식을 팔고, 끝내는 자신의 몸까지 저당 잡혀야 했다. 그리고 빚을 갚지 못하면 노예 신분으로 떨어졌다. 기원전 600년이 되자 빚을 갚을 수 없는 농부의 수가 크게 증가하여 귀족이 아닌 아테네 시민 거의 전부가 노예로 전락할 위기에 이르렀다. 심지어 일부 아테네 시민은 해외에 노예로 팔려 나가기까지 했고, 빚이 무서워 스스로 아테네에서 도망간 시민들 수도 상당히 많았다. 아테네에는 터질 듯한 긴장이 흘렀다.

특권을 가장 많이 누리는 상위 귀족들도 대부분 더 이상 이 위기를 방치한다는 것은 지극히 위험하다는 사실을 눈치채고 개혁을 지지했다. 이들은 절대다수의 가난한 계층의 시민들이 무장봉기를 하여 내전으로 치닫게 될 때 지금 그들이 누리는 특권 역시 유지되기 힘들다는 점을 두려워했다. 당시 다른 그리스 폴리스에서 민중의 지지를 얻은 한 귀족이 체제를 뒤엎고 폭군이 되어 독재를 하는 일이 흔했기에 그들의 두려움은 아주 현실적인 것이었다. 또 땅을 잃은 시민들은 중무장할 여력이 없어 나라를 지킬 전사의 수가 줄어드는 현실도 무시할 수 없었다. 또 목숨을 걸고 지킬 것이 없는 시민들은 사기가 떨어져 전투력 역시 상당히 떨어질 것이 뻔한 것이었기에 무산 계급의 증가는 지극히 위험한 것이었다. 게다가 이 시기에 아테네는 살라미스섬을 두고 이웃 폴리스 메가라로부터 심각한 위협을 받고 있었다.

이미 앞에서 밝혔듯이 아테네에는 위기 해결에 다른 폴리스가 가지고 있지 못한 유리한 변수 하나가 더 있었다. 어디서든 쉽게 배를 띄울 수 있는 구불구불한 해안을 가지고 있다는 점이다. 또 그 해안은 징검다리처럼 촘촘하게 섬들이 놓여 있는 에게해로 이어져 쉽게 소아시아와 흑해, 레반트, 이집트까지 갈 수 있었다. 그래서 땅이 없는 아테네 사람들 가운데 몇몇은 일찍부터 배를 타고 바다로 나가 귀족 못지않은 큰 재산을 모았다. 이렇게 형성된 상공인 중산 계층이 이 위기 상황에서 중요한 역할을 했다.

가장 사정이 딱한 계층은 가난한 농부들이었다. 그러나 이들에게도 비장의 무기가 있었다. 바로 무장을 할 수 있었다는 점이다. 애초에 자기방어를 위해 형성된 폴리스에서 자유시민의 자격은 스스로 무장을 하고 전투를 할 수 있는 사람들에게 주어졌다. 그렇기에 농민들에게도 무장을 할 권리와 의무가 있었다. 이는 농부들이 사회 부조리로 생긴 불평등을 해소하기 위해 언제든지 무장봉기를 할 수 있음을 의미했다. 다만 반란에는 물자와 자금이 필요한데 이는 같은 평민 계급인 부자 상인들이나 도공들이 제공할 수 있었다. 이제 부유한 상인 계급과 가난한 농민이 힘을 합쳐 귀족들에게 반기를 든다면 절대적으로 수가 적었던 귀족들은 한 번에 모든 것을 잃을 수도 있었다.

이런 혁명이 성공하기 위해 남은 마지막이자 가장 결정적인 변수는 상인 계급과 농민들이 연대하는 것이었다. 아테네는 이 연대마저도 쉽게 이루어질 조건을 갖추고 있었다. 뱃사람들은 거친 항해에서 협력과 연대가 얼마나 중요한가를 몸으로 익혀 알고 있었다. 또 세계 구석구석을 여행했기에 아는 것도 많았고 열린 마음을 가지고 있었다. 게다가 그들은 상인이었기에 협상의 이점을 잘 알고 있었다. 바로 이들이 농민과 도공을 끌어들여 귀족과 맞서 싸울 연대를 만들었다.

기원전 6세기에 들어서자 아테네는 혁명 전야처럼 긴장이 고조되고 있었다. 땅을 비롯한 모든 재산을 빼앗긴 평민들은 이런 위기의 원인이 전적으로 귀족들에게 있다고 생각하고 부채 탕감과 토지 재분배를 비롯한 강력한 혁명을 원했다. 그들은 상황이 이렇게 악화된 데에는 귀족들 위주의 불공정한 재판의 탓도 컸으니 그런 불공정한 재판을 가능하게 만든 법도 개정해야 한다고 주장했다. 그리고 그런 법 개정에 평민들도 자신들의 이익과 기준에 맞춰 결정에 참여할 수 있도록 정치제도 개혁도 이루어져야 한다고 요구했다. 특히 정치제도의 개혁에 대해서는 농민과 상공인 계급의 의견이 일치했다. 이런 평민들의 요구 앞에서 귀족들은 태도를 분명히 해야 했다.

내전을 피하려면 타협과 개혁은 피할 수 없는 것임이 분명해졌다. 아테네 시민들은 바로 이 길을 선택했다. 절대다수를 차지하고 있던 개혁 지지 귀족들이, 현재의 위험 상황을 고려하지 않고 체제

유지를 바라는 일부 귀족들에게 개혁을 강요했다. 한편에서는 온건
파 시민들이 무력 혁명을 원하는 과격파 평민들에게 귀족들과의 타
협을 강요했다. 그리고 이런 타협과 개혁을 성공적으로 위한 방법
에 대해 아테네 시민들은 비교적 손쉽게 의견 일치를 보았다. 귀족
과 평민 모두에게 공명정대한 한 명의 현명한 사람에게 절대권력을
주어 아테네의 정치·경제·사회 전반에 대한 개혁을 맡기자는 것이
었다. 아테네 시민들은 솔론이 그런 조정자로 가장 적절한 인물이
라는 데에 의견 일치를 보았다. 그리하여 기원전 594/593년, 솔론
은 아테네 시민들에 의해 아르콘으로 선출되어 독재권을 가지고 개
혁에 착수했다.

솔론이 아테네의 독재자로 임명되다

플루타르코스에 의하면 솔론은 아테네의 마지막 왕이었던 코드
로스의 후손으로 매우 귀한 가문 출신이었지만 그의 아버지가 다른
사람들에게 호의를 베풀다가 재산을 다 나누어주어 가난하게 자랐
다고 한다. 그래서 솔론은 돈을 벌기 위해 장사를 시작해서 큰 부자
가 되었다.[63] 이런 배경이 있었기에 귀족이든 평민이든 모든 아테
네 시민들이 나라의 위기를 해결해줄 조정자로서 그를 선택함에 있
어 의견의 일치를 보았다. 귀족들은 그가 상당한 재산을 가지고 있
었기에 자기네 편을 들어 자신들이 빚준 돈을 보장할 것이라고 기
대했다. 반면 가난한 서민들은 그가 비록 부자이기는 했지만 부자
들의 횡포에도 가담하지 않았고, 또 정의감이 있고 선한 사람이기

에 자신들에게 토지를 재분배해줄 것이라고 믿었다. 그런 까닭에 양편 모두 그에게 큰 희망을 걸고 절대권을 장악하라고 간청했다. 심지어 어떤 사람들은 그에게 이번 기회에 전제군주 자리를 차지하라고 부추기기까지 했다. 그러나 솔론은 "전제군주란 좋은 자리지만 한번 앉으면 물러날 길이 없다"라며 사양했다.64)

독재자로 추대되었을 때 솔론은 중년의 나이였다. 그는 그때 이미 자신이 쓴 시와 애국적인 행동으로 아테네의 유명인사였다. 그는 자기 계급 사람과만 사귀지 않고 여러 계급의 시민과 폭넓게 대인 관계를 맺었다. 또 그는 장사를 하면서 여러 나라를 여행했기에 정신적 유연성을 갖추고 있었다. 그는 부자였지만 결코 부를 좇는 사람은 아니었다. 그는 "재물을 바라지만 불의로 얻는 것은 원치 않으며, 느리더라도 정당하게 얻는 것만이 확실하다"라고 말했다. 그는 "많은 양의 은과 금, 먹을 만큼의 소출이 있는 땅, 말과 노새 몇 마리, 그리고 배와 허리와 편한 발 이외의 걱정이 없고, 아이들과 부인의 사랑을 받으며, 이런 것들을 즐길 때를 갖는" 사람이 부자라고 생각했다. 그는 또 "많은 악당들이 부자가 되고, 착한 사람들이 가난하게 살아가지만 우리는 절대로 우리의 미덕을 돈과 바꾸지 않을 것이다. 왜냐하면 덕은 항상 우리 곁에 머물지만 돈은 이 사람에게 갔다 저 사람에게 갔다 하기 때문이다"라고 말했다.

솔론은 또한 애국적인 행동으로도 유명했다. 아테네는 오랫동안 이웃 폴리스 메가라와 살라미스섬의 영유권을 두고 싸웠다. 당시에는 메가라가 그 섬을 차지하고 있었는데 힘들고 지루한 전쟁에 지친 아테네 사람들은 누구든지 살라미스섬을 다시 되찾자고 말이나 글로 표현하는 사람은 사형시킨다는 법을 통과시켰다. 이 때문에 많은 시민들이 싸우고 싶어도 벙어리 냉가슴을 앓듯 아무 말도 하지 못했다. 솔론은 갑자기 미친 짓을 하기 시작했다. 그리고 가족들에게 자신이 미쳤다고 소문을 내게 했다. 그리고 자신은 몰래 시를 지었다. 어느 날 솔론은 이상한 모자를 쓰고 아고라로 달려가 전령들이 포고를 하는 높은 대 위로 올라가 그 시를 높이 외쳤다. 시의 제목은 〈살라미스〉였다. 그 시는 살라미스 수복을 강조하는 100행의 아름다운 말로 이루어져 있었다. 솔론이 이 시를 노래하자 시민들은 이에 호응하여 법을 고치고 솔론의 지휘 아래 다시 메가라와의 전쟁을 시작했다. 이때 장군으로 큰 공을 세운 사람이 나중에 아테네의 독재자가 된 페이시스트라토스였다. 전쟁은 막상막하하여서 결국 양측은 스파르타인을 중재자로 삼아 판결을 받기로 했다. 이때 솔론은 "아이아스가 살라미스에서 열두 척의 배를 이끌고 와서 아테네인들의 대열이 서 있는 곳에다 세웠다"[65]라는 호메로스의 시구절을 인용하여 재판을 유리하게 이끌었다.

솔론은 자신의 시에서 아테네 시민들이 당하고 있는 고통을 잘 표현했다. 그는 특히 나라의 지도자 계급의 부당한 행위를 비난하고, 가진 자들의 법 준수와 중용을 강조했다. 그에게 시는 중요한 정치적 활동 수단이었다. 많은 아테네 시민들은 그런 솔론의 사상에 동조했고 그런 철학을 가진 그가 정치 일선에 나서주기를 기대했다. 솔론은 이런 배경이 있었기에 민회에서 아테네의 갈등을 조정할 사람으로 선출되었던 것이다.

대권을 잡은 솔론은 차분하게 개혁을 준비했다. 그는 근본적인 문제는 제도가 아니라 시민들의 '탐욕과 불의' 때문이라고 보았다. 부자들에게 공평이란 모든 사람들이 자신의 신분과 공로에 따라 합당한 몫을 가진다는 것을 뜻했다. 반면 빈민들은 모든 것을 전적으로 똑같이 나누는 것이 정의라고 생각했다. 이런 건널 수 없는 반목과 갈등 속에서 솔론은 균형 감각을 유지하면서 때로는 겸허하게 정의를 내세워 설득하는가 하면, 때로는 강력하게 권력을 행사하여 개혁을 이끌어갔다. 그는 결코 어느 한편으로 쏠리지 않고 중용을 지켰다. 권세 있는 사람들 앞에서 자신을 낮추거나 복종하지 않았고, 뽑아준 사람들의 비위를 맞추어 법을 만들지도 않았다. 오로지 시민의 신임과 호의에 의지하여 모든 일을 공평하게 처리하려고 노력했다. 공평한 사회에서는 내전이나 반란은 결코 일어나지 않는다고 믿었기 때문이다. 부자들의 탐욕으로부터 가난한 사람들을 보호했고 평민들의 지나친 균등 분배 요구에 맞서 귀족의 이권을 보호했다.

또 그는 모든 제도와 법을 바꿀 수 있는 권한이 있었지만 기존의 법 가운데 좋은 것은 건드리지 않았다. 다만 절도나 단순 폭행에까지도 사형을 내렸기에 '피로 쓴 법'이라고 불리던 '드라콘의 법'은 살인죄만 제외하고 모두 폐지했다. 그가 개혁에 이렇게 신중했던 것은 공연히 나라의 근본을 뒤흔들어 혼란하게 만들었다가는 다시 새로운 체계를 잡을 대책이 없을까 염려한 까닭이다.

솔론의 경제개혁

그가 제일 먼저 취한 개혁은 빚 때문에 거의 노예로 전락한 농민들에게 자유를 되찾아주는 일이었다. 그는 농토에서 저당 잡힌 땅이라는 표시인 말뚝을 뽑아 귀족들이 차지한 땅을 빼앗아 가난한 농부들에게 되돌려주고 남은 부채를 탕감했다. 이는 사유재산권 원칙을 깨뜨리는 혁명적 법으로서 부자들이 타격을 입는 조치였지만 그 빚을 받지 못한다고 부자들이 가난해지는 것은 아니기에 결코 부당한 것은 아니었다. 오히려 그런 경제적인 희생을 하여 사회 안정을 찾는다면 부자들에게도 이득이 되는 일이었다. 당시 빚을 받아내기 위한 부자들의 법 집행이 가장 냉혹한 채무자가 보기에도 도가 지나칠 정도여서 빚을 진 대부분의 시민들의 사기는 땅에 떨어질 대로 떨어져 있는 상태였다. 그랬기에 빚에 쪼들린 사람들은 강력한 복수심에 젖어 기회를 엿보고 있어 아테네 사회에는 커다란 불안 요소가 감돌고 있었다. 이런 상황에서 부자들이 양보를 해야만 모든 토지를 재분배해야 한다는 과격파 시민들의 요구를 달랠 수 있었다.

솔론의 두 번째 경제 조치는 앞으로는 빚의 담보로 자신의 몸을 맡길 수 없게 법을 제정한 것이다. 솔론은 아울러 이미 노예 신분으로 하락하여 외국에 팔려 나간 시민들에게 다시 자유를 사주어 모두 본국으로 돌아오게 하였다. 이 조치로 부당하게 시민권을 잃은 사람들의 권리를 되찾아주었다.

빚에 관한 이 세 가지 경제 조치를 그리스어로 '세이사크테이아(σεισάχθεια)'라고 하는데, 이 낱말은 '떨어내다'라는 뜻의 어간 'σεισ-'와 '근심, 걱정, 부담'을 뜻하는 어간 'άχθ-'의 합성어로 '부담 떨어내기' 정도의 뜻을 가지고 있다.

솔론은 이런 조치와 동시에 화폐개혁을 하여 돈의 가치를 낮췄다. 그때까지 1므나에 73드라크마 하던 것을 100드라크마로 평가절

하했다. 이렇게 함으로써 빚을 진 액수는 같으나 가치는 더 떨어져서 빚을 진 사람에게 이익이 되는 동시에 채권자에게도 손해가 되지 않도록 했다.

솔론이 취한 또 다른 경제 조치는 상속에 대한 것이었다. 유산을 자손들에게 균등하게 분배하도록 했을 뿐 아니라 가족 이외의 사람들에게도 줄 수 있게 하여 개인이 재산 처분에 대한 절대적인 권한을 갖도록 했다. 그 이전까지 토지는 가문에 속한 것으로 가문 밖의 사람에게는 상속하거나 팔 수 없었다. 따라서 한 가문의 재산은 분산되는 일 없이 계속 쌓이기만 하여 세월이 흐를수록 토지가 몇몇 부자 귀족 가문에 독점되는 병폐가 있었다. 그러나 솔론의 새로운 개혁으로 이제는 한 개인이 자식이나 친척이 아닌 사람에게도 토지를 주거나 팔 수 있게 되었을 뿐 아니라, 평민도 귀족 소유의 토지를 살 수 있게 되어 대귀족 가문의 토지 소유를 분산시키는 효과를 가져왔다. 이 조치의 또 다른 목적은 시민들로 하여금 혈연관계보다 살아생전의 우정과 신의를 더 중요하게 여기도록 하기 위한 것이었다. 솔론이 이렇게 토지 소유의 분산을 추구한 까닭은 경제적 평등 없이는 사회가 결코 안정될 수도 없고, 경제적 평등 없이는 민중정치가 제대로 될 수가 없음을 잘 알고 있었기 때문이다.

솔론은 또 곡물을 재배하기에는 너무 척박한 아테네 땅을 고려하여 환금작물인 올리브와 포도 재배를 적극 장려했다. 이를 통해 아테네의 농업을 새로운 기반 위에 올려 놓았다. 그리고 올리브기름을 제외한 모든 농산물의 수입을 장려했다. 이는 아테네 시민들을 위해 밀을 비롯한 기본 식량의 가격을 낮추기 위한 조치였다. 이 조치로 잉여 생산물을 팔아 다른 상품을 수입하여 이득을 보던 부자들은 상당한 경제적 손실을 입게 되었다.

솔론은 또 외국인 기술자가 가족을 모두 데리고 와서 아테네에 정착하면 시민권을 부여했다. 이런 정책으로 아테네의 토기 제작 기술 수준이 높아졌다. 그는 또 사치와 낭비, 특히 장례식에서의 사치를 금했고 도량형과 저울을 표준화하여 공정한 거래를 장려했다.

솔론의 정치개혁

솔론의 정치개혁은 비교적 온건하면서도 단호했다. 일단 모든 공직을 종래에 담당해온 사람들, 즉 부유한 귀족층에게 그대로 맡긴 채 제한적으로나마 다른 계층들도 맡을 수 있도록 길을 열어주었다. 그가 추진한 첫 번째 정치적 개혁은 최하위 시민 계급인 테테스도 민회에 참석할 수 있도록 한 것이었다. 그 이전까지 민회에는 연 수입이 500메딤노이 이상인 가장 상위 계급 펜타코시오메딤노이와 연 수입이 300메딤노이 이상인 히페이스, 그리고 연 수입이 200메딤노이 이상인 제우기타이까지 상위 세 계급만 참석할 수 있었다. 솔론은 이런 제한을 없애고 모든 자유시민이 민회에 참석할 수 있도록 개혁한 것이다.

솔론은 이런 조치와 함께 민회의 권한을 대폭 강화했다. 그 가운데 가장 중요한 것은 그 이전까지는 귀족만으로 구성된 아레이오스파고스의 특권이었던 아홉 명의 아르콘 선출권을 민회로 넘긴 것이었다. 이 개혁으로 이제 민회는 모든 시민들이 모여 신분과 경제력에 관계없이 평등하게 참석하여 폴리스의 일에 대해 자유로이 토의

하고, 투표로 최종 결정을 하는 정치적 기구로 발돋움했다. 당시 아테네에는 부자보다 가난한 사람의 수가 훨씬 더 많았기 때문에 민회에서 민중은 귀족과 맞서 싸울 수 있게 되었다. 솔론은 또 민회를 정기적으로 열어 나랏일에 대한 감사를 받도록 하는 강제 조항도 추가하여 귀족들이 민회를 열지 않음으로써 자신들의 특권을 지키려는 시도를 원천 봉쇄했다.

솔론은 아르콘으로 뽑힐 수 있는 자격에 대해서도 개혁을 단행했다. 그전까지 최고 공직인 1년 임기의 아르콘은 귀족 가문 출신으로 일정 재산 자격을 갖춘 시민들만의 민회에서 선출되었다. 그러나 솔론은 이렇게 선천적으로 정해진 세습적 신분에 따라서 참정권이 제한되던 것을 후천적으로 얻을 수 있는 것, 즉 경제력에 따라서 제한하는 것으로 대체했다. 특히 나라의 재정을 감독하고 수행하는 경리직에는 최고 부자 계층인 펜타코시오메딤노이만이 선출될 수 있었다. 그리고 최고 공직인 아르콘과 전시에 군을 통솔하는 지위인 장군직에는 재산상 상위 두 계급을 형성하는 펜타코시오메딤노이와 히페이스만이 선출될 수 있었다. 그 이하의 공직에는 제우기타이들도 뽑힐 수 있게 하였다. 그러나 제4계급인 테테스는 어떤 공직에도 오를 수 없었다. 이는 당시 공직이 무보수였다는 점을 고려한다면 이해할 수 있는 일이다.

이 조치는 그 이전까지 귀족들만 차지하던 공직을 일정한 재산 자격을 갖춘 시민에게까지 허용하여 핏줄에 뿌리를 둔 '귀족정치'를 끝내고 '자격정치'로 변환시켰다는 점에서 당시로서는 상당히 과감한 정치개혁이었다. 이 개혁으로 이제 귀족뿐만 아니라 새로이 등장한 부유 상인 계급도 최고 공직을 바라볼 수 있게 됐다. 이렇게 재산 정도에 따라 폴리스의 권력과 의무를 갖는 정치체제를 '금권정치'라고 한다.

공직을 맡는 데에는 의무도 뒤따랐다. 솔론은 더 많은 권리를 누릴수록 세금이나 군역 등의 부담을 더 지는 식으로 공직을 재편했다. 가장 부유한 시민들은 가장 높은 공직을 차지하는 대신 부담도 더 져야 했다. 반면 가장 가난한 시민들은 세금을 전혀 내지도 않고, 군역도 노 젓는 일이나 경무장 보병 정도로만 복무하면 되도록 했다.

솔론은 가장 가난한 시민 계급인 테테스도 다른 부분에서는 정치 참여를 할 수 있도록 장치를 마련했다. 이들이 누린 정치적 권한은 우선 민회에 참가할 자격과 법정 배심원이 될 자격이었다. 이들은 또 400인회라고 하는 하원 조직에 선출되어 활동할 수 있는 권리도 누렸다. 솔론이 아레이오스 파고스의 하위 기관으로 신설한 400인회는 네 부족의 민회에서 각각 100명씩 제비뽑기로 선출된 시민들로 구성되었는데, 테테스들에게도 피선거권이 있었다. 1년이 임기인 이 400인회는 일종의 실행위원회로서 민회의 업무를 미리 준비하고, 민회에 상정될 안건에 대한 의견을 미리 밝히는 권한이 주어졌다. 이전에는 폴리스의 입법과 민회의 안건 상정은 아르콘을 거친 귀족들로만 구성된 아레이오스 파고스에서만 할 수 있었다. 그러나 이제는 400인회를 경유하지 않은 어떤 안건도 전체 민회에 상정할 수 없었다. 이렇게 되자 아레이오스 파고스는 전면적인 정무감사와 법령 유지를 담당하게 되고 입법에 대한 상당한 권력이 민중에 넘어가게 되었다.

귀족의 제재를 받지 않는 큰 규모의 민중위원회인 400인회는 민회의 축소판으로 시민들이 직접 뽑기 때문에 아레이오스 파고스보다 훨씬 더 진정으로 시민들을 대표할 수 있었고, 임기가 1년이기 때문에 항상 시민들의 최근 여론을 반영할 수 있었다. 400인회를 제비뽑기로 선출하는 방법도 귀족 계급이 전통적 권위나 재력을 바탕으로 자신들에게 유리한 제도인 선거를 통해 지속적으로 권력을 행사하는 것을 막는 장치였다.

솔론의 사법개혁

솔론은 진정한 민중정치를 구현하기 위해 반드시 필요한 사법부의 개혁도 게을리하지 않았다. 그는 우선 시민들만으로 구성되어 있는 시민 법정*을 만들어 직업적 법관에 의한 재판에 만족하지 못한 사람은 누구나 이 시민 법정에 항소하여 재판을 받을 수 있도록 했다. 시민 법정은 민회에서 제비뽑기로 선출된 6000명의 시민 배심원들로 구성되었다. 이 배심원들은 다시 열 개의 단위로 나뉘어 재판을 맡았다. 아테네 시민은 누구나 배심원이 될 수 있었기에 이 항소 제도는 힘없는 시민들이 힘 있는 자들의 보복적 재판을 피할 수 있는 장치였다. 그뿐 아니라 솔론은 배심원들의 권한을 더 크게 하려는 배려에서 법조문을 일부러 애매하게 만들어 여러 가지 해석이 가능하게 만들었다. 민중이 재판의 최종 조정자여야 한다고 생각했기 때문이다.

---

* 그리스어로 시민 법정을 '헬리아이아 Ἡλιαία'라고 한다.

솔론은 또 모든 시민에게 노예를 포함한 누구든 불의를 당한 것을 보면 그 불의를 저지른 사람이 누구든 지위 고하를 막론하고 고발을 할 수 있는 권리를 주었다. 이는 권력자의 횡포에서부터 시민을 보호하기 위한 조치였다. 솔론은 이런 방법을 통해 시민들 전체가 한 몸이라도 되는 것처럼 다른 사람의 피해에 대해 함께 느끼고 분노하도록 만들었다.

시민 법정은 처음에는 지배 계급의 재판에 대한 청문회 성격이 짙었지만 그 뒤로 차츰 관할권을 넓혀나가 민사와 형사 대부분의 사건들을 재판하게 되었다. 그 결과, 귀족들의 권력이 제한되고 국민 주권주의가 실현되게 되었다.

솔론의 중립금지법

솔론의 정치적 입법 가운데 우리 눈에 가장 낯선 것은 '중립금지법'이다. 그는 "피해를 입지 않은 사람이 피해를 입은 사람과 합심하여 가해자를 벌하는 폴리스야말로 가장 잘 다스려지고 있는 폴리스"라고 말했다. 그런 까닭에 그는 "도시에 내란이 일어났을 때 무기를 들지 않고 양쪽 어느 편에도 가담하지 않은 사람은 불명예를 당하고 폴리스의 공적인 일에 참가하지 못한다"라는 중립금지법을 만들었다. 시민 가운데 자신의 안전과 영광만 꾀하며, 나라의 위기에 대해서는 아무런 감정을 가지지 않는 이기적인 사람이 있으면 폴리스의 안정이 위험해진다는 것이 그의 철학이었다. 이런 까닭에 폴리스의 공적인 일에 무감각하거나 무관심한 시민이 있어서는 안

되고, 모든 자유시민은 누구나 옳은 편에 가담하여 정의를 구현하는 모험에 몸을 사리면 안 된다는 것이다.

솔론이 중립금지법을 만든 까닭은 원심적 경향이 강한 과두파 귀족들을 견제하기 위한 것이었다. 지방의 호족들은 언제나 중앙집권을 벗어나려는 욕망을 가지고 민중을 편 가르기 하여 자신의 권력을 강화하려 했기 때문이다.

솔론의 다른 개혁들

솔론의 세 번째 입법은 사회에 대한 것이었다. 그는 우선 나라를 위해 싸우다 부상을 입은 상이군인을 위한 복지 정책을 폈다. 그리고 고아가 되어 아버지의 재산을 물려받은 딸의 재산이 그녀의 남편에게 넘어가지 않도록 하는 법을 제정했다. 또 그녀의 아들이 그 유산을 상속받으면 외할아버지 가계에 소속되도록 해 가문이 끊어지지 않도록 배려했다. 상속자를 얻지 못한 경우에는 양자를 입양하여 가계를 이어나가도록 했다.

솔론은 가정 안에서 아버지의 전제적 권한도 축소했다. 더 이상 아버지가 가난을 이유로 갓난아이를 버리거나 팔 수 없게 했고, 아이가 성인이 되는 순간 아버지로부터 독립된 시민으로서의 권리를 인정했다. 또 아버지는 아들에게 생업을 이어나갈 수 있도록 적어도 기술 하나는 가르쳐주어야 한다는 법을 제정했다. 만약 그렇게 하지 않은 경우 아들은 아버지를 노후에 부양하지 않아도 됐다. 또 재산을 물려받지 못하는 서자나 사생아에 대해서는 아버지에 대한 부양 의무도 면제해주었다.

솔론의 개혁에 대한 시민들의 반응

솔론은 극단을 혐오했고, 또 중도만이 아테네를 위기에서 구할 수 있다고 믿었기에 중도의 길을 걸었다. 그가 어찌 보면 과격하다고 생각할 수 있는 빚의 탕감을 결정한 것은 채무자들의 부담을 줄여주는 이 조치가 내전을 피하게 해주어 오히려 채권자들의 안전을 보장해주리라 생각했기 때문이다. 그러나 그는 개인이 자신의 노력과 능력으로 획득한 자격을 중시하는 당시의 시대정신을 바꾸려 하지 않고 재산에 따라 참정권이 제한되는 금권정치를 펼쳤다. 그 대신 가난한 계층의 시민들에게는 정치에 참여하여 일정한 역할을 할 수 있는 길을 열어주었다. 그러나 이런 체제에서는 아직 절대 평등이라는 이상은 구현될 수 없었다.

그의 이런 개혁에 어느 편도 만족하지 않았던 것은 어찌 보면 당연한 것이었다. 부자 귀족들은 빚 탕감으로 자신들이 일방적으로 큰 경제적 손해를 보았다고 생각했고, 가난한 농민들은 자신들이 간절히 원했던 토지 재분배가 이루어지지 않았을 뿐 아니라 정치적 평등도 이루어지지 않은 것에 대해 불만일 수밖에 없었다. 특히 솔론이 모든 빚은 탕감하겠지만 토지에 대해서는 간섭할 의사가 없다는 것을 안 그의 친구들은 부자들로부터 많은 돈을 빌려 넓은 토지를 사서 차지했다. 솔론은 이로 말미암아 신임을 잃고 미움을 받았다. 솔론 자신도 시민들의 이러한 불평을 잘 알고 있었음은 그가 쓴

시에 잘 드러나 있다.

> 그때는 별생각 없이 나를 칭송하던 자들이 지금은
> 분노하여 나를 삐딱한 눈으로 바라보는구나![66]

그러나 그는 자신이 한 개혁의 의미를 잘 알고 있었다. 그의 목적은 평민과 귀족, 그 어느 쪽도 중도를 넘어서지 않게 하려는 것이었다. 그는 자신의 그런 목표가 잘 이루어졌음을 시로 표현했다.

> 나는 시민들이 필요로 하는 만큼의 권력을 주었다.
> 부유함을 주지도 않았지만 그들의 것 가운데 어느 것도 빼앗지 않
> 았다.
> 나는 또한 커다란 재산과 높은 권력을 차지한 자들에게도
> 부당한 일이 없도록 배려했다.
> 나는 어느 한쪽이 다른 쪽을 부당하게 이길 수 없도록
> 그들 사이에 강력한 방패를 세워 놓았다.[67]

중도의 도를 지킨 솔론의 개혁은 아테네라는 배를 항구에 안전하게 정박시키지는 못했지만 폭풍우는 피하게 해주었다. 그의 개혁 이후에도 여전히 불평과 갈등의 요소는 남아 있었지만 이전의 위기는 많이 완화됐음을 아무도 부정할 수 없을 것이다.

솔론이 개혁을 끝내자 나라마다 많은 사람들이 그를 찾아와서 어떤 이들은 칭찬을 하고, 어떤 이들은 비난을 그치지 않았다. 또 다른 이들은 이런저런 개혁을 더 하라고 하기도 하고, 그가 한 개혁을

취소하라고 요구하기도 했다. 어떤 사람은 그가 정한 법의 의도가 무엇이고 어떤 의미를 가지고 있는 것이냐고 꼬치꼬치 따지기도 했다. 솔론은 이런 모든 일을 감당하기가 어렵고, 또 일일이 이에 대해 해명하지 않으면 끝내는 좋지 않은 일이 일어나리라는 것을 잘 알고 있었다. 이런 상황에서 벗어나고 싶었지만 그에게는 개혁에 대해 불만을 가진 이런 자들을 강제할 물리적 힘이 없었다. 그래서 그는 독재자 자리에서 물러나면서 사업을 핑계로 10년 동안 해외에 나가 있을 수 있는 출국 허가를 받아냈다. 그는 이때 법을 만든 자신이 옆에 있으면서 법에 간섭하는 것은 옳지 않으며 각자가 적힌 법을 알아서 실행하라고 말했다고 전해진다.[68] 10년 정도면 사람들이 자신의 법에 대해 익숙해져서 그 의미를 깨달을 것이라고 생각했기 때문이다. 아울러 앞으로 10년 동안 자신이 만든 법을 바꾸지 않겠다는 시민들의 맹세를 받아냈다.

솔론의 말대로 큰일에 모든 사람을 만족시키기는 어렵다. 모두 그가 해주기를 바랐던 개혁을 공들여 끝냈을 때 아테네 시민 가운데 그 누구도 더 이상 그를 좋아하지 않았다. 이를 안 솔론은 이집트를 시작으로 키프로스와 리디아 지방까지 긴 여행을 떠났다.

8

폭군 페이시스트라토스의 등장

터키 보드룸에서

터키의 서남쪽 해안에 보드룸이란 인구 3만여 명의 아름다운 휴양 도시가 있다. 시인이나 작가, 화가 같은 터키의 지식인들은 이곳에 별장을 갖는 것이 하나의 꿈이라고 한다. 원래 이곳의 고대 그리스 시대 이름은 할리카르나소스('Ἁλικαρνασσός)였는데, 1402년 이곳에 도착한 성 요한 병원 기사단*이자 신들의 수호

---

* 정식 이름은 '성 요한의 예루살렘과 로도스와 몰타의 주권 구호 기사 수도회(Sovrano Militare Ordine Ospedaliero di San Giovanni di Gerusalemme di Rodi e di Malta)'로 1080년 성지를 순례하는 순례자들을 위해 예루살렘에 세워진 아말피 병원에서 시작되었다. 지역에 따라 병원 기사단, 구호 기사단, 로도스 기사단, 성 요한 기사단 등 다양한 이름으로 불린다.

성인 성 베드로의 이름을 따서 '페트리움(Petrium)'으로 부르게 되었고, 이 이름을 음운론적으로 잘못 해석한 터키인들에 의해 '보드룸(Bodrum)'으로 바뀌어 오늘에 이른다.

보드룸에서 제일 중요하고도 인상적인 역사 유적은 '성 요한 병원 기사단'의 성이다. 바닷가에 위치하여 항구를 지키던 이 성은 함락된 적이 없었다. 그러나 1522년 오스만 터키의 슐레이만 1세의 공격을 이기지 못한 성 요한 기사단이 그들의 본부인 로도스섬을 포기하고 떠나게 되자 보드룸도 자연스레 오스만 터키의 손에 넘어갔다. 오늘날 이 성은 박물관이 되어 많은 관광객이 찾는 명소가 되었다.

그러나 이 성의 건축에 얽힌 사연을 알고 나면 그리 마음이 편하지만은 않다. 성 요한 병원 기사단이 도착하기 이전에 이 도시에는 로마의 건축학자 비트루비우스(기원전 80/70년경~기원전 15년)*가 고대 7대 세계 불가사의**의 하나로 꼽았던 마우솔레이온(Μαυσωλεῖον)이란 기념비적 영묘가 있었다. 이 영묘의 주인인 마우솔로스(재위 기원전 377년~기원전 353년)는 페르시아의 영향력이 약해진 것을 틈타 주변 지역에 세력을 떨쳤지만 비교적 젊은 나이에 죽고 만다. 이를 애석하게 여긴 그의 누이이자 부인 아르테미시아 2세(재위 기원전 352년~기원전 350년)는 남편을 위해 웅장하고도 아름다운 무덤을

---

* 로마의 건축학자로《건축술에 대하여De Architectura》의 저자로 유명하다.
** 고대 7대 세계 불가사의는 1) 이집트 가자 지구의 피라미드, 2) 바빌로니아의 공중 누각, 3) 이집트 알렉산드리아의 등대, 4) 로도스섬의 콜로서스 초거대 청동상, 5) 에페소스의 아르테미스 여신 신전, 6) 올림포스의 제우스 상, 7) 할리카르나소스의 마우솔레이온이다. 이 가운데 지금까지 남아 있는 것은 이집트의 피라미드뿐이다.

터키 서남쪽 해안도시 보드룸에 있는 명소 '성 요한 기사단'의 성채.
보드룸은 서양 역사학의 아버지 헤로도토스의 고향으로, 헤로도토스는 《역사》에서
페이시스트라토스의 폭군정이 어떻게 나타났는지 자세히 전했다.

지었다. 이 무덤이 마우솔레이온이다. 티베리우스 황제* 치세에 일
어난 엄청난 강도의 지진으로 심하게 파손된 마우솔레이온은 그 뒤
에 또 다른 지진들에 의해 점점 무너져갔다. 특히 14세기의 지진은
치명적이었다고 한다.

1402년, 성 요한 병원 기사단이 이곳에 도착했을 때 유적은 거의

---

* 티베리우스 율리우스 카이사르 아우구스투스(Tiberius Julius Caesar Augustus, 기원전
  42년~기원후 37년), 로마 제국의 제2대 황제.

파묻혀 있었다. 기사들은 이 흙더미를 파보았다. 그리고 비록 폐허로 변해버렸지만, 아직도 웅장함과 아름다움을 보여주는 마우솔레이온의 모습에 경탄을 금하지 못한 채 요새로 돌아갔다. 하지만 그날 밤 해적들이 들이닥쳐 그때까지 땅 밑에 묻혀 안전했던 무덤의 보물들을 약탈해갔다. 망연자실한 기사단은 마우솔레이온의 허물어진 돌을 이용해 자신들의 요새를 강화하기로 결정했다. 이 과정에서 무덤의 안팎을 장식했던 아름다운 조각들이 아무렇게나 버려지고 파괴됐다. 이렇게 해서 고대 7대 불가사의 가운데 하나가 기초 부분만 남긴 채 흔적도 없이 사라졌다.

보드룸은 서양 역사학의 아버지로서 페르시아 전쟁에 대한 자세한 기록을 남긴 헤로도토스의 고향이다. 헤로도토스는 페르시아 전쟁이 시작되기 4년 전인 기원전 484년, 이곳에서 태어나 성장기를 보냈다. 그러나 기원전 457년, 독재에 항거하던 아저씨가 살해당하자 이에 위협을 느낀 그는 사모스섬으로 도피했다가 다시 아테네로 망명하여 여생을 지낸다. 헤로도토스는 그의 책 《역사》에서 아테네가 솔론의 망명 이후 어떤 과정을 거쳐 페이시스트라토스의 폭군정으로 바뀌게 되었는가를 자세히 전한다.

엄청난 비용과 노력을 들여 영원한 기념물을 세우려던 인간의 헛된 희망은 자연재해와 세월, 그리고 인간의 파괴에 의해 속절없이 사라졌지만 헤로도토스가 문자로 쌓은 정신적 기념탑인 《역사》는 오늘날까지 조금도 영광을 잃지 않고 전해진다. 아니, 세월이 지날수록 문자 기록의 힘은 오히려 더욱더 귀한 가치를 발휘하며 우리의 감탄을 자아내고 있다. 그리고 고대 그리스인들의 최고 발명이라 할 수 있는 민중정치의 이상은 날이 갈수록 더욱더 귀한 인류의 보편적 가치로서 빛나고 있다.

솔론 망명 이후의 정치적 혼란

솔론이 스스로 망명을 떠난 뒤 아테네는 이런저런 불만으로 여전히 시끄러웠지만 첫 4년 동안은 그런대로 안정을 유지했다. 그러나 5년째가 되던 해인 기원전 590/589년에 계급 사이의 갈등으로 아르콘을 뽑지 못하는 사태가 벌어졌다. 가까스로 어떻게 타협이 이루어지기는 했지만 5년 뒤인 기원전 586/585년에도 또다시 지도자 선출에 실패하면서 아테네는 무정부 상태가 되었다. 이때 역사상 처음으로 '무정부 상태'를 뜻하는 '아나르키아(ἀναρχία)'란 용어가 나타났다. 이는 아르콘의 선출권이 귀족들의 의회에서 민회로 넘어가 이전과는 전혀 다른 정치 상황이 만들어지면서 생긴 일이었다. 정치적으로 불안정한 상태가 계속되어 기원전 583/582년에는 다마시아스(Διμασίας)라는 아르콘이 임기가 끝났음에도 물러나지 않고 14개월이나 독재를 하며 버티다가 결국 폭력에 의해 쫓겨나는 일까지 생겼다. 언뜻 솔론의 개혁은 완전히 실패한 것 같았다.

그러나 기원전 580/579년 아테네는 권력을 계급별로 배분하여 귀족 5명, 농부 3명, 수공업자 2명 등 모두 10명의 아르콘을 뽑았다. 이런 타협이 강력한 개인의 독재가 두려워 이루어진 것인지, 아니면 각 사회 계급 사이의 타협으로 이루어진 것인지 알 수는 없지만 몇 가지 점에서 중요한 변화를 암시하고 있다. 무엇보다도 중요한 것은 권력 구조에 인구 비율이 반영되지는 못했지만 역사상 처음으로 농민과 수공업자들이 정치적 주체로 나타났다는 점이다. 아르콘의 반을 귀족에게 양보하여 귀족들의 전통적 특권을 인정한 것은 솔론이 바랐던 것은 아니지만, 시민들 사이의 타협은 솔론의 기본 정신을 충실히 따르고 있다. 내전의 위기 때문에 솔론에게 개혁을 맡겼던 기원전 594/593년에서 불과 13년밖에 지나지 않았지만 이제 아테네 시민들 사이에는 어느 정도 신뢰가 생겨 서로 이해를 달리하는 계급들이 충돌만은 피하려 하는 분위기가 형성되어 있었다.

아테네의 정치 위기는 일단 이렇게 안정되어가는 것 같았다. 기원전 575년 아테네는 당시 경제 선진국이었던 코린토스의 주화 기준에 따라 처음으로 자체 주화를 찍었다. 이를 분기점으로 아테네의 도기 산업은 코린토스를 누르고 주도권을 빼앗아오기 시작했다. 경제 부분에서도 솔론 개혁의 효과가 천천히 나타나기 시작한 것이다.

아테네에 세 개의 분파가 생기다

기원전 6세기 중반부터 아테네에는 세 개의 정치적 파벌이 생겨났다. 솔론의 개혁으로 부자 상인 계급이 상류층으로 수직 이동하자 상인 뱃사람과 가난한 농부 사이의 연대는 깨지고 귀족과 부유 상인의 두 개의 지배 계층이 형성됐다. 이 두 계층은 각기 한 명의 지도자를 중심으로 파벌화했다. 우선 전통적인 지배 계급인 지주 귀족들과 그들을 따르는 소작농들로 구성된 '평원파(Πεδιεῖς)'가 있었다. 이 파의 지도자는 리쿠르고스였는데 과두 엘리트 정치를 추구했다. 이들은 곡물을 생산했기 때문에 매우 안정적이고 특히 기근이 들 때에는 아주 유리한 정치적 위치를 차지할 수 있었다.

두 번째로 해안가에 사는 신흥 부자 상인 계급과 뱃사람, 그리고 도심의 시민들의 지원을 받는 '해안파(Παράλιοι)'가 있었다. 메가클레스라는 인물이 이끄는 이 집단은 중도정치를 추구했다. 이들은 곡물 확보를 못 해 평원파에 비해 불리한 위치에 있었을 뿐만 아니라 당시에는 해안을 메가라가 지배하고 있어 무역에도 제한을 받고 있었다. 또 이들은 솔론의 빚 탕감 조치로 가장 피해를 많이 본 데다가 '킬론의 저주'의 장본인들로 여겨져 솔론의 개혁에 가장 큰 반감을 가지고 있었다.

세 번째 파벌은 페이시스트라토스가 지도한, 산기슭에 사는 사람들의 집단인 '산악파(Διακρίοι)'였다.* 이들은 변변한 농토마저 갖지 못해 양봉과 양치기로 지내는 가장 가난한 계층의 집단이었다. 이들 가운데에는 솔론의 개혁으로 빚에서 풀려난 사람과 출생이 순수하지 못한 사람들이 포함되어 있었다. 이 파벌의 구성원들은 한마디로 자기주장도 변변히 하지 못하는 소외 계층으로 부자들을 증오하고 있었다. 그런 까닭에 이들은 솔론의 개혁에 가장 충실한 민중정치파였다. 원래 이 산악파는 그 이전에는 파벌을 이루지 못했던 집단이었던 것을 페이시스트라토스가 조직한 것이었다. 그리고 이파는 숫자에 있어서 다른 두 파를 합친 것보다 더 많았다.

이들 각 정파의 명칭은 각파의 지도자가 살고 있는 지역의 특성

---

* 산악파는 '디아크리오이(Διακρίο)' 이외에도 '히페르아리오이(Υπεράκριοι)' 또는 '에파크리오이(Επάκριοι)'라고도 불렸다.

이나 지명을 따서 붙인 것이다. 아테네 도심에 사는 자유직업을 가진 시민들 역시 이 세 파 가운데 하나를 지지했다.

이렇게 날카롭게 대립하는 세 파벌 사이에서 타협점을 찾기란 쉽지 않은 일이었다. 이제 아테네는 귀족정치와 금권정치에 뒤이은 세 번째 정치 실험을 해야 할 시기를 맞게 되었다. 그 세 번째 정치 형태는 '티라노크라티아', 즉 '폭군정치'였다.

떠오르는 새로운 인물 페이시스트라토스

페이시스트라토스의 어머니는 솔론의 어머니와 사촌 사이였다. 즉 페이시스트라토스는 솔론의 육촌 동생이었다. 그는 솔론과 동성애 연인 사이였다고 전해지기도 하는데 솔론은 페이시스트라토스가 지닌 고귀한 성품과 아름다움 때문에 페이시스트라토스를 사랑했다고 한다. 헤로도토스는 페이시스트라토스의 출생에 대해 의미심장한 이야기 하나를 전한다.

페이시스트라토스의 아버지 히포크라테스가 개인 자격으로 올림피아 축제를 보고 있을 때, 그에게 큰 이변이 일어났다. 그가 제물을 바치고 나자 고기와 물로 가득 찬 솥들이 불을 때지 않았는데도 끓어 넘쳤다. 이를 본 라케다이몬의 킬론이 히포크라테스에게 아이를 가질 수 있는 여인을 집에 들이지 않는 게 상책이고, 아내가 있다면 내보내고 아들이 있으면 의절하는 게 차선책이라고 충고했다. 그러나 히포크라테스는 킬론의 충고를 귀담아듣지 않았

고, 얼마 후 페이시스트라토스가 태어났다.[69]

기원전 6세기 1/4분기가 끝나갈 무렵 아테네의 정치적 상황은 국내외로 매우 심각했다. 메가라가 다시 살라미스를 점령했고, 아테네의 바로 앞에 위치한 아이기나섬 역시 적대적으로 돌아섰고, 멀리 레스보스섬의 폴리스 미틸레네는 아테네의 식민지 시게이온을 점령했다. 정치적 야심을 키우고 있던 젊은 페이시스트라토스는 자신을 지지하는 일부 민중의 지지를 등에 업고 외교 정책의 실패에 실망하고 있는 시민들을 선동하여 장군직에 선출되는 데 성공했다. 그가 이끈 군대는 크게 승리하여 살라미스를 되찾은 것은 물론 메가라의 주항인 니사이아까지 점령했다. 패배한 메가라인들은 니사이아를 찾기 위해 불리한 조건으로 조약을 맺을 수밖에 없었다. 이 승리로 시민들 사이에서 페이시스트라토스의 인기가 하늘을 찌를 듯 높아만 갔다. 하지만 그의 정치적 기반은 절대권력을 추구하기에는 아직 약했다. 그때 마침 그의 아버지가 그리스 북부의 팡가이온(Παγγαῖον)산에서 금광을 발견하여 돈을 많이 벌게 되자 페이시스트라토스는 그 돈을 이용하여 가난한 사람들을 돕고, 권력자들에게 억울한 일을 당한 사람들을 위해 나서주는 등의 방법으로 자신의 추종 세력을 규합해 세 번째 파벌인 산악파를 강화했다.

솔론이 해외에서 돌아왔을 때 그는 이미 팔순에 접어들어 직접 정치에 뛰어들 수는 없었지만 아직도 존경받는 원로로서 세 정파의 우두머리들을 만나 갈등을 해결하고자 노력했다. 그의 눈에 페이시스트라토스가 가장 자신의 말에 귀를 기울이는 것 같았다. 무엇보다도 페이시스트라토스는 부드럽고 유연한 화술을 가지고 있었고,

가난한 사람들을 지지했으며 정적들에게도 타협적이고 온건했다. 그리고 도덕을 중하게 여기고 정권을 뒤엎으려는 사람들에 대항하여 정의를 구현하려는 듯한 태도를 보였다. 페이시스트라토스는 이런 방법으로 자신의 야심을 숨기고 음모를 진행시키고 있었다.

이런 페이시스트라토스의 의도를 알아차린 사람은 솔론뿐이었다. 솔론은 이런 페이시스트라토스를 미워하지는 않았다. 오히려 페이시스트라토스에게 권력욕을 없애고 헛된 명예욕을 누를 수 있다면 그 누구보다도 훌륭한 시민이 될 거라고 충고하며 야심을 버리도록 그를 달랬다. 그러나 페이시스트라토스가 그런 충고를 받아들이지 않고 자신의 음모를 계속하자 솔론은 시민들에게 페이시스트라토스가 폴리스에 얼마나 위험한 인물인가를 알리기 위해 다음과 같이 경고하기도 했다. "구름 한 조각에서부터 눈폭풍과 우박이 시작되고 번쩍이는 번개에서 천둥소리가 나옵니다. 폴리스는 권력자들에 의해 망하고 민중들의 무지에서부터 독재자의 권력이 나옵니다. 배가 한번 먼바다로 나가면 항구로 돌아오기가 쉽지 않습니다. 누구든 아직 기회가 있을 때 이것을 깨달아야 합니다."

그러나 당시 페이시스트라토스는 민중들에게 큰 인기가 있어 민회를 지배하고 있었다. 페이시스트라토스는 어느 정도 세력을 얻자 권력을 장악하기 위한 결정적인 음모를 꾸몄다. 어느 날 그는 자신의 몸과 짐수레를 끄는 노새에 스스로 상처를 입히고, 그 짐수레에 실린 채 아고라로 나가 정적들이 시골집으로 가던 자기를 죽이려고 공격해 와서 간신히 도망쳐 나왔다고 소리치며 아테네 시민들에게 자신의 안전을 지켜줄 조치를 해달라고 간청했다. 그러자 미리 약속한 각본대로 그의 지지자 가운데 한 명인 아리스티온(Ἀριστίων)이란 작자가 페이시스트라토스에게 몽둥이를 든 50명의 개인 호위대를 허락하자고 제안했다. 페이시스트라토스의 이런 정치 공작에 대항하고 나선 사람은 솔론 한 사람뿐이었다. 그는 민회에서 이런 일이 벌어지는 것을 지켜보고 있는 시민들에게 페이시스트라토스가 위험한 음모를 꾸미고 있다고 경고하며 자유를 지키려면 정신 차리라고 호소했다. 그 자리에서 솔론은 민중들에게 다음과 같이 연설했다.

> 여러분, 그의 혀와 달콤한 말들을 조심하시오.
> 여러분들 각자는 여우처럼 조심스럽지만
> 군중 속에 휩싸이면 바보 같아지니까요.[70]

그러나 가난한 시민들은 페이시스트라토스를 절대적으로 지지하여 거의 혁명을 일으킬 것 같은 분위기였고, 반면 부유한 시민들은 자리를 피해 도망치거나 겁에 질려 아무 말도 못 하고 있었다. 솔론은 이를 보고는 "아테네 시민 여러분! 저 자신은 도망친 자들보다 더 현명하고 겁을 먹은 자들보다 더 용감합니다. 도망친 자들은 무슨 일이 일어나고 있는지조차 모르기에 나보다 머리가 나쁜 거고, 겁먹은 자들은 무슨 일이 일어날지를 알면서도 폭군에 맞설 용기가 없었기에 나보다 비겁합니다"라는 말로 연설을 마치고 자신도 그 자리를 떠났다.

솔론의 이런 경고에도 불구하고 아테네 민회는 투표로 페이시스트라토스에게 호위병을 허락했다. 페이시스트라토스 일당은 솔론을 노망난 늙은이로 몰아붙였다. 또 페이시스트라토스 일당이 절대다수를 차지하고 있던 400인회도 솔론을 미친 늙은이로 취급했다. 솔론은 이에 대해 "진실이 밝혀지면 그제야 시민들은 내 미친 짓의 의미를 깨달을 것"이라고 응수했다.

아테네 시민들은 호위병의 숫자에 대해서도 자세히 따지지 않고 페이시스트라토스의 재량에 맡겼다. 그래서 페이시스타토스는 원래 허락된 50명보다 훨씬 많은 수의 나무 몽둥이를 든 호위대를 데리고 다니며 시민들에게 공공연히 겁을 줬다. 그리고 얼마 지나지 않아 페이시스트라토스는 그의 패거리들을 몰고 가서 아크로폴리스를 무력으로 점령하고 독재를 시작했다. 솔론이 개혁을 한 지 32년이 지난 기원전 561년의 일이었다. 그러자 온 아테네가 경악했다. 해안파의 우두머리 메가클레스와 알크마이오니다이(Ἀκμαιωνίδαι) 집안사람들은 곧바로 해외로 도피했다. 또 다른 아테네의 명문가인 필라이다이(Φιλαῖδαι) 부족의 밀티아데스(기원전 519년쯤 사망)*도 트라케로 도피하여 다르다넬스 해협 근방에 식민지 칼리폴리스를 세웠다. 오직 솔론만이 이제는 나이가 들어 지지자도 없이 아고라로 가서 시민들의 의지박약과 안일주의를 비난하면서 자유를 포기하지 말고 함께 싸우자고 격려했다. 그리고 "이전에 독재가 자리 잡기 전에 미리 독재가 싹트는 것을 막는 것이 쉬웠겠지만, 독재가 완전히 자리 잡고 뿌리내린 지금 독재를 깨버리고 뿌리 뽑는 것이 더 중요하다"라고 설득했다. 그러나 모두가 두려워하며 그 누구도 그의 말에 귀를 기울이지 않자 집으로 돌아가서 무기를 들고나와 대문에

---

* 아테네의 정치가이자 장군, 제1차 페르시아 전쟁 때 마라톤 승리를 가져온 밀티아데스 장군의 삼촌.

걸어 놓고는 거리로 나와 "나는 내 나라와 법을 지키기 위해 최선을 다했다"라고 외쳤다. 그것이 나이 든 그가 할 수 있던 유일한 항의의 표시였다. 그러고는 그 이후로 폴리스의 일에 전혀 관계하지 않았다. 몇몇 친구들이 해외로 도피하라고 충고했을 때 그는 오히려 그들을 비웃으며 냉소적인 시로 응답했다.

여러분들이 당하는 이 불행한 운명에 대해
조금도 신들을 탓하지 마시오.
여러분들이 그들을 도와 그들에게 권력을 주었으니
이제는 노예 생활의 쓴맛을 견디시오.

솔론이 이렇게 공개적으로 독재를 비난하는 것을 보고 많은 사람들이 혹시 독재자가 그를 죽일지도 모르니 조심하라고 말하면서 도대체 무엇을 믿고 그렇게 주저함 없이 독재자에 대한 비난을 퍼붓느냐고 물었다. 그러자 솔론은 "나는 내 지긋한 나이를 믿네"라고 대답했다.

실제로 페이시스트라토스는 권력을 잡자 솔론에 대해 존경과 우정을 표시하며 극진히 대했다. 그리고 솔론을 고문으로 모시고 솔론이 입법한 법을 대부분 그대로 존중하여 따랐을 뿐 아니라 페이시스트라토스 자신이 솔선수범하여 지키면서 자신의 패거리에게도 지키게 했다. 한번은 그가 살인죄로 고소당했을 때 절대권력을 가진 독재자였음에도 솔론이 만든 법에 따라 법정에 출석했다. 그를 고소한 자가 미리 겁을 먹고 법정에 나타나지 않음으로써 재판은 이루어지지 않았지만, 이 일화에서 페이시스트라토스의 준법정신

이 잘 드러난다.71)

페이시스트라토스의 두 번의 추방과 세 번의 집권

페이시스트라토스의 첫 독재정은 오래가지 못했다. 그가 집권한 지 3년이 지난 기원전 558/557년에 페이시스트라토스에게 일격을 당한 평원파의 리쿠르고스와 해안파의 메가클레스는 힘을 합쳐 페이시스트라토스파를 공격했다. 아직 정권의 기반이 약했던 페이시스트라토스는 상황이 불리함을 깨닫고 아테네 근교 브라우론(Βραυρών)에 있는 자기 장원으로 몸을 피했다. 그러나 평원파와 해안파는 공존할 수 있는 사이가 아니었다. 두 파는 곧 다시 싸움을 벌이기 시작하더니 2년쯤 지났을 때 해안파의 메가클레스가 비밀리에 페이시스트라토스에게 사람을 보내 다시 독재자로 추대해줄테니 자신의 딸과 결혼할 의향이 있는가를 물어왔다. 페이시스트라토스는 유부남임에도 불구하고 이 제안을 받아들였다. 이 음모에는 메가클레스가 속한 알크마이오니다이 가문 귀족 이외에도 그해 뽑힌 장군을 비롯하여 많은 귀족이 가담했다.

당시 아테네 파이아니아라는 지역에 키가 170센티미터가 넘는 '피아(Φύα)'라고 하는 이름의 빼어난 미인이 있었다. 당시 남자들의 평균 키가 160센티미터 정도였으니 여자로서는 엄청 큰 키다. 음모자들은 그녀를 완전무장한 아테나 여신으로 분장시키고는 어떤 자세를 취해야 가장 위엄 있는 인상을 줄 수 있는지 시범을 보여 주고는 수레에 태워 아테네 시가지로 들어갔다. 그녀에 앞서 전령들이 달려가서 "아테네인들이여, 페이시스트라토스를 환영하시오! 아테나 여신께서 인간들 가운데 그분을 특히 사랑하시어 몸소 성채로 내려오고 계시오" 하고 소리쳤다. 헤로도토스의 말대로 이런 유치한 수법이 이상하게도 가장 이성적이라는 아테네 시민들에게 먹혔다. 시민들은 그녀가 정말 여신인 것으로 착각하고 페이시스트라토스를 다시 독재자로 받아들였다. 아니면 기존 정치가들에게 신물이 난 아테네 시민들이 일부러 속아준 것인지도 모른다.

그러나 이번에도 페이시스트라토스의 권력은 오래가지 못했다. 페이시스트라토스가 이미 장성한 아들들이 있는 데다가 메가클레스의 딸한테서 알크마이오니다이 가문 핏줄의 아이를 얻고 싶지 않아 비정상적인 방법으로 그녀와 살을 섞었다. 그런 사실이 알려지자 메가클레스는 심한 모욕감을 느끼고 다시 정적인 리쿠르고스와 손을 잡았다. 이에 위협을 느낀 페이시스트라토스는 이번에는 아예 나라를 벗어나 에우보이아섬의 에레트리아로 피신했다. 페이시스트라토스는 이어 벌어진 궐석 재판에서 시민으로서의 모든 자격을 박탈당하고 전 재산을 몰수당했다. 기원전 556/555년의 일이었다. 페이시스트라토스는 에레트리아를 떠나 마케도니아 왕국으로 망명한 뒤 왕의 허가를 얻어 칼키디케 지방에 조그만 도시를 하나 세우고 팡가이아산의 금과 은을 채굴하며 다음 기회를 노렸다.

11년 뒤, 페이시스트라토스는 권력에 대한 세 번째 도전을 했다. 팡가이온 금광으로 크게 부자가 된 그는 이번에는 그 돈으로 외국 용병을 충분히 사서 개인의 군대를 거느렸다. 아울러 자기에게 신세 진 여러 그리스 폴리스로부터 현금과 기타 도움을 받았다. 그 가운데 테바이는 다른 폴리스보다 훨씬 더 큰 액수의 현금을 했고, 아르고스에서는 1000명의 용병을 제공했다. 낙소스섬의 리그다미스 (Λύγδαμις)*는 언젠가 자신도 독재자가 될 야심을 가지고 돈과 병력을 지원했다. 끝으로 한때 페이시스트라토스가 머물렀던 에레트리아에서는 선박과 기병, 그리고 공격을 위한 기지를 제공했다.

이렇게 만반의 준비를 마친 페이시스트라토스는 자신의 근거지인 브라우론에서 가까운 마라톤 평원에 상륙했다. 그가 예상했던 대로 수많은 지지자들이 아테네 도심과 각 지방에서 마라톤으로 몰려들었다. 이 반란을 진압하는 아테네 정부 측에는 의욕도 능력도 별로 없었다. 아테네 정부는 페이시스트라토스가 군자금을 모으고 있을 때도, 또 그가 마라톤에 상륙했을 때도 별로 신경을 쓰지 않았다. 그러다가 페이시스트라토스가 아테네를 향하여 진격하기 시작한 다음에야 뒤늦게 군대를 소집해서 싸우러 나갔다. 두 군대는 팔레네라는 지역의 아테나 신전 앞에서 마주쳤다. 이때 법을 수호하려는 정부군을 지휘한 장군들은 점심 식사 후 병사들이 낮잠을 자거나 주사위 놀이를 하도록 내버려두는 결정적인 실수를 했다. 페이시스트라토스는 이 기회를 놓치지 않고 정부군을 기습하여 승리했다. 페이시스트라토스는 도망치는 정부군이 다시 규합하지 않고 그대로 흩어지도록 꾀를 냈다. 그는 아들들에게 말을 타고 아테네인들을 쫓아가 페이시스트라토스의 명령이라며 아무런 정치적 보복은 없을 테니 모두들 겁내지 말고 각기 자신의 집으로 돌아가라고 전하라고 지시했다. 아테네인들은 이 말에 따라 집으로 돌아갔

---

* 기원전 545년부터 기원전 524년까지 낙소스섬을 지배한 독재자.

다.[72] 이런 방법으로 페이시스트라토스는 내전에서 생길 수 있는 인명 피해를 최소화했다. 피를 많이 흘리고 얻는 권력은 유지도 힘들다는 것을 잘 알고 있었기 때문이다.

이렇게 승리한 페이시스트라토스는 아테네로 들어와서 아고라의 테세이온 신전 앞에서 민회를 열어 모든 시민들이 모이게 했다. 이때 그는 일부러 목소리를 낮춰 잘 안 들리게 했다. 사람들이 잘 안 들린다고 하자 더 잘 들을 수 있도록 아크로폴리스 정문 앞으로 올라가자고 제안했다. 시민들이 페이시스트라토스의 연설을 듣기 위해 자리를 비우자 그의 부하들은 시민들이 테세이온 옆에 놓고 간 무기를 모두 거두어 창고에 넣고 잠가버렸다. 페이시스트라토스는 이런 조치가 다 이루어졌다는 보고를 받은 뒤에야 연설을 끝마쳤다. 그는 시민들에게 무기를 놓아둔 자리에 가봐도 그것들을 찾을 수 없을 것이라고 말하면서 이후 모든 공공업무는 자신이 알아서 할 테니 시민들은 놀라거나 겁내지 말고 일상생활로 돌아가라고 말했다.[73] 이미 상황이 다 끝났음을 깨달은 시민들은 그의 말을 따르는 것 이외에 다른 방법이 없었다. 이렇게 해서 페이시스트라토스는 이제 확실하게 권력을 잡게 되었다.

페이시스트라토스는 이렇게 잡은 권력을 더욱 공고히 하기 위해 시민들의 무장 해제에 이어 그 후속 조치로 아예 시민들의 모든 무장 행동을 금했다. 그리고 이렇게 해서 해산된 군대의 빈자리는 자신의 외국 용병으로 채워 군대를 사유화하고, 용병의 보수는 자기 개인의 재산에서뿐만 아니라 국고에서도 지급하게 하였다. 그는 자신의 사병 조직과 개인 호위대를 다른 폴리스 출신 그리스인들과 자기 패거리 아테네인들, 그중에서도 특히 최하위 계급인 테테스만으로 구성했다. 앞으로 18년 동안 아테네를 독재로 다스릴 페이시스트라토스의 세 번째 집권은 이렇게 완성되었다. 기원전 546년의 일이다.

9

폭군의 선정?

엘레우시스 폐허에서

아테네에서 북서쪽으로 18킬로미터 떨어진 곳에 엘
레우시스가 있다. 아테네에서 멀지 않아 시내버스가 다니는 곳이
라 접근성도 좋다. 오늘날은 사정이 좋아져 이곳에서 바다를 바라
볼 만하지만, 한때 이곳은 정유공장과 조선소 등에서 내뿜는 공해
때문에 숨쉬기조차 어려울 정도로 악명 높은 곳이었다. 기원전 480
년 바로 이 엘레우시스 건너편 살라미스섬에서 제2차 페르시아 전
쟁의 승패를 가르는 대규모 해전이 있었다. 희대의 영웅 테미스토
클레스의 탁월한 작전과 지도력으로 해전은 그리스의 대승으로 끝
났고, 당시 세계 최강의 제국이었던 페르시아는 이를 고비로 쇠퇴
하기 시작했다. 이곳에 올 때마다 이순신 장군의 진도 울돌목 대첩

을 떠올리게 된다. 한 군사적 천재가 민족 전체를 위기에서 구해냈다는 점에서 두 인물은 너무도 닮았다. 다만 살라미스의 바다는 잔잔하기 그지없는데 울돌목의 거센 물결은 간담이 서늘할 정도로 큰 소리를 내며 소용돌이친다. 언젠가 초가을 보름달 밤에 진도대교 아래에서 통음을 하던 기억이 왜 이리도 서러운가? 풀벌레 소리조차 없이 조용한 엘레우시스 언덕의 여름 한낮 햇빛은 또 왜 이리도 슬픈가? 아마도 세월의 덧없음이 마음을 사로잡기 때문이리라.

엘레우시스는 고대 그리스 시대에 가장 황홀하고도 신비스럽다고 알려진 데메테르와 그의 딸을 숭배하는 비교(祕敎)가 행해졌던 곳이다. 대지의 어머니신 데메테르와 그녀의 딸 페르세포네를 모시는 엘레우시스 비교는 아테네 인구가 40만 명을 헤아리던 시절에 자유시민의 수는 고작 3~4만 명이었을 정도로 철저하게 신분 사회였던 고대 그리스에서 신분과 성별, 인종에 관계없이 누구나 받아들였던 가장 평등한 보편적 종교였다. 이 종교는 인간의 슬픈 운명인 죽음을 극복하고 부활하여 다음 세상의 영원하고 행복한 삶을 누리게 된다고 가르쳤다는 점에서 그리스도교와 많이 닮았다. 이런 까닭에 고대 그리스인들, 특히 힘없고 고통받던 노예와 여자들은 이 종교를 열렬히 믿었다.

엘레우시스 유적지로 들어서면 예전에 비교가 행해지던 회당 건물 터가 아직도 뚜렷한 자취를 남기고 있다. 이 회당 건물을 지은 이가 바로 아테네의 폭군 독재자 페이시스트라토스였다. 그는 정적인 귀족들에 대항하여 자신의 지지층인 가난한 농부들의 종교인 디오니소스 신앙과 엘레우시스 비교를 적극 지원했다. 고대 그리스의 독재를 상징하는 인물이 가장 평등한 종교를 위해 회당을 지었다는

페이시스트라토스는 대규모 공공사업을 통해 가난한 민중들에게 일자리를 만들어주는 데에
세심한 신경을 썼다. 엘레우시스의 비교의식이 이루어지던 회당도 그렇게 지어졌다.
사진은 평지에서 본 회당 터.

것이 역사의 아이러니를 느끼게 한다. 구원을 강조하는 서민들의
종교가 그리스의 인간중심주의 사상과 함께 그 어떤 역사적 기념물
보다 오랜 생명력을 자랑한다. 엘레우시스의 화려했던 건물은 거의
다 파괴되어 쓸쓸한 기억만 남겼지만 이곳에서 행해지던 비교의 구
원과 평등 정신은 아직도 우리 삶을 지탱해주고 있다.

페이시스트라토스는 정치적 보복을 하지 않았다

페이시스트라토스는 33년 동안 두 번 추방을 당하고 세 번 집권
했다. 그의 마지막 치세는 기원전 546년부터 기원전 527년까지 19
년 동안 계속되었다. 그는 비록 권력을 장악하기 위해 기이하고도
파렴치한 정략을 일삼았지만 교양과 지성이 넘치는 매력적인 인간
이었다. 그의 통치는 활기찼고 공정했다. 정적들과 무자비하게 싸
우면서도 이기면 즉시 그들을 포용하는 아량을 보여 주었고, 민중
들의 요구를 들어주면서도 통치의 목표를 분명히 유지했고, 결단의
순간에 주저하거나 망설이는 지식인 특유의 우유부단함도 보이지
않았다. 그의 통치에 대한 후대의 평가는 나쁘지 않다. 특히 아리스
토텔레스가 "페이시스트라토스는 폭군이라기보다는 매우 합법적으
로 폴리스를 다스렸다"[74]라고 평가했듯이 그는 독재자처럼 굴지
않고 마치 선출된 아르콘처럼 온건하게 다스렸다. 한마디로 페이시
스트라토스의 폭군정치는 유연하고 인정이 있는 독재였다.

무엇보다도 그는 정권을 잡기 위해서 필요 이상의 희생을 피했
다. 팔레네 전투에서 패배한 아테네 정부군 패잔병에게 아들들을
보내 보복이 없을 것이라고 안심시켜 집으로 돌아가게 한 것과 그
가 아크로폴리스의 프로필라이아 앞에서 연설하는 동안 부하들을
시켜 시민들의 무기를 감춰 무력화시킨 다음 집으로 돌아가게 한
것은 모두 이런 쓸데없는 희생을 피하려 한 묘책이었다.

페이시스트라토스는 정권을 장악한 뒤에도 정적들에게 잔혹하
거나 모욕적인 정치적 보복은 하지 않았다. 그가 정권을 잡자 알크
마이오니다이 가문을 비롯한 많은 귀족들이 스스로 망명을 떠났다.

그는 남은 귀족들 가운데 융화할 수 없는 반대자들은 강제 추방했고, 또 다른 귀족들에 대해서는 그 자식들을 자신의 지원으로 정권을 잡은 독재자 리그다미스가 다스리는 낙소스섬으로 보내 인질로 가두어 놓았다. 하지만 그 이상의 정치적 보복은 없었다. 추방된 자와 체포된 자의 수가 아주 적었고, 남은 귀족들의 재산도 몰수하지 않았다. 그의 치세 동안 아테네에 남은 귀족 정적들도 축전에 참가했고, 몇몇 귀족은 그와 화해하고 아테네로 돌아오기까지 했다. 페이시스트라토스는 이렇게 귀족들과 좋은 관계를 유지하면서 남은 힘을 평민들의 일에 쏟았다.

페이시스트라토스는 선정을 펼쳤다

권력을 잡은 뒤 페이시스트라토스는 솔론을 각별히 대우하면서 상의도 하고 몇몇 안건의 경우에는 미리 승인도 구했다. 또 솔론이 만든 법을 세부사항까지 바꾸지 않고 그대로 지킬 뿐 아니라 자기 스스로 잘 준수하여 모범을 보임으로써 그의 정적들까지 놀라게 만들었다. 그는 절대권력을 휘두름에 있어 조금도 무리하지 않고, 양보와 관용, 기존의 제도를 그대로 이용했다. 무엇보다도 귀족이나 부자들이 차지하고 있는 기존의 체제와 관직을 폐지하지 않고 그대로 유지하면서 솔론이 세운 법에 따라 폴리스를 훌륭하게 다스렸다. 예전과 마찬가지 방법으로 아르콘이 선출되었고, 민회와 시민법정, 400인 평의회, 아레이오스 파고스 원로원이 모두 아무런 변화 없이 제 기능을 발휘했다. 하지만 민회에서 페이시스트라토스의 의견이 항상 호의적으로 받아들여지고 그의 측근들이 요직을 차지할 수 있도록 세심하게 배려했다.

페이시스트라토스는 또 자신이 직접 법을 만들기도 했다. 그는 국가를 위해 싸우다 부상을 입은 상이군인의 생계를 정부가 보장하는 '상이군인복지법', 장례식과 무덤 쓰는 비용 등 관혼상제를 치를 때 과도한 사치를 금지하는 '사치금지법' 같은 솔론이 제정했으나 중간에 사라진 법들 일부를 부활해 엄격하게 규제했고, 시민들이 게으르게 지내는 것을 금지하는 '게으름금지법'을 새로 제정했다.

그는 민중의 지지를 바탕으로 독재를 했기에 솔론보다 더 강력하게 개혁을 할 수 있었다. 우선 자신의 지지 기반을 굳건히 하기 위해 망명하거나 추방당한 정적 귀족들의 땅을 빼앗아 농부들에게 나누어주었고, 가난한 사람들에게 농사지을 자금을 빌려주는가 하면, 올리브 밭과 포도밭 개간 사업을 지원했다. 그 결과, 공연히 도심지에서 빈둥거리던 사람들이 시골로 귀향하게 되어 인구 분산과 지역 발전을 이룰 수 있었다. 또 이렇게 일거리를 찾게 된 시민들은 자신의 농장을 경영하는 데 몰두하게 되어 공적인 일에 관심을 가질 마음이나 여가가 없게 되어 폴리스는 정치적으로 안정되었다. 게다가 경작지가 늘어나자 세수 또한 늘어 재정이 안정되었다.

페이시스트라토스는 또한 사법제도도 개선했다. 그는 각 시골 데모스 단위까지 재판관을 보내는 순회 법정을 운영함으로써 농민들이 소소한 소송을 재판받기 위해 도심지로 올 필요가 없게 하였다. 때때로 그 자신이 몸소 시골로 가서 재판을 주관하기도 했다. 이 제도는 유용하고 성공적이어서 가난한 농부에게 돈을 빌려준 정책과 함께 아테네 각 지방의 발전에 큰 기여를 했다.

페이시스트라토스는 모든 독재자들과 마찬가지로 대규모 공공 사업을 일으켜 자신의 지지 기반인 가난한 민중들에게 일자리를 만들어주는 데 세심한 신경을 썼다. 그는 아크로폴리스에 있던 미케네 시대의 성문과 탑을 헐고 현관 건물인 프로필라이아와 아테나-니케 여신 제단인 헤카톰페돈을 건설했다. 또 아크로폴리스 남쪽에 대규모의 올림피오스 제우스 신전을 짓기 시작하는가 하면, 민중들에게 인기 있는 엘레우시스 비교 제전을 위한 회당 텔레스테리온과 입구 건물 프로필로스 건설도 시작했다. 그는 항구로 향하는 도로 건설에도 힘을 쏟아 아테네의 기반 시설을 확장했다. 그러나 그가 한 일 가운데 가장 인기가 있었던 사업은 상수도 시설의 개선이었다. 그는 물을 마을까지 끌어들여 공동 취수장을 만들어 귀족들이 독점하던 샘인 소유의 샘에 의존하지 않고도 물을 얻을 수 있게 했을 뿐만 아니라 도심에서는 상수도를 주택가 광장까지 끌어들여 물을 쉽게 길어갈 수 있게 했다.

페이시스트라토스는 이런 모든 사업의 재원을 마련하기 위해 세법 개혁도 단행하여, 일이 있을 때마다 필요경비를 부담하는 그리스 시민사회의 전통에 맞서, 수입의 10분의 1을 세금으로 거둬들였다. 대신 가난한 농부들에게는 세금을 면제해주었다. 이런 납세제도는 외국인 용병 제도와 함께 그의 권력을 더욱 공고히 해준 반면 귀족들과 반대파 자유시민들의 분노와 저항을 일으키는 원인이 되었다.

페이시스트라토스는 또 라우리온(Λαύριον)의 은광을 개발하여 그 은으로 독자적인 새 화폐를 주조했다. 당시 화폐 주조는 상당히 이익이 남는 사업이었다. 라우리온 은광 수입과 화폐 주조 사업의 이득으로 말미암아 아테네의 공공재정은 풍부해졌고, 이에 상응하여 개인 경제 역시 풍요로워졌다. 그의 여러 가지 경제 조치와 그의 치세 때의 평화와 안정의 도움으로 아테네의 경제는 가파르게 발전했다.

페이시스트라토스는 솔론의 정책을 이어받아 올리브와 포도 재배를 장려했고, 그 결과로 아테네의 올리브기름과 포도주 생산은 눈부시게 증가했다. 이에 따라 자연스럽게 수출도 증가했다. 올리브기름과 포도주 교역이 활성화되면서 당연히 이를 담을 토기 제작 기술도 발전해서 이미 기원전 6세기 초부터 코린토스를 누르기 시작한 아테네 도자기는 그가 통치를 시작한 기원전 560년 이후로는 확실하게 우위를 점령했다.

그는 또 해외 무역도 적극적으로 장려하여 흑해로 가는 길목인 다르다넬스 해협에 위치한 전략적 기지 시게이온(Σίγειον)을 밀레토스인들로부터 되찾아 아들 헤게시스트라토스에게 맡기는가 하면 많은 다른 폴리스들과 통상조약을 체결했다. 이에 힘입어 우수한 아테네 도자기에 담긴 고급 올리브기름과 포도주는 이제 동쪽으로는 이오니아와 키프로스를 거쳐 시리아에까지, 서쪽으로는 이탈리아와 시칠리아까지, 북쪽으로는 흑해에까지 수출됐다.

국제 무역이 활발해지면서 밀, 목재, 가죽, 금속과 같은 물품들의 수입도 증가했지만 당시로서는 고가였던 은화가 생산되는 나라였기에 그 정도의 수입 초과는 거뜬히 견뎌냈다. 그의 통치 아래 교역이 번창하여 재화의 분배가 일부 계층에 한정되지 않고 공동체 전체에 골고루 이루어져 양극화 현상이 완화되었다. 이렇게 하여 아테네에 경제적 평등의 기반이 만들어졌다.

페이시스트라토스는 교양 있는 통치자였다

페이시스트라토스의 개혁은 정치와 경제 부분에만 한정되지 않았다. 페이시스트라토스는 공공사업과 개인의 자선 행위를 통해 자기 궁전에 조각가와 건축가를 초청했다. 그는 또 기원전 545년 이오니아 지방의 그리스 폴리스들이 페르시아의 수중에 떨어지자 이를 피해 망명온 많은 지식인과 시모니데스나 아나크레온(기원전 582년쯤~기원전 485년쯤) 같은 시인을 자기 궁전에 불러들였다. 이 망명객과 예술가들은 자신들의 정신세계, 사상, 감수성을 전하여 아테네의 정신세계를 풍요롭게 만들었다.

페이시스트라토스는 책 읽기를 매우 좋아하여 궁전에 그리스 최초의 도서관을 만들었다. 그래서 그가 얻은 별명 가운데 하나가 '책을 사랑하는 자(βιβλιοφίλος)'이다. 그는 세계 최초의 책 애호가로 평가받는다. 또 호메로스의 서사시 《일리아스》와 《오디세이아》를 관장하는 위원회를 만들어 오늘날까지 전해지는 정본을 만들었다. 이에 힘입어 아테네는 그리스의 서사시 경연의 중심지로 발돋움했다.

페이시스트라토스는 또 직간접적으로 개입하여 아테네의 종교 생활의 중요한 발전을 이루어 냈다. 그는 아테네의 모든 시민이 참가하는 큰 축제인 판아테나이아 제전을 개최하고 여기에 범그리스적 성격을 부여함으로써 아테네의 위상을 높였을 뿐만 아니라, 그 축제를 통해 시민의식을 고양시켜 그리스 세계의 정신적 생활수준을 높이는 데 기여했다. 판아테나이아 축제는 운동 경기와 음악 경연, 서사시 낭독 경연을 포함한 종합 축제였다. 페이시스트라토스는 아테나 여신을 자신의 수호신으로 삼았다. 그래서 아크로폴리스에 아테나 여신을 위한 제단인 헤카톰페돈(ἑκατόμπεδον)을 새로 세웠다. 이에 대한 반발로 정적인 다른 귀족들은 아테나 숭배에 소극적이었다. 반면 상공인이나 농부들은 적극적으로 참여했다. 그는 또 아폴론과 아르테미스 신앙의 중심지인 델로스섬의 공동묘지에 흩어져 있던 무덤들을 안 보이는 곳으로 옮겨 성소를 깔끔하게 정리했다.

　그가 주도권을 가지고 추진한 문화 행사 가운데 후세까지 가장 큰 영향을 끼친 것은 비극 경연 대회다. 그리스의 귀족들은 제우스를 중심으로 한 올림포스 천신 신앙을 가지고 있었던 반면, 농부가 대부분이었던 일반 서민들은 농사와 관련이 있는 지신(地神) 데메테르나 디오니소스 신을 숭배했다. 다른 귀족들을 누르기 위해 민중의 지지가 절실했던 페이시스트라토스는 데메테르 신앙의 중심인 엘레우시스 비교를 장려하는 의미로 그곳에 회당을 증축했고, 포도의 풍작을 빌기 위해 매해 봄에 벌어지는 디오니소스 축제를 국가적으로 지원하여 크게 확장했다. 디오니소스 축제의 가장 중요한 행사가 바로 비극 경연 대회였다. 페이시스트라토스는 연극을 디오니소스 축제에 통합함으로써 이 새로운 예술 형식에 처음으로 공적인 지위를 부여한 것이다. 최초의 비극 경연 대회는 기원전 534년에 열렸고, 이때 우승자는 테스피스(Θέσπις)였다.

　비극은 새로운 시대의 정신을 가장 잘 표현했을 뿐 아니라 아테네 시민들에게 품위를 덧붙여주었다. 또 가난한 시민들을 즐겁게 해주는 동시에 민중정치와 정의를 교육하는 매체였다. 페이시스트라토스는 이전까지 극소수 상류층들의 특권이었던 예술의 향유를 다수의 민중들에게 제공하려는 목표를 세웠고 또 이루어냈다. 이런 예술에 대한 과감한 지원은 진정한 비전을 가진 사람만이 생각해낼 수 있는 정책이었다.

페이시스트라토스의 치세에 대한 평가

그는 절대권력을 어떻게 행사하고 유지해야 하는 줄 아는 의식 있는 정치가였다. 또 모든 일을 함에 있어 합법적으로 공익을 추구했고 중립적이면서도 매우 합리적으로 폴리스를 다스렸으며 자신을 위해서는 어떤 욕심도 부리지 않았다. 민주적이고 자애롭고 온화했으며 잘못한 사람에게도 동정적이었다. 그는 통치 기간 동안 민중을 괴롭히지 않았고, 아테네 내부는 언제나 평화롭고 고요했다.

대외적으로도 평화와 안정을 이루어냈다. 시민병 대신 직업군인인 용병으로 군대를 개선하여 농민들의 병역 의무를 덜어주었고, 외국의 공격에 대비해 함대를 증강해서 아테네를 전쟁의 위협에서 벗어나게 했다. 또 현실적인 외교 정책을 펴 실리를 취했다. 강력한 반독재 폴리스인 스파르타를 견제하기 위하여 스파르타의 천적인 도시 아르고스를 친구로 삼았고, 키클라데스 제도에서 가장 풍요롭고 강대국인 낙소스의 야심가 리그다미스가 권력을 장악하여 독재자가 되도록 돕는 동시에 이오니아 지방의 강자인 독재자 폴리크라테스(Πολυκράτης)와 동맹조약을 맺었다. 그의 치세 동안에 전쟁은 시게이온을 탈환하기 위한 원정 단 한 번뿐이었다. 페이시스트라토스가 이룬 이런 외교 정책의 성공과 국내의 경제적 번영은 계층간의 적대감을 완화시켜 혼란스럽던 폴리스에 질서와 평화의 분위기를 만들어주었다. 그의 치세는 시민들에게 폴리스의 번영과 좋은 기억을 남겼다. 그런 까닭에 많은 시민들이 황금의 시대가 회복되었다고 그의 통치를 칭찬했다.

페이시스트라토스는 세 번이나 정권에 도전할 정도로 자신이 목표로 한 일에 대해 집착이 강한 의지의 인물이었다. 이러한 그의 기질이 아테네의 무질서한 삶을 질서와 법이 잘 지켜지는 건실한 모습으로 변화시켰다. 이렇게 굳어진 준법정신과 질서는 한 세대 뒤 폭군정치가 무너진 후에도 아테네의 정치 유산으로 남았다. 법의 파괴자로 정권을 잡은 페이시스트라토스는 자신이 의도한 바는 아니지만 결과적으로 솔론이 만든 법의 완성자가 되었다.

10

폭군정의 몰락

나폴리 국립고고학박물관에서

그리스학을 공부하는 사람에게 나폴리는 반드시 가
봐야 할 곳이다. 원래 나폴리는 로도스섬에서 온 그리스인들이 세
운 도시다. 나폴리라는 말도 '새 폴리스'를 뜻하는 그리스어 '네아폴
리스(Νεάπολις)'에서 온 것이다. 로마 시대까지도 이 도시 사람들은
그리스어를 썼다.

나폴리는 고대 남부 이탈리아의 무역항으로서 번성했고, 로마가
카르타고와 지중해 주도권을 두고 벌인 포에니 전쟁 때에는 로마
편에 서서 한니발의 침공을 물리치는 큰 공을 세우기도 했다. 또 사
도 바오로와 베드로가 동방으로부터 이곳에 도착하여 로마로 갔다
고 전해진다.

나폴리는 로마 귀족들이 그리스에서 약탈해온 예술품들이 도착하던 항구였기에 나폴리 박물관에는 수많은 고대 그리스 명품들이 전시되어 있다. 그 가운데에서도 '폭군 살해자(τυραννοκτόνοι)'라는 대리석 조각은 그리스 역사를 연구하는 사람이라면 한 번쯤 봐야 할 작품이다.

기원전 514년, 하르모디오스와 아리스토게이톤이라는 두 젊은이가 페이시스트라토스의 둘째 아들 히파르코스를 살해하고 현장에서 잡혀 혹독한 고문 끝에 죽었다. 기원전 510년에 폭군 독재자들을 내쫓은 민중파 아네테 시민들은 독재자를 살해한 이 두 청년을 기리기 위해 당시 최고의 조각가였던 안테노르에게 청동상을 만들게 하여 아고라 광장 한가운데 세워 놓았다. 기원전 480년 아테네를 점령한 페르시아인들은 이 청동상을 그들의 수도인 수사로 가져갔다. 150년 뒤, 페르시아를 정복한 알렉산드로스 대왕(기원전 356년 ~기원전 323년)의 부하들이 이 청동상을 찾아 아테네에 돌려주었다고 한다.

기원전 476년, 페르시아 전쟁에서 승리한 아테네인들은 다시 이 청동상을 세워야 한다고 생각하여 크리티오스와 네시오테스라는 조각가에게 새 청동상을 제작하게 하였다. 그 후 그리스 폴리스 곳곳에 민중정치를 기념하는 '폭군 살해자'의 복제품이 만들어져 전시되었다. 나폴리 국립박물관의 '폭군 살해자'도 그런 복제품 가운데 하나다. 비록 기원후 2세기 때 만들어졌지만 엄숙한 표정과 군살 하나 없는 정제된 몸과 근육의 표현은 오히려 기원전 5세기 그리스 예술의 전형을 보여주고 있다. 수염도 나지 않은 하르모디오스가 칼을 잡은 오른팔을 높이 들고 있고 그 옆에서 아리스토게이톤이

이탈리아 나폴리 국립박물관에 전시되어 있는 '폭군 살해자'라는 조각.
왼쪽이 아리스토게이톤이고 오른쪽이 하르모디오스다.

그를 보호하기 위해 방패를 든 왼쪽 발을 쭉 내밀고 있는 모습에서 두 사람 사이의 강한 우정이 느껴진다. 민중정치와 자유를 향한 인류의 의지와 꿈을 보여 주는 장면을 이보다 더 잘 표현한 작품은 보기 힘들 것이다. 저절로 숙연해지는 명작이다.

페이시스트라토스 죽음 직후의 아테네

기원전 527년에 페이시스트라토스는 독재자로서는 드물게 천수를 누리고 죽었다. 그는 모든 점에서 성공한 독재자였다. 가정생활에서도 그랬다. 그에게는 정실부인에게서 얻은 히피아스와 히파르코스, 테살로스라는 세 명의 아들이 있었다. 페이시스트라토스가 죽었을 때 막내 테살로스는 아직 어려 정치에 참여하지 못하고 두 형이 정권을 이어받았다.

페이시스트라토스가 죽었을 때 테살로스는 아직 철이 없어 오만 방자한 생활을 하고 있었다. 그리고 둘째 히파르코스는 정열적이어서 시와 음악을 사랑했다. 그는 예술 애호가임을 자처하면서 아나크레온, 시모니데스와 같은 유명 시인들을 불러 모았다. 그의 주변에는 수많은 미소년과 유명한 시인들이 맴돌았다. 또한 자기 과시욕이 있어 길거리 곳곳에 자신의 이름과 함께 "항상 올바른 생각으로 걸어라!", "나쁜 생각을 하지 말아라!"와 같은 경구를 새긴 헤르메스 기둥을 세워 놓았다. 이런 방법으로 일반 국민을 가르치고 자신의 현명함을 자랑하고 싶어 했다. 그는 또 주변의 이런 예술가나 미소년과 공공연하게 애정 행각을 벌여 눈총을 샀다.

맏형 히피아스는 천성적으로 정치를 좋아했고 또 현명하고 논리적이어서 권력을 잡았다. 실제로 페이시스트라토스가 죽은 뒤 아테네를 통치한 것은 히피아스였다. 그는 처음에는 민중정치적인 형식을 통한 지배를 하려고 노력했다. 아버지가 죽은 뒤 반폭군 세력인 귀족들이 반발하려는 낌새를 보였기 때문에 이를 무마하기 위해 이런 정치적 제스처가 필요하기도 했다. 기원전 526/525년 선거를 통해 대표 아르콘으로 선출되었을 때 히피아스는 귀족들에게도 정권 참여의 길을 열어주었다. 기원전 525/524년에 아테네의 마지막 왕의 후손인 알크마이오니다이 집안의 클레이스테네스가 아르콘으로 뽑혔고, 이듬해에는 페이시스트라토스의 최대 정적으로 폭군정에 항의하여 스스로 트라케 지방으로 망명을 떠난 밀티아데스(기원전 550년쯤~기원전 489년)의 조카인 밀티아데스(동명이인)가 아르콘이 되었다.

그러나 히피아스와 정적 귀족 사이의 밀월 기간은 여기까지였다. 밀티아데스가 아르콘으로 선출된 바로 그해에 그의 아버지가 암살되는 사건이 일어났다. 밀티아데스는 이를 히피아스의 음모와 사주에 의한 것이라고 생각하고 히피아스와의 모든 관계를 끊었다. 그러자 히피아스와 알크마이오니다이 집안의 관계는 차갑게 변했고, 그 집안사람들은 다시 아테네를 떠났다. 기원전 516년, 밀티아데스 본인까지 아테네를 떠나자 새로운 독재자와 귀족의 협력 관계는 완전히 파탄이 났다. 이런 일이 일어나기 바로 직전에 밀티아데스에게 전함의 선장 자리를 제안했던 히피아스는 오히려 그가 떠난 것을 다행으로 생각했다.

기원전 524/523년, 히피아스는 아버지 페이시스트라토스가 하던 방식대로 정부 요직을 모두 자신의 친·인척과 측근 부하로 채웠다. 또 지지자인 서민들에게 일자리를 마련해주기 위해 아버지가 생전에 하던 대규모 토목과 건축 공사도 계속했다. 소득세도 10퍼센트에서 5퍼센트로 낮춰 민중의 환심을 사 지지를 더 확고하게 만들었다. 하지만 그에게는 아버지가 갖고 있던 중요한 미덕 가운데 하나인 검소함이 없었다. 저녁이면 대규모 향연을 즐겼고, 비싼 명마들을 수집하는 등 씀씀이가 매우 컸다.

히파르코스의 암살

히피아스와 히파르코스 형제는 정권 초기에 권력을 신중하게 사용하여 민중을 억압하지 않았기 때문에 미움을 사지 않았다. 또 세금으로 거둔 돈을 자신들의 욕심을 채우는 데 쓰지 않고 도시 미화와 전쟁 비용에 쓰고, 신전에 제물을 바치는 데에 써서 민중의 지지도 높았다. 아울러 서민들의 일자리를 마련하기 위해 비싼 대리석으로 신전을 세우기도 했다. 히피아스는 정치적으로 자신들 가운데한 사람이 반드시 최고직을 차지하는 조치를 취한 것 이외에는 대부분 법에 따라 관리를 뽑았기에 큰 불평을 사지도 않았다.

히피아스 폭군 독재의 몰락은 그의 동생 히파르코스가 하르모디오스와 아리스토게이톤에게 암살당한 기원전 514년부터 시작됐다. 이 암살 사건의 동기는 정치적인 것이 아니라 사랑의 삼각관계에서 시작된 치정적인 것이었다. 기원전 5세기 때 아테네와 스파르타 사이의 《펠로폰네소스 전쟁사》를 쓴 아테네의 역사가 투키디데스가

이 사건에 대해 자세하게 알려준다.[75]

아리스토게이톤과 하르모디오스의 대담한 행동은 연애 사건에서 비롯된 것이었다. 그 무렵 하르모디오스는 한창 나이의 아름다운 젊은이였고, 그의 애인 아리스토게이톤은 중산층 시민이었다. 히파르코스는 하르모디오스의 미모에 반해 그를 애인으로 삼으려 했지만 늠름하고 믿음직한 애인이 있었던 하르모디오스는 이를 보기 좋게 거절해 망신을 주고 이 사실을 아리스게이톤에게 일러바쳤다. 그러자 걷잡을 수 없는 질투에 휩싸인 아리스토게이톤은 히파르코스가 권력을 이용하여 애인을 빼앗을까 두려워 자신의 사회적 지위가 허락하는 범위 안에서 어떻게든 폭군정치를 끝내기 위한 음모를 꾸미기 시작했다.

한편 그사이 또 한 번 하르모디오스를 유혹하려다 실패한 히파르코스는 야비한 방법으로 복수할 계획을 세웠다. 하르모디오스에게는 처녀 누이가 한 명 있었는데, 히파르코스는 그녀에게 판아테나이아 축제 때 꽃바구니를 들러 오라고 초청해 놓고는 정작 그녀가 오자 자격이 없다고 모욕하며 쫓아냈다. 권력을 이용한 치졸한 복수였다. 이에 하르모디오스는 크게 분개하여 복수를 결심했다. 애인 아리스토게이톤 역시 더 흥분하여 복수를 외쳤다. 그들은 동지를 모으고 만반의 준비를 마친 뒤, 축제가 시작되는 날을 기다렸다. 판아테나이아 축제 행렬에 참가하는 시민은 무장을 할 수 있었기에 의심받지 않고 거사를 하기에는 이 축제가 안성맞춤이었다. 두 사람이 먼저 행동을 시작하면 다른 동지들이 즉시 폭군의 경호대에 맞서 봉기하기로 계획을 세웠다. 그 음모에 참가한 사람은 많지 않았다. 그들은 자신들이 소수이기는 하지만 일단 거사를 시작하면 다른 시민들도 합세하여 자유를 되찾기 위해 나설 것이라고 기대했다.

판아테나이아 축제 행렬은 아테네의 서쪽 입구인 케라미코스 (Κεραμικός) 지역에서 출발했다. 축제의 주관자인 히피아스는 케라미코스의 '히에라 필레(Ιερὰ Πυλή, 신성한 문)'에 가서 축제 준비를 감시하고 있었고, 동생 히파르코스는 질서를 잡기 위해 성문에서 멀지 않은 곳에 있었다. 하르모디오스와 아리스토게이톤은 단검을 숨긴 채 행동을 개시할 준비를 하고 있었다. 그때 마침 음모에 가담한 동지 가운데 한 명이 히피아스와 친근하게 대화를 나누는 것을 보고 하르모디오스와 아리스토게이톤은 자신들이 배신당했다고 생각하고 서둘러 성문 안으로 돌진하여 다짜고짜 히파르코스를 찔러 죽였다. 당시 히피아스에게는 시민이면 누구나 어렵지 않게 다가갈수 있었기에 이들의 의심은 근거가 없는 것일 수도 있었다. 그러나 암살자들의 불안은 그토록 컸고, 그들 가운데 한 명은 이성을 잃을 정도로 질투심에 빠져 있었다. 하르모디오스는 경호대의 창에 찔려 그 자리에서 죽었지만 아리스토게이톤은 몰려드는 군중 사이로 도망쳤다가 나중에 체포되어 고문을 당한 끝에 죽었다.

히파르코스의 암살을 보고받은 히피아스는 이 사실을 전혀 모르는 척 시치미를 떼며 참가자들에게 무기를 소지하지 말고 자기가 지정한 장소에 모이라고 명령했다. 참가자들이 다 모이자 히피아스는 경호대에 무기를 치우게 하고는 음모에 가담한 혐의가 있는 사람과 단검을 가지고 있는 자들을 체포하라고 지시했다. 행렬에는 방패와 창만 허락되었기에 단검을 가진 자는 음모자임에 틀림없다고 생각했기 때문이다.[*]

아리스토게이톤은 고문을 당하면서 일부러 히피아스의 친구들과 고귀한 태생의 사람들 이름을 공모자라고 댔다고 한다. 이런 방법으로 히피아스가 신의를 잃고 스스로 약해지길 바라서 그랬다고 한다. 하지만 또 다른 설에는 아리스토게이톤이 고문을 이기지 못하고 실제 공모자들 이름을 댔다고도 한다. 고문이 그치지 않고 점점 더 심해지자 아리스토게이톤은 모든 공모자의 이름을 알려줄 테니 히피아스에게 신의의 표시로 오른손을 잡게 해달라고 부탁했다. 그리고 히피아스가 손을 내밀자 악수를 하며 그가 형제를 죽인 사람의 손을 잡고 악수했다고 놀렸다. 이에 흥분을 이기지 못한 히피아스는 칼을 뽑아 아리스토게이톤을 찔러 죽였다고 한다.76)

히파르코스가 살해된 뒤 아테네인들은 4년 동안 전보다 더 혹독한 폭군의 독재에 시달렸다. 히피아스는 자신도 음모의 희생자가 될지도 모른다는 두려움에 사로잡혀 외국인 용병 수를 대폭 늘리고 수많은 무고한 시민을 처형하고 추방하는 등 아주 횡포해져서 강압적인 폭군정치를 하는 한편 혁명이 일어날 경우를 대비하여 외국에 망명지를 물색했다.

히파르코스가 암살당한 기원전 514년, 바로 그해에 페르시아가 히피아스의 이복동생이 다스리던 터키반도 북서부의 아테네 식민지 시게이온을 정복했다. 그 이듬해 페르시아는 히피아스의 금광이 있는 마케도니아까지 세력을 넓혔다. 히피아스는 독재를 강화하기 위해 돈이 가장 필요한 시기에 중요한 무역 기지인 시게이온과 가장 의존도가 높았던 팡가이온산의 금광 수입을 잃게 되어 재정적으

---

* 아리스토텔레스(《아테네 정치제도사》, 18장 4단락)는 시민들이 무기를 지닌 채 판아테나이아 축제에 참가하게 된 것은 그 후의 일이라고 주장하고 있다.

로 큰 어려움을 당하게 되었다.

이에 대한 대응 방법으로 히피아스가 취한 조치는 국가지출을 줄이는 것과 세금을 올리는 것이었다. 그는 우선 국가지출을 줄이기 위해 연극제나 판아테나이아와 같은 종교 축제, 부족 축제 행사에 일정액 이상의 기부금을 내지 못하는 시민들의 참가를 제한했다. 또 새로운 세금을 많이 만들었는데 그 가운데에는 황당한 것들이 포함되어 있었다. 각 집의 발코니 크기에 따른 '발코니세', '건물 외부에 계단이 있으면 그에 대한 세금을 내게 하는 '계단세', 집안의 내정(內庭) 크기에 따른 '내정세', 그리고 심지어 죽은 사람 가족들에게 물리는 '사망세'와 아이가 태어난 데 물리는 '출산세'까지 신설했다. 이런 세금은 히피아스 개인의 수입이 아니라 아테나 신전의 수입으로 귀속되었다. 그러나 어떤 이유로든 세금을 걷는 것 자체가, 폴리스의 큰일은 부자들이 그 일을 맡아 모든 지출을 감당하고 처리하는 아테네 전통을 벗어나는 것이었다. 그랬기에 조직적 납세 제도 자체가 아테네 시민들에게는 외국인 용병 제도와 함께 매우 비민주적인 압제로 보였다.

이제 폭군정치의 생명은 거의 다 되어 민중이 봉기하기만 하면 무너질 정도가 되었다. 오직 필요한 것은 이런 민중 봉기를 지도할 지도층의 출현이었다. 그리고 당시 아테네에는 그런 지도자들이 이미 존재하고 있었다.

폭군정이 끝난 곳, 아크로폴리스

"아테네는 안 봐도 아크로폴리스는 보고 간다"는 말이 있듯이, 아크로폴리스는 아테네에 온 사람은 누구나 꼭 들러보는 곳이다. 아크로폴리스라는 말은 '폴리스에서 가장 높은 곳'이라는 뜻으로 '정상의, 끝의'라는 뜻의 '아크로(Ἀκρό)'와 '도시'를 뜻하는 '폴리스(πολις)'가 합쳐져 만들어진 낱말이다.

아테네 아크로폴리스 언덕의 북서쪽 기슭에는 맑고 깨끗한 물이 솟는 '클렙시드라(Κλεψύδρα)'라는 샘이 있어, 이미 후기 신석기 시대(기원전 2800년~기원전 2500년) 때부터 사람들이 살기 시작했다. 처음에 이곳은 적의 침입에 대한 최후의 보루로서 요새 역할을 했다. 그러다가 신화적 왕들이 활동하던 시기인 미케네 시대(기원전 1580년~기원전 1100년) 때부터 궁전이 들어섰고, 왕정 체제가 무너진 초기 철기 시대 때인 '기하학적 문양의 시대(기원전 1100년~기원전 750년)'에는 궁전 자리에 신전들이 대신 들어섰다. 또 이때 아크로폴리스의 성역화가 시작되어 일반 주민들은 아크로폴리스에서 쫓겨났다. 아크로폴리스로 들어가기 위해 반드시 거쳐야 하는 현관 건물 '프로필라이아(Προπύλαια)'를 처음 지은 것도 이때였다. 기원전 6세기 말에 페이시스트라토스는 미케네 시대의 성문과 탑을 허물고 그 자리에 새로운 현관 건물과 아테나-니케 여신의 제단을 세우는 한편, 방어를 위해 성벽을 튼튼하게 쌓았다. 그 건물들은 페르시아 전쟁 때 불타 무너졌지만 성벽은 그대로 남았다.

기원전 510년, 바로 그 성벽 아래에서 아테네의 폭군 히피아스와 스파르타의 왕 클레오메네스의 지원을 받은 아테네 민중파 시민들 사이에 아테네의 운명을 결정짓는 전투가 벌어졌다. 전투의 끝은 허망했다. 아주 조그만 잘못 하나로 결코 끝날 것 같지 않던 폭군의 무소불위 권력이 속절없이 무너졌기 때문이다. 아크로폴리스 성벽을 비추는 석양빛처럼 권력도 덧없는 것이었다.

폭군정 전복을 위한 첫 번째 시도

폭군정을 피해 망명해 있던 아테네의 귀족들은 히피아스가 재정적으로 어려워지고, 이를 해결하기 위해 세금을 올려 민중들의 불만을 사게 된 것을 보고 즉시 행동을 취했다. 이번에도 귀족들 가운데 가장 세력이 큰 알크마이오니다이 집안이 앞장을 섰다. 이들은 무장을 하고 아테네 북쪽의 파리네토스산 아래에 있는 레입시드리온(Λειψύδριον) 언덕을 점령하고 요새화했다. 아테네 시내에서도 이에 호응하는 시민들이 달려와 폭군 독재정을 몰아내기 위한 일전을 준비했다. 그러나 히피아스가 고용한 외국인 용병들이 이들을 공격하자 반정부군은 많은 인명 손실을 입고 물러설 수밖에 없었다.[77] 당시에 아테네 시중에는 이 사건을 주제로 한 다음과 같은 노래가 유행했다고 전해진다.

아, 배반자 레입시드리온 언덕이여, 너는 자신들이 어떤 조상의 후예인가를 보여준 고귀한 핏줄의 용사들의 목숨을 얼마나 많이 빼앗았는가?

이렇게 폭군을 몰아내려는 군사적 시도는 실패했지만 아테네 안의 반독재 운동은 날이 갈수록 더 강해졌다. 이에 위협을 느낀 히피아스는 기원전 512년, 지금의 피레우스 항구 가까이에 있는 무니키아(Μουνίχια) 언덕에 요새를 짓기 시작했다.

스파르타가 아테네 폭군정 전복에 개입한 까닭

아테네 폭군정에 대한 치명적 타격은 스파르타에서부터 왔다. 스파르타는 항상 다른 폴리스의 폭군정을 싫어하여 기원전 6세기 때부터 여러 폴리스에서 폭군들을 몰아냈다. 그러나 스파르타는 페이시스트라토스 집안과는 좋은 관계를 맺어왔기에 처음에는 아테네 내정에 개입하여 히피아스를 축출하려는 의도는 갖고 있지 않았다. 히피아스에 대한 스파르타인들의 태도가 강경한 쪽으로 바뀌게 된 데에는 두 가지 이유가 있었다.

첫째는 히피아스를 축출해야 한다는 델포이 신탁이었다. 델포이는 전통적으로 폭군정에 대해 부정적이었다. 그러나 델포이가 히피아스를 축출하라고 신탁을 내린 데는 이보다 더 중대한 이유가 있었다. 바로 페이시스트라토스의 영원한 정적이었던 알크마이오니다이 집안에 대한 델포이의 편애 때문이었다. 당시 알크마이오니다이 집안은 마침 기원전 548년 화재로 소실된 아폴론 신전을 새로 짓는 공사를 맡고 있었다. 경제력에 여유가 많았던 알크마이오니다이 집안은 이 공사에서 이익을 내지 않고 오히려 자신들의 사재를 털었다. 신전 외벽을 원래 계약대로 석회석을 쓰는 대신 훨씬 고급

자재인 파로스섬의 최고급 대리석으로 장식했다. 이렇게 꾸민 아폴론 신전은 보기에 아주 아름다웠다. 이런 방법으로 알크마이오니다이 집안은 델포이 신전 신관들의 호의를 얻어냈다. 그리고 이 호의를 바탕으로 스파르타인들이 개인적으로나 공적으로 신탁을 물으러 올 때마다 아테네를 폭군정에서 해방하는 일이야말로 그들이 반드시 이루어내야 할 의무라고 신탁을 내리도록 신관들을 부추겼다.

스파르타가 아테네 폭군정 타도에 나선 두 번째 이유는 히피아스가 스파르타의 오래된 숙적인 아르고스와 친밀한 관계를 가지고 있었기 때문이다. 당시 아르고스는 펠로폰네소스에서 스파르타의 패권에 대항하는 유일한 폴리스여서 스파르타로서는 눈엣가시 같은 존재였을 뿐 아니라, 아테네와 마찬가지로 폭군이 다스리고 있었기에 스파르타로서는 두 도시의 우호적인 관계가 상당히 위협적으로 느껴졌던 것이다.[78]

아테네 폭군정의 끝

스파르타는 계속되는 델포이 신탁을 무시하기 어려웠고, 또 언젠가는 아르고스를 길들이지 않으면 자신들의 패권을 유지할 수 없다는 불안을 해소하기 위해 아테네에 군대를 파견하기로 결정했다. 앙키몰로스(Ἀγχίμολος)를 대장으로 한 스파르타 원정군은 배로 아테네의 주항인 팔레론에 상륙했다. 그러나 이런 정보를 미리 입수한 히피아스는 테살리아 용병 1000명을 사서 이에 대비했다. 그는 스파르타군이 오기 전에 팔레론 항구 앞 벌판의 모든 관목 숲을 잘랐다. 테살리아의 주력 부대인 기병이 움직이기 좋게 한 조치였다. 이 작전은 크게 성공하여 기병에 대한 대책 없이 상륙한 스파르타군은 속절없이 궤멸당하고 말았다. 대장 앙키몰로스를 비롯한 대부분의 스파르타군은 전사했고 살아남은 패잔병들도 겨우 배까지 도망가는 게 고작이었다.

여지없이 체면을 구긴 스파르타는 이번에는 클레오메네스 왕(재위 기원전 519년~기원전 490년)이 직접 지휘하는 더 많은 수의 군대를 보내기로 결정했다. 이제는 아테네 내정이 문제가 아니었다. 전에는 감히 스파르타군과 맞설 엄두조차 내지 못하던 아테네가 자신들의 군대를 패배시킨 사건은 스파르타의 패권마저 위협하는 사건이었기 때문에 절대로 그냥 지나칠 수 없는 일이었다. 스파르타군은 지난번 실패를 거울삼아 이번에는 바닷길이 아니라 육로를 통해 아테네로 진격했다. 테살리아 군은 첫 번째 전투에서 40기의 기병을 잃자 더 이상 싸울 용기를 내지 못하고 자신들의 나라로 후퇴했다. 반폭군정 세력의 도움을 받은 스파르타군이 아테네로 들어오자 히피아스와 그의 용병들은 아크로폴리스로 피신하여 농성을 시작했다.

히피아스는 이런 위기에 대비하여 아크로폴리스에 미리 충분한 식량과 물을 비축해 두었기에 포위전은 장기화될 듯했다. 오랫동안 해외에 머물기 어려웠던 클레오메네스도 포위를 풀고 스파르타로 돌아갈 생각을 하고 있었다. 그때 히피아스 쪽에서 큰 실수를 했다. 히피아스는 자기 집안 아이들의 안전을 걱정하여 그들을 몰래 국외로 탈출시키려 했다. 그러나 운이 없어 그 아이들은 포위군에 잡혔다. 이로 말미암아 완전히 절망에 빠진 히피아스는 아테네 시민 포위군과 협상할 수밖에 없었다. 포위군의 요구는 히피아스 일당은 아이들을 돌려받는 대신 아테네에서의 모든 권리를 포기하고 닷새 안에 아티카반도를 떠나라는 것이었다. 유혈 사태나 궁지에 몰린 상대방을 막다른 골목으로 모는 것과 같은 극단적인 행동을 꺼리는 아테네인들다운 해결 방법이었다. 아테네를 떠난 히피아스는 자기 이복동생이 다스리는 에올리아 지방의 시게이온으로 갔다. 트로이아와 멀지 않은 곳이다. 이렇게 하여 기원전 510년, 36년 동안 계속되었던 페이시스트라토스에서부터 그의 아들 히피아스까지 2대에 걸친 아테네의 폭군정은 막을 내렸다.[79)]

11

폭군정은 어떻게 생겨났나?

코린토스 운하에 서서

그리스 신화의 고향이자 고대 그리스 문명이 싹튼 펠로폰네소스반도는 엄밀한 의미에서는 반도가 아니라 섬이다. 그리스 본토와 펠로폰네소스를 잇는 코린토스 지협이 지금은 길이 6343미터, 바다 면 너비 24.6미터, 바다 바닥 너비 21미터, 깊이 8미터, 높이 79미터에 벽면 기울기가 71도에서 77도로 가파른 계곡을 이루는 코린토스 운하에 의해 끊겨 있기 때문이다.

처음 이곳에 와 위태위태해 보이는 철 다리 위에서 운하를 내려다 보았을 때 들었던 생각은 단 한 가지 '아름답다!'였다. 약간 붉은 빛이 도는 대리석의 깊은 계곡 아래 짙푸른 바다 빛깔이 정말 숨 막히도록 아름다웠다. 그리고 그런 큰일을 해낸 인간의 상상력과 끈기를 생각하며 감동도 했다. 이곳에 운하를 파려고 생각했었던 최초의 인간은 누구였을까?

호기심은 탐구를 이끌어내게 마련이다. 40년이란 긴 세월 동안 이 운하에 대한 역사와 사연을 하나씩 하나씩 알아 가면서 나의 첫인상은 시나브로 사라지고 깊은 회의와 까닭 모를 분노가 그 자리를 차지했다.

이곳에 운하를 이용하면 에게해와 이탈리아 사이의 뱃길이 242.612킬로미터나 줄뿐더러 난파 위험까지 피할 수 있다는 논리에 유혹되어 처음으로 이곳에 운하를 팔 생각을 했던 사람은 기원전 7세기 초에 코린토스를 통치하던 폭군 페리안드로스(기원전 668년~기원전 584년)였다. 그러나 당시 기술이나 자본으로는 어림도 없는 일이었기에 그는 곧 포기했다. 그 뒤로도 마케도니아 왕 데메트리오스 1세(기원전 150년 사망)를 비롯하여 율리우스 카이사르, 칼리굴라 황제, 네로 황제, 베네치아 사람들까지 수많은 권력자들이 눈앞의 이익과 자신의 권력을 과시하기 위해 운하를 팔 계획을 세웠지만 성공하지 못했다.

그리스가 오스만 터키의 지배를 벗어나 독립한 1830년 이후에도 역대 그리스 정부는 코린토스 운하에 대한 미련을 버리지 못했다. 더욱이 1869년 수에즈 운하가 성공적으로 완성되어 큰 이득을 남기는 것을 보자, 1870년 당시 그리스 정부는 수에즈 운하를 팠던 프랑스 건설회사에 코린토스 운하 공사를 맡겼다. 그러나 그 회사는 파나마 운하 공사에 실패하여 파산했다. 또다시 작업은 중단됐다. 그 다음 해 그리스 정부는 헝가리 건설회사에 운하 공사를 맡겼다. 그러나 공사가 의외로 어려워 비용이 기하급수적으로 늘어나고 공사

그리스 본토와 펠로폰네소스를 잇는 코린토스 지협에 있는 운하에서 배들이 지나가고 있다.
기원전 7세기 초 코린토스의 폭군 독재자 페리안드로스는
현대 기술로도 쉽지 않았던 운하 파기를 시도했을 만큼 권력이 하늘을 찔렀다.

기간도 늦어져 8년 뒤 그 회사도 파산했다. 결국 최종적으로 이곳에 운하를 뚫은 것은 1890년부터 1893년까지 공사를 마무리한 그리스 건설회사였다. 공사가 시작된 지 12년 만의 일이었다.

운하가 완성된 뒤에도 문제는 계속됐다. 무엇보다 운하의 좁은 폭과 불규칙한 조류, 80미터 깊이에 24.6미터 너비를 가진 운하의 깊은 계곡이 만들어내는 강풍 등으로 항해가 쉽지 않아 운하를 이용하는 배가 많지 않아 처음에 예측했던 통행량의 12~13퍼센트도 채우기 어려웠다.

그보다 더 심각한 문제는 이 운하 자체가 가지고 있는 결점에서 비롯됐다. 석회암으로 되어 있는 운하 양쪽의 벽은 쉽게 무너져 내려 안전을 위협할 뿐 아니라 운하 밑바닥에 쌓여 정기적으로 준설해야 했다. 또 운하의 석회석 벽은 뱃고동 소리를 비롯한 배의 소음에도 민감했다. 그래서 처음에 팠던 것보다 운하를 더 넓게 파야만 했다. 이는 예기치 못했던 가외 비용이었다.

게다가 전쟁이 일어날 때마다 운하 운영은 중단되어야 했다. 제1차 세계대전 때 운하는 거의 제 기능을 하지 못했고, 제2차 세계대전 때는 운하를 놓고 치열한 전투가 벌어졌다. 그 결과는 심한 파손이었다. 운하가 다시 정상적으로 운영될 때까지 또다시 천문학적 돈이 들어갔다.

오늘날 한 해 동안 이 운하를 지나는 배는 1만 2500척이다. 그것도 소형선들뿐이다. 유조선 같은 큰 배가 지나가기에는 폭이 너무 좁다. 경제성은 맨 처음 이곳에 운하를 팔 생각을 한 사람들이 기대했던 것보다 훨씬 형편없다. 오늘날 코린토스 운하는 관광 명소로 더 유명하고, 관광으로 더 큰 돈을 벌고 있다.

운하 한가운데를 가로지르는 다리 위에서 열심히 사진을 찍는 관광객들은 마냥 즐겁기만 하다. 그들은 이 아름다운 운하가 실패작임을 알 까닭도, 또 알아야 할 까닭도 없다. 코린토스 운하는 아직도 변함없이 아름답다. 그러나 내 마음은 더 이상 편하지만은 않다. 이 운하에서 권력자의 탐욕과 어리석음, 그리고 오만이 보이기 때문이다.

2700년 전인 기원전 7세기 초에 벌써 코린토스의 폭군 페리안드로스는 현대의 첨단 기술로도 쉽지 않은 코린토스 운하를 팔 생각을 했다. 무엇이 그로 하여금 이런 오만에 빠지게 만든 것일까? 생살여탈권까지 있는 절대권력, 하늘을 찌를 듯한 권력이 그로 하여금 자신이 한낱 약한 인간임을 잊게 만든 것인가? 혹시 운하를 만들어 자신의 그 잘난 권력을 과시하고 싶은 미망에서 온 오만이 아닐까? 그러나 오늘날 그 누가 그를 기억이나 하겠는가? 대부분의 사람들은 그의 존재조차 알지 못한다. 코린토스 운하 다리 위로 부는 바람 속에서 역사의 아이러니가 느껴진다.

기원전 700년에서 기원전 500년 사이
그리스 정치체제의 변화

기원전 800년을 전후로 그리스에 폴리스라는 독특한 정치체제가 나타났을 때 이미 왕정은 무너지고 그 자리를 소수 대지주 귀족들의 과두정이 채웠다. 코린토스에서는 한 가족이 권력을 독점하기도 했지만 대부분의 폴리스에서는 100명에서 1000명 사이의 귀족 집단이 권력을 나눠 가졌다. 귀족들의 권력은 거의 제한을 받지 않았다. 그들의 임기는 죽을 때까지였고, 자신의 지위와 특권을 아들에게 물려주었다. 또 법을 제정하고 직접 집행까지 했을 뿐 아니라 모든 공직을 독점했다.

이런 권력 독점은 경제적 불평등을 가져왔다. 세월이 흐를수록 경제 양극화는 도를 지나쳐 기원전 8세기 끝 무렵에는 거의 국가 체제가 무너질 위험한 수준에까지 이르렀다. 이렇게 구성원들 사이의 갈등과 알력으로 약해진 귀족정에 대한 도전은 두 방향에서부터 왔다. 그 가운데 하나는 권력도 재산도 없는 평민 계급의 폭발 직전의 불만에서 왔고, 또 다른 하나는 이런 민중의 불만을 업고 폭군 독재자가 되려는 일부 귀족의 야심에서 왔다. 이런 도전에 귀족정은 제대로 응전하지 못했다. 그 결과, 기원전 500년쯤에는 거의 모든 폴리스에서 귀족정은 가난한 시민들의 지지를 바탕으로 권력을 빼앗은 폭군 독재자들에게 하나씩 하나씩 자리를 내주기 시작했다. 이제 진정한 의미의 귀족정은 오직 기원전 6세기에 역사적 발전이 멈춘 크레타에서만 겨우 명맥을 이어갔다.

위기를 맞은 귀족들이 아무런 노력도 하지 않은 것은 아니었다. 귀족들은 나름대로 민중들의 개혁 요구를 들어주어 정권을 유지해보려고 노력했다. 몇몇 폴리스에서는 솔론과 같은 신망이 두터운 인물에게 절대권력을 주어 계급 간의 갈등을 해소해보려 했다. 이때 가장 흔히 취한 조치는 귀족 이외에 스스로 성공하여 자신의 능력을 증명한 일부 신흥 부자 계급의 정치 참여를 허락하는 것이었다. 이런 정치를 '금권정치' 또는 '자격정치'라고 한다. 금권정은 개인의 능력을 기준으로 한다는 점에서 핏줄에 의해 고정된 귀족정에 비해 더 유연하지만 일반 시민들의 불만을 해소하기에는 턱없이 부족한 제도였다.

이런 불만을 비집고 등장한 것이 폭군정이었다. 흔히 고대 그리스의 폴리스에서는 대부분 민중정치가 이루어진 것으로 착각하고 있지만 실제로 기원전 6세기 초부터 로마 시대에 이르기까지 그리스 세계에서 가장 흔한 정치체제는 폭군정이었다. 그리스 폴리스 가운데 폭군정을 경험하지 않은 나라는 오직 스파르타와 아이기나뿐이었다.

고대 그리스 시기 동안 내내 폭군정은 민중정을 가장 강력하게 위협하는 경쟁 체제였다. 농업에 전적으로 의존하기보다는 상업이나 가내공업이 발달한 폴리스일수록, 그리고 귀족들 사이의 불화가 심해 정치적인 상황이 불안할수록 폭군정이 자리 잡기 쉬웠다. 또 이웃에 강력한 적이 있거나 전쟁 중이어서 불안한 상태에 놓인 폴리스에서는 시민들이 강력한 지도자를 원했기에 폭군정이 나타나기에 안성맞춤이었다. 이런 까닭에 야만족에 둘러싸인 시칠리아와 남부 이탈리아, 페르시아 침입의 위협을 받던 소아시아에서는 폭군정이 대세를 이루었다. 그리고 이오니아와 아이올리아 지방의 그리스 폴리스들을 점령한 페르시아가 가장 선호한 정치 형태는 폭군정이었다. 그런 까닭에 페르시아 점령 시기 동안 소아시아의 모든 그리스 폴리스는 페르시아의 지원을 받은 폭군 독재자들의 지배를 받았다.

폭군 독재자란 어떤 존재인가?

폭군 독재자들은 억압받는 가난한 시민 편에 서서 귀족들에 맞섬으로써 민중의 지지를 얻어 비합법적 수단으로 권력을 잡은 자들이다. '폭군, 독재자'를 뜻하는 낱말 '티라노스(τύραννος)'는 호메로스의 서사시에는 아직 나타나지 않는다. 이 낱말은 인도유럽어에서 온 것이 아니다. 이 낱말의 어원에 대해서는 지배자를 가리키는 페니키아어에서 온 차용어라는 설과 리디아어에서 온 낱말이라는 설이 있다. 어느 학설을 따르든 이 낱말은 동방의 전제군주 정치체제가 그리스로 들어올 때 함께 들어온 차용어라는 것을 알려주고 있다.

아리스토텔레스는 "폭군 독재자는 민중이 더 이상 귀족에게 억압받지 않도록 귀족들에 맞서 민중과 대중 가운데서 선출된다. 역사가 이를 증명한다. 거의 대부분의 폭군 독재자는 귀족을 비방함으로써 민중의 신임을 받은 민중 선동가 출신이라 할 수 있다"라고 적고 있다. 그는 이어서 이런 방법으로 폭군 독재자가 되는 것은 폴리스의 규모가 상당히 커졌을 때나 생겨나는 것이고, 그 이전에는 자신들의 전통적 권한을 벗어나 더욱 큰 절대권력을 행사하려는 야심을 품은 왕이나 또는 최고위 공직자들이 폭군 독재자들이 되었다고보고 있다. 이들은 이미 권력을 가지고 있었고, 또 임기도 길었기 때문에 쉽게 독재자가 될 수 있었다.[80]

실제로 역사상 모든 폭군 독재자들은 귀족이었다. 당시에는 오직 재산과 명성, 교육, 그리고 육체적 단련을 할 수 있는 여가와 그에 따른 무력의 우수함을 독점했던 귀족들만이 권력 가까이에 있으면서 권력의 생리를 알고 야심을 품을 수 있었기 때문이다. 또 그들만이 권력을 잡은 뒤에 친척이나 친구들의 지원으로 정권을 지킬 수 있는 능력과 권력 투쟁이나 유지에 필요한 재산을 가지고 있었고, 민중들의 존경과 신뢰를 받을 수 있었다. 게다가 그들은 교양까지 갖추고 있었다. 이런 자격을 갖춘 귀족 한 명이 정부 고위직을 차지하여 큰 권력을 얻는다든지, 전쟁을 승리로 이끈 군 통수권자가 된다든지, 또는 극심한 빈부 차이로 사회 분위기가 긴장이 고조되었을 때 중재자로 나서 선동에 성공한다든지 하게 되면 그 누구도 그가 폭군 독재자 자리에 오르는 것을 막을 수 없었다. 폭군 독재자들은 보통 몇몇 측근들과 비밀결사 조직을 만든 다음 음모에 의해 집권했고, 또 흔히 외국의 다른 폭군 독재자의 도움을 받기도 했다. 이런 폭군 독재자의 전형적인 모습을 보여준 사람이 아테네의 페이시스트라토스였다. 그러나 그보다 앞서 훨씬 더 극단적인 폭군 독재자의 모습을 보여준 인물이 있다. 바로 코린토스의 킵셀로스다.

코린토스 킵셀로스의 폭군정치

기원전 7세기 전반기에 코린토스는 불과 200여 명에 불과한 박키아다이(Βακχιάδαι) 집안사람들이 모든 권력을 독점하고 있어 다른 가문 사람들은 귀족이라 해도 정부의 말단직조차 차지할 수 없었다. 이런 코린토스의 정치체제는 귀족정과 폭군정의 중간 형태라고 볼 수 있다.

당시 코린토스는 농토를 갖지 못한 가난한 농부들을 먹여 살릴 다른 산업이 발달해 있지 못했고, 해외 식민지 건설도 무산 계급 시민들의 문제를 해결하기에는 역부족이었다. 이렇게 날이 갈수록 빈부 차이가 점점 심해지자 못 가진 자들의 불만이 점점 강해져서 긴장이 최고조에 달했다. 박키아다이 집안사람들은 이 위기의 해결을 자기들 가운데 한 사람인 페이돈(기원전 7세기)에게 맡겼다. 페이돈의 해결책은 솔론의 해결책과는 상당히 달랐다. 그는 사람들이 가난해지는 이유가 상속인 숫자가 많아서 세대를 거듭할수록 농토가 잘게 나누어지는 데 있다고 보고 농토가 더 이상 영세화되는 것을 막기 위해 한 가족당 아들 한 명과 딸 한 명 이상의 아이를 낳지 못하게 하는 산아제한법을 만들었다. 인구 증가는 기하급수적이지만 생산은 산술급수적으로 증가하기 때문에 인구 증가가 곧 빈곤화로 이어지므로 인구를 억제해야 한다는 맬서스(기원후 1766년~1834년) 인구이론의 고대판이다. 이는 오로지 지주나 자본가 같은 가진 자들을 옹호하고 보호하는 정책으로, 가난한 사람들이 원했던 토지개혁과는 거리가 먼 반동적 조치였다. 코린토스의 일반 시민들은 더욱 절망적이 되어 정부에 대한 강한 반감을 갖게 되었다. 이제 누군가가 이들을 선동하기만 하면 목숨을 걸고 독재 타도를 위해 투쟁할 분위기가 무르익었다.

기원전 660년 코린토스가 자신들이 세운 식민지인 케르키라와의 전쟁에서 패배하자 박키아다이 가문에 대한 불만은 최고조에 달했다. 이런 위기를 틈타 킵셀로스라는 사람이 민중의 지지를 바탕으로 쿠데타를 일으켜 박키아다이 가문을 내쫓고 권력을 잡았다. 당시 킵셀로스는 코린토스에서 특이한 존재였다. 박키아다이 가문은 자신들의 특권을 지키기 위해 자기들끼리만 결혼했다. 그러나 킵셀로스의 어머니 '랍다'는 절름발이였기에 아무도 결혼하려 들지 않왔다. 그러자 그녀의 아버지는 그리스 북쪽 지방에서 이주해온 집안의 남자 '에에티온'을 사위로 맞았다. 박키아다이 집안사람들은 이렇게 반쪽만 자기네들 피를 받은 킵셀로스도 자신들 부족 일원으로 인정했을 뿐 아니라 그가 장성하자 그의 능력을 인정하여 총사령관으로 선출했다.

킵셀로스라는 이름은 그리스어로 '상자의 자식'이란 뜻을 가지고 있다. 그가 이런 이상한 이름을 갖게 된 데에는 기구한 까닭이 있었다. 결혼한 뒤 한동안 랍다가 아이를 낳지 못하자 그의 아버지 에에티온은 델포이로 가서 신탁을 물었다. 그러자 델포이는 그의 아들이 코린토스의 독재자가 될 것이라는 신탁을 내렸다. 예전부터 코린토스에는 "독수리가 바위에서 수많은 날고기를 먹는 강력한 사자를 낳을 것"이라는 신탁이 내려져 있었다. 에에티온에게 내린 델포이의 신탁을 전해들은 박키아다이 집안사람들은 그 신탁의 의미를 알아차렸다. 그래서 그들은 랍다가 낳는 아이를 죽이기로 모의하고 출산 날에 열 명의 집안사람을 보냈다. 그들은 랍다의 집으로 가는 길에 누구든 첫 번째로 아이를 안게 되는 자가 땅바닥에 아이를 메어쳐 죽이기로 굳게 약속했다. 그러나 랍다가 아기를 첫 번째 사람에게 건네주었을 때 아기가 방긋 웃자 그는 차마 아이를 집어 던지지 못하고 다음 사람에게 넘겨주었다. 두 번째, 세 번째 남자도 역시 차마 아이를 죽일 수 없었다. 이렇게 열 명이 모두 아이를 죽이지 못하고 그들은 결국 아기를 애 엄마에게 다시 돌려주고 나왔다. 문밖에서 그들은 서로 상대를 비난하기 시작했다. 그러다가 이번에는 확실하게 아기를 죽이자고 다짐하고 다시 집 안으로 들어갔다. 그러나 이때는 이미 랍다가 이들의 대화를 엿듣고 아이를 집 안

깊숙한 곳에 있는 상자 속에 숨긴 후였다. 남자들은 집 안 이곳저곳을 샅샅이 뒤졌지만 아기를 찾을 수 없었다. 그들은 아기를 죽였다고 말을 맞추기로 하고 돌아갔다. 이렇게 상자 덕에 가까스로 목숨을 건졌기에 아이는 '상자의 자식'이란 뜻의 킵셀로스란 이름을 갖게 되었다고 한다.

어른이 되어 총사령관이 된 킵셀로스는 이 지위를 이용하여 시민들의 환심을 샀다. 총사령관의 임무 가운데 하나는 유죄 판결을 받은 사람이 벌금을 다 물 때까지 감옥에 가두는 것이었다. 그리고 그렇게 받은 벌금의 일부는 총사령관의 몫이었다. 그러나 킵셀로스는 죄인을 감옥에 가두는 대신 자신이 그 벌금을 다 물어주었다. 이렇게 해서 수많은 시민들이 킵셀로스의 추종자가 되었다. 그는 이런 추종 세력의 지지를 바탕으로 기원전 657/656년 초에 쿠데타를 일으켜 독재자가 되었다. 역사 기록에 나타난 가장 오래된 폭군 독재정의 시작이었다.

이 혁명은 결코 평화롭지 않았다. 박키아다이 집안사람들 가운데 상당수가 죽임을 당했고, 살아남은 사람들은 케르키라와 스파르타, 마케도니아, 소아시아의 카리아 지방, 심지어 이탈리아의 에트루리아 지방으로까지 도망쳤다. 다른 코린토스의 귀족들도 무사하지 못했다. 그들 가운데 일부는 추방을 당했고, 다른 사람들은 재산을 몰수당했다. 그리고 더 많은 사람들이 살해당했다.[81] 킵셀로스는 부자 귀족들의 힘을 약하게 만들기 위해 10년 동안 10퍼센트의 재산세를 부과했다고 한다.

킵셀로스는 박키아다이 집안사람들의 농토를 몰수해 가난한 농부들에게 나누어주었다. 그러고도 아직 농토를 분배받지 못한 시민들을 위해 식민지를 개척했다. 킵셀로스는 이렇게 가난한 서민들을 위한 정책을 펼친 까닭에 민중들에게 인기가 매우 높아 그리스의 폭군들 가운데 유일하게 호위병 없이 어디든 돌아다녔다고 한다. 정권을 안정시킨 킵셀로스는 전 그리스인이 참가하는 고대 그리스의 4대 제전 가운데 하나인 이스트미아(Ἴσθμια) 제전*을 만들어 코린토스의 위상을 높이는 등 유능하게 통치해 코린토스의 번영의 기초를 다졌다.

페리안드로스의 폭군 독재정치

기원전 627년, 킵셀로스가 30년 동안의 독재를 하다가 편안하게 죽자 그의 아들 페리안드로스가 뒤를 이어 폭군 독재자가 되었다. 그는 기원전 627년부터 기원전 587년까지 40년 6개월 동안 그리스 역사상 최장기 독재를 통해 질서와 기강을 확립하는 한편, 세금을 대폭 내려 서민 수탈을 자제하고 화폐제도를 도입해 교역과 산업을 장려하는가 하면, 문학과 예술을 후원하여 코린토스를 그리스 최고 폴리스로 만들었다.

페리안드로스는 처음에는 아버지보다 더 온건하게 다스렸지만 밀레토스의 폭군 트라시불로스(기원전 7세기)의 충고를 듣고 난 뒤로는 아버지보다 훨씬 더 피비린내 나는 혹독한 통치를 했다. 페리

---

* 코린토스 지협에서 열리던 고대 그리스 운동 경기 축제로서 올림피아에서 열리던 고대 올림픽과 델포이에서 열리던 피티아 제전, 그리고 네메아에서 열리던 네메아 축제와 함께 고대 그리스의 4대 제전 가운데 하나다. 올림픽 경기 전해와 바로 다음 해에 열렸다.

안드로스는 폭군 독재자로서 어떻게 나라를 다스려야 하는가 하는 충고를 듣기 위해 트라시불로스에게 전령을 보냈다. 트라시불로스는 그 전령을 밭으로 데리고 나가 함께 곡식 사이를 지나면서 단 한마디 말도 하지 않고 다른 이삭보다 웃자란 이삭은 모두 잘라버리는 행동을 보여준 다음 코린토스로 돌려보냈다. 페리안드로스는 트라시불로스의 이런 괴상한 행동의 속뜻이 정권을 유지하려면 가장 훌륭한 시민들을 미리 죽이라는 충고임을 알아 차렸다. 그때부터 페리안드로스는 정기적으로 유력 인사들을 잡아 죽이는 등 온갖 잔혹한 만행을 저지르기 시작했다.[82]

페리안드로스는 그의 첩들이 정실부인을 중상모략하자 이에 속아 임신 중인 부인을 계단에서 밀어 떨어뜨려 죽게 했다. 그리고 곧 후회하여 그런 불행을 불러일으킨 첩들을 산 채로 불에 태워 죽였다.[83] 당시 열일곱 살이었던 아들 리코프론은 자기 어머니를 죽인 아버지와 의절하고 외할아버지가 다스리는 에피다우로스로 망명하여 반란을 일으켰다. 유능한 장군이었던 페리안드로스는 반란군을 진압하고 장인을 포로로 잡고는 에피다우로스를 코린토스에 병합했다.[84]

이어서 페리안드로스는 그리스 서북쪽에 있는 일리리아 지방과 이탈리아 남부에 있는 시칠리아 사이의 교류를 심각하게 위협하는 숙적 케르키라를 정복하고, 그의 아들 니콜라오스를 총독으로 앉혔다. 그러나 케르키라 사람들이 반란을 일으켜 니콜라오스를 죽이자 페리안드로스는 다시 케르키라로 쳐들어가 반란을 진압하고는 아들의 죽음에 대한 복수로 케르키라의 귀족 자제 300명을 포로로 잡아 리디아로 보내 환관을 만들려고 했다. 그러나 이들을 태운 배가

리디아로 가는 도중에 사모스섬에 도착했을 때, 사모스 사람들은 이들을 불쌍히 여겨 풀어주었다.[85]

페리안드로스는 권력을 유지하기 위해 지지 세력인 무산층 서민들을 위해 실업 문제 해결에 힘을 쏟았다. 우선 그는 임금 노동으로 하루하루를 살아가는 빈곤층 시민들을 위해 새로운 노예 수입을 엄격하게 금하여 임금을 안정시키고, 한 사람이 고용할 수 있는 노예 수 또한 제한하여 대규모 기업가들로부터 중소기업가들을 보호했다. 하지만 그는 항상 노동 계급이 겨우 풀칠할 정도의 수입만을 올리도록 임금을 조심스럽게 조정하여 일반 시민들이 감히 정치에 참여할 엄두를 내지 못하도록 조치했다. 또 한 시민의 소비가 그의 수입에 걸맞은 정도인가를 조사하는 특별 기구를 만들어 감시하는 한편, 일 없는 사람들이 아고라에서 빈둥빈둥하는 것을 법으로 금했고, 농민이 도심에 이주하는 것도 금했다.

다른 폭군들과 마찬가지로 페리안드로스 역시 대규모 공공사업을 통해 새로운 일자리를 만들어 실업 문제를 해결하려 했다. 그는 코린토스 지협에 운하를 팔 계획을 세웠으나 당시 기술로는 어림없는 일이라 곧 포기하고, 대신 인력을 이용하여 배를 통째로 옮기는 '디올코스(διόλκος)'라는 길을 만들었다. 또 아버지에 이어 해외 식민지 건설도 계속했다. 우선 코린토스와 시칠리아의 원만한 교류를 위해 지금 알바니아 지방에 '아폴로니아(Ἀπολλωνία)'라는 식민지를 건설하는가 하면, 화폐 주조를 위한 은을 얻기 위해 마케도니아의 칼키디케반도에 '포테이다이아(Ποτείδαια)'라는 식민지를 세워 은광을 개발하기도 했다. 실제로 코린토스에서 은화를 주조하기 시작한 것은 페리안드로스 시대부터였다.

페리안드로스는 동시에 자신의 잠재적인 정적인 부자 귀족들을 견제하는 일도 게을리하지 않았다. 그는 부자들의 재산을 과시하는 사치를 금하는 법을 만드는 한편, 부유층의 남아도는 금을 거대한 황금상 제작에 헌납하도록 강요하고, 또 귀부인들을 자신이 주최하는 축제에 초대해 값비싼 옷과 보석의 절반을 바치게 한 뒤에야 집으로 돌려보냈다. 또 퇴폐 사업을 일소한다는 구실 아래 코린토스의 매춘업자들을 바다에 수장했다.

그러나 독재의 기간이 길어질수록 페리안드로스의 적은 늘어났고 세력 또한 강해졌다. 그래서 그는 아버지 킵셀로스와는 달리 중무장한 용병들을 경호원으로 데리고 다니지 않고는 감히 외출할 엄두도 내지 못했다. 그런 두려움과 은둔 생활로 그는 점점 더 괴팍하고 잔인한 인물로 변해갔다. 기원전 587년, 그가 죽었을 때 그에게는 살아남은 아들이 하나도 없었다. 그의 뒤를 이은 조카는 불과 3년을 견디지 못하고 혁명을 일으킨 반대파 귀족들의 손에 죽임을 당한다.

킵셀로스의 30년, 페리안드로스의 40년 6개월, 그리고 그 후계자의 통치 기간 3년, 모두 73년 6개월 동안의 코린토스의 폭군정치는 또다시 소수 귀족들이 권력을 행사하는 과두정으로 되돌아갔다. 역사는 절대권력자가 자신의 계승자를 기르는 일은 거의 불가능함을 보여준다.

12

아리스토텔레스가 말하는 폭군정

리케이온 폐허에서

아테네의 중심인 신다그마 광장에서 국회의사당을 오른쪽으로 끼고 오르막길을 따라가면 옛 왕궁의 정원이었던 국립 공원을 지난다. 공원이 끝나는 곳 옆으로 난 길 쪽에 그리스 공화국 대통령궁이 있다. 그 길을 지나쳐 조금 더 가면 장교 클럽이 나온다. 1967년부터 1973년까지 그리스 군부독재 시절에 권력의 중심부였던 건물이다. 그러나 지금은 그 앞을 지나는 수많은 사람들이 이 건물이 무엇인지조차 알지 못한다. 권력의 무상함이 다시 느껴진다.

바로 그 건물 뒤편에 아리스토텔레스가 세운 학교 리케이온(Λύκειον)의 유적지가 있다. 아테네 서쪽 성 밖이었던 이곳은 아카데미아(Ἀκαδεμεια), 키노사르게스(Κυνόσαργες)와 함께 아테네에 있던 세 개의 김나시온 가운데 하나였다. 원래 운동을 하기 위한 시설로 만들어진 김나시온은 차차 지덕체(智德體) 모두를 기르는 곳으로 발전하여 당시의 유명한 철학자들이 유명한 김나시온을 중심으로 학교를 세우기에 이르렀다. 그 가운데 가장 유명한 것은 기원전 387년에 플라톤이 세운 아카데미아와 아리스토텔레스의 리케이온이다. 또 키노사르게스에는 역시 소크라테스의 제자인 안티스테네스(기원전 445년쯤~기원전 365년쯤)가 학교를 세워 어머니가 외국인인 학생들을 가르쳤다. 안티스테네스의 어머니도 트라케 출신이었다고 한다. 기원전 4세기에는 플라톤의 아카데미아와 아리스토텔레스의 리케이온, 이소크라테스의 학교가 제각기 특성을 가진 학교로 서로 경쟁했다. 기원전 391년에 가장 먼저 세워진 이소크라테스의 학교는 식민지 출신 학생들이 다니던 곳으로 수사학과 읽기, 쓰기와 같은 교양 위주의 교육을 했고, 기원전 387년에 플라톤이 세운 아카데미아는 귀족층 자제들의 학교로 주로 수학과 형이상학을 가르쳤다. 기원전 335년에 뒤늦게 시작한 아리스토텔레스의 리케이온은 중산층 학생들이 주로 수학했는데 생물학을 비롯한 자연과학이 교육의 중심이었다.

원래 리케이온은 목동들의 신 '리케이오스 아폴론'의 신전이 있던 곳으로 김나시온이 만들어진 뒤에는 주로 중무장병과 기마병들의 훈련장으로 쓰였다. 바로 그 옆에 아테네 장교 클럽이 있는 것을 보면 한 장소에 이어지는 전통이 얼마나 뿌리 깊은 것인가를 생각하게 한다.

아리스토텔레스가 학교를 세우기 전부터 이미 리케이온은 아테네의 지적 생활의 중심지로 음유시인들이 시를 낭송하고 소크라테

아리스토텔레스가 그리스 아테네에 세운 학교 리케이온 유적지 모습.
리케이온은 중산층 학생들이 주로 수학했는데 생물학을 비롯한 자연과학이 교육의 중심이었다.

스나 플라톤, 프로타고라스(기원전 490/485년쯤~기원전 415/410년)와
같은 철학자들이 학생들과 학문적 토론을 벌이던 곳이었고, 또 프
닉스 언덕에 민회 장소가 마련되기 전에는 바로 이곳이 민회가 열
리던 곳이었다. 기원전 335년, 49세의 아리스토텔레스가 다시 아테
네로 와서 자신의 학교를 세울 당시 이곳은 지붕이 있는 포장된 산
책로를 가진 회랑 두 개, 안뜰과 화려한 건물들, 무사이 여신들의

신전과 제단이 있는 가장 세련된 김나시온이었다. 후에 아리스토텔레스와 그의 아버지 니코마코스의 동상이 세워졌다고 전해진다.

아리스토텔레스는 이곳에서 12년 동안 아테네의 청년들을 가르쳤다. 당시 이곳은 지붕이 드리워져 두 개의 회랑이 있었는데 제자들을 가르치는 아침 수업은 주로 이 회랑 사이를 걸으면서 이루어졌다. 그런 까닭에 아리스토텔레스의 제자들을 '페리파테티케 스콜레(Περιπατητικὴ Σχολή), 즉 '소요(逍遙)학파(=걷는 자들)'라 불렀다. 아리스토텔레스는 오후에는 실내에서 일반인들을 위한 강연을 했다고 한다.

당시 아리스토텔레스는 최고 권력자 알렉산드로스 대왕의 선생이었기에 풍부한 지원을 받아 이곳에 당시로서는 세계 최대이자 최고인 도서관을 마련했다. 이 도서관에는 아리스토텔레스가 제자들과 함께 수집한 158개 그리스 폴리스의 정치체제에 대한 자료가 있었다고 하는데, 그 가운데 오직 아테네에 대한 기록만 전해진다. 그는 이 방대한 자료를 바탕으로 정치 체계에 대한 생각들을 체계적으로 정리한 《정치학 Πολιτικά》을 썼다. 그런 의미에서 리케이온은 정치학이라는 학문이 시작된 곳이다. 여기에 머무는 동안 아리스토텔레스는 《형이상학 μετὰ τὰ φυσικά》과 《니코마코스 윤리학 Ἠθικὰ Νικομαχεία》도 집필했다.

기원전 323년, 알렉산드로스 대왕이 죽자 아테네의 시민들은 아리스토텔레스를 소크라테스와 마찬가지로 '불경죄'로 고소했다. 이에 이미 환갑을 넘긴 아리스토텔레스는 "나는 아테네인들이 두 번째로 철학에 대해 죄를 짓게 하지 않겠다"라는 말을 남기고 자신의 땅이 있는 에우보이아의 칼키스로 갔다. 그리고 기원전 322년, 그곳에서 62세의 나이로 죽었다.

아리스토텔레스는 거의 모든 학문 분야에 걸쳐 상당한 양의 저술을 남겼다. 그 가운데서도 폴리스의 형성과 구조, 바람직한 정치 체계, 통치 기술 등을 다룬 《정치학》은 정치를 '하늘의 뜻'이 아닌 '인간의 일'로 다룬 그리스인들의 정신을 가장 잘 보여준다.

아리스토텔레스는 인간의 사회성을 강조한 철학자로서 "인간은 폴리스적 동물이다"*라는 유명한 말을 남겼다. 개인의 진정한 행복은 도덕과 질서가 바로 선 폴리스 공동체 안에서만 가능하다는 주장이다. 그렇기에 그는 개인보다는 폴리스가 우선해야 한다고 보았고 정치가의 임무는 폴리스 공동체의 도덕과 질서를 바로 세우는 것이라고 강조했다. 이런 점에서 그에게 정치학은 윤리학의 일부였다.

그리고 그는 왕정이라는 한 가지 정체만 아는 사람들은 그에 순응하지만 그리스인들처럼 여러 정체를 아는 사람들은 통치자의 이익만 추구하는 독재정치를 받아들이지 않을 것이라고 보았다. 이런 정치체제를 받아들이면 그곳에는 한 명의 주인과 수많은 노예가 있을 뿐이라고 했다. 온전한 인간이라면 새로운 형태의 이상 국가를 실험하고자 하는 욕망을 포기하지 않으리라는 것이 그의 주장이다. 그리고 그는 노동 없는 축재인 고리대금업(금융업)을 비난하면서 무한 경쟁을 전제로 한 물질 만능의 개인주의 사회는 빈부 격차만 늘여 사람들에게 행복을 가져다주지 못한다고 단정지었다.

---

* ὁ ἄνθρωπός φύσει πολιτικόν ζῷον.(아리스토텔레스, 《정치학》, 제1권 2장 1253a) 이 말은 흔히 "인간은 정치적 동물이다"로 잘못 번역된다. 이 구절에서 폴리티콘(πολιτικόν)은 '정치적'이라는 뜻이 아니라 '폴리스의' 또는 '폴리스적'이라는 뜻이다.

기원전 86년, 로마의 장군 술라는 아크로폴리스를 공격하기 위해 이곳 리케이온과 아카데미아의 나무들을 잘라 공성기 제작에 썼다. 세계 최고 지성이 모인 곳을 그렇게 야만스럽게 파괴한 데서 다음 시대의 정신을 짐작할 수 있다. 새로운 강대국 로마는 군국주의 국가였다. 그들에게 비판을 주저하지 않는 학자들은 성가신 존재일 뿐이었다. 실제로 로마 제국 시대 이후 서양은 깊은 학문의 불모지로 전락했다.

폭군정에 대한 아리스토텔레스의 평가

아리스텔레스는 《정치학》에서 정치를 하늘이 내린 권력을 올바르게 행사하는 일이 아니라 인간이 고안해내고 계속 개선해나가는 일로 본 그리스 정신에 따라 그때까지 그리스 세계에 존재했던 모든 정치체제를 꼼꼼하게 살펴보고 인간이 생각해낼 수 있었던 모든 정치체제를 논의한다. 그의 폭군정에 대한 평가는 상당히 부정적이다. 특히 고대 그리스에서 폭군정은 민중정, 귀족정과 치열하게 경쟁하던 정치체제였던 까닭에 아리스토텔레스는 폭군정에 대해 많은 논의를 하고 있다.

아리스토텔레스는 "왕정이 왜곡된 것이 폭군정"[86]이라고 정의했다. 그는 "폭군정은 자연의 이치를 가장 많이 거스르는 정치체제"[87]로서 "민중정과 과두정의 해악을 모두 가지고 있는 최악의 정치 체계"[88]라고 비난한다. 아리스토텔레스는 "폭군정은 국가를 주인이 노예를 지배하듯 통치하는 1인 지배 체제"[89]로, "독재자가 자기와 동등하거나 더 훌륭한 자들을 자의적으로 강압적으로 지배"[90]하기에 올바른 정치와 가장 멀리 떨어져 있다고 보았다. 한마디로 폭군정은 독재자가 아무런 책임도 지지 않고 자기와 동등한 자들을 자신의 이익을 위해 잔혹하고 야비한 방법을 동원해 자기와 동등하거나 훌륭한 자들을 강압적으로 지배하는 사악한 정치체제다.[91]

그에 따르면 왕정은 민중에 맞서 더 나은 계층을 보호하기 위해 생겨났고, 왕은 걸출한 탁월함이나 업적이나 훌륭한 가문에 힘입어 더 나은 계층에서 선출되는 반면, 폭군은 귀족을 비방함으로써 민중의 신임을 받은 민중 선동가 출신이다. 왕은 자진하여 복종하는 자들을 통치하고 폭군은 마지못해 복종하는 자들을 통치한다. 그래서 왕은 시민들 중에 친위대를 뽑지만, 폭군은 시민에 맞서 자신을 지키기 위해 외국인 용병에 의지하여 권력을 유지했다. 폭군들이 외국인 용병을 선호한 것은 자기의 과거를 잘 알고 있는 자국의 시민들보다는 외국인을 더 믿을 수 있다고 생각했기 때문이다. 이런 폭군들은 돈이 있어야 친위대와 호화 생활을 유지할 수 있다. 그래서 왕은 명예와 명성을 추구하지만 폭군은 축재와 쾌락을 추구하여 자신에게 이득이 되지 않으면 공익 따위는 거들떠보지도 않는다. 또 폭군은 대중을 불신하기에 대중들에게서 무기를 빼앗고 억압하여 도성 밖으로 내쫓는가 하면 자신의 가장 강력한 정적인 귀족을 적대시하고 추방한다. 특히 인민을 착취했던 옛 권력자의 제거나 추방은 민중들의 지지를 얻어내는 데 가장 좋은 방법 가운데 하나였을 뿐 아니라 유력한 정적들을 제거하는 방법이기도 했다. 이렇게 경쟁자를 정권의 장애물로 보고 파멸시키기에 폭군정에는 박해를 받은 자들의 증오가 항상 존재하고, 그들의 사치스러운 삶의 방

식 때문에 경멸이 뒤따르게 마련이다.[92]

아리스토텔레스가 말하는 폭군정의 생존 방법[93]

아리스토텔레스는 폭군이 권력을 유지하기 위해 쓴 야비한 수법을 일일이 열거한다. 폭군은 우선 자신의 잠재적인 경쟁자인 걸출한 시민들을 제거한다. 특히 선량하고 품위 있고 독립심이 강해 남들의 존경을 받는 걸출한 시민이나 귀족을 기회 나는 대로 파멸시키고 추방한다. 기백이 살아 있는 이런 자유시민은 자기들끼리 서로 신뢰하고, 남의 지배를 받는 것을 수치로 여기기 때문에 폭군의 지배를 받아들이지 않기 때문이다. 그리고 자기에게 아첨하는 고분고분한 추종자들을 요직에 앉혀 충성심을 이끌어낸다. 동시에 어떤 부하에게도 큰 권력을 맡기지 않음으로써 반란을 예방한다.

둘째로 폭군은 시민들을 분열시켜 서로 믿을 수 없게 만든다. 시민들이 서로 친밀하게 지내면 신뢰가 생겨 독재에 반항할 수 있기 때문이다. 이를 위하여 독재자는 공동식사와 정치 동아리를 금지하고, 정치 교육이나 토론하는 일을 가능한 한 억제하여 시민들끼리 될 수 있으면 서로 모르고 지내게 만든다. 그리고 친구들 사이, 귀족과 민중, 부자와 부자를 이간질하여 다투게 하고, 그들이 안전하고 다른 집단으로부터 부당한 피해를 입지 않는 것은 폭군 독재자 덕분이라고 여기게 만든다.

셋째, 폭군은 지배받는 시민들로 하여금 기를 펴지 못하게 한다. 그러면 시민들이 무기력해져서 정치 활동을 할 수 없게 될 것이기 때문이다. 그러기 위해서는 비밀경찰을 만들어 항상 시민들을 감시하여 시민들이 두려움을 느껴 함부로 말하거나 행동하지 못하게 한다. 또 도시에 거주하는 자들은 언제나 공공장소에 모습을 드러내고, 집 밖에서 시간을 보내도록 한다. 그래야만 그들이 무슨 일을 은밀히 꾸미지 못할 것이고, 늘 노예 취급을 당함으로써 자신을 미천하게 생각하는 버릇이 들 것이기 때문이다. 또 남편을 고발하도록 여자들이 집 안에서 주도권을 잡도록 하고, 노예들을 너그럽게 대해 주인을 배신하도록 만든다.

아울러 시민들을 가난하게 만들어 일용할 양식을 구하느라 음모를 꾸밀 여가를 갖지 못하도록 해야 하는데 이를 위해서는 신전 건설, 대형 기념물 만들기와 같은 큰 공사를 일으키거나 판아테나이아 축제나 이스트미아 제전과 같은 큰 축제를 벌이는 한편, 무거운 세금을 부과하여 경제적 여유를 빼앗는다. 아니면 전쟁을 일으켜 불안을 조성해서 강력한 지도자가 필요하도록 만든다.

시민에 대한 감시, 압제와 함께 폭군 자신의 이미지 관리에도 신경을 써야 하는데, 일단 폭군 자신은 독재자가 아니며 공익을 위하고 국고를 잘 관리한다는 인상을 주어야 한다. 이를 위해서는 절대로 흥청망청하게 보여서는 안 되고 항상 절제하는 모습을 보여 통치자의 역할을 잘 해내는 듯한 인상을 주어야 한다. 또 신들을 모시는 데 열성을 보여 경건하게 보이도록 노력하고, 무뚝뚝하지 않으면서도 근엄해 보이도록 해야 한다. 품위 있는 처신과 군사적으로 탁월한 능력을 보여 존경심을 불러일으켜야 한다. 세금과 공공 봉사를 부과하여 자신을 위한 친위대 유지와 같은 필요경비를 이에서 충당하되 이를 마치 전시의 긴급한 지출에 대비하기 위해 그렇게 하는 것처럼 꾸며야 한다. 그리고 폭력을 삼가 시민들이 두려움을 느끼지 않게 하고, 오히려 경외감을 갖도록 만들어야 한다.

권력은 항상 자신이 장악하고 있어야 하고, 시민들에게 상과 명예를 내리는 일은 손수 행해야 하며, 형벌은 다른 공직자나 법정이 부과하도록 세심한 신경을 써야 한다. 하지만 어떤 특정 시민을 위대하게 만들어서는 안 되고 여러 사람을 동시에 위대하게 만들어 그들끼리 서로 경쟁하고 감시하게 해야 한다. 한 사람을 추켜 세우려면 소심한 사람을 선택해야 한다. 또 모욕적이고 폭력적인 행동으로 시민들의 화를 돋우지 말고, 공직에 있는 자의 권력을 일시에 박탈하여 원한을 사지 않도록 조심해야 한다. 아리스토텔레스는 이런 폭군 독재자의 모든 수법을 사악하기 그지없다고 비난했다.

흥미로운 것은 이런 그리스 폭군 독재자의 수법과 정책이 현대 독재자들의 수법과 거의 똑같다는 점이다. 개인 호위대를 거느리고 비밀경찰에 의존하며, 대규모 토목 공사와 큰 축제를 벌이는 것이 그대로 빼닮았다. 이탈리아의 독재자 무솔리니는 폰티노 습지 배수 공사와 로마 포룸 정리 같은 대규모 공사를 벌였고, 히틀러는 1936년 베를린 올림픽을 성대하게 꾸몄다. 또 사회 긴장을 불러일으켜 불안감을 이용하여 정권을 잡는 수법까지도 똑같다. 히틀러는 제국 의회에 방화를 하여 비상 상황을 만들어 권력을 강화했다. 그러나 폭군과 현대 독재자 사이에 차이도 있다. 그리스 폭군들은 귀족이었고 교양을 갖췄지만 현대 독재자들은 무자비하고 무식한 경우가 많다.

폭군들이 이렇게 노력했지만 3대까지 이어진 폭군정은 없었다. 시키온의 폭군정이 가장 오래가서 100년 동안 지속되었고, 두 번째로 긴 것은 코린토스 폭군정으로 킵셀로스와 페리안드로스 2대에 걸쳐 73년 6개월 동안 계속됐다. 세 번째는 아테네의 페이시스트라토스와 히피아스의 폭군정으로 35년이었다. 다른 폭군정들은 불과 20년을 지속하지 못했다. 그리스인들은 스스로 공공업무를 처리하고 싶다는 욕망이 강해 폭군정을 견디지 못했기 때문이다.

아무리 공이 많아도 독재자는 독재자일 뿐이다

폭군들이 폴리스 발전에 기여한 바는 적지 않다. 우선 폭군 독재자들은 다수 민중의 지지라는 물리적 힘의 우위를 바탕으로, 빈부 차이가 심해져 내전의 위기에 놓였던 국가를 안정시켰다. 또 자신 개인의 정치권력을 강화하기 위해 지방 토후 세력인 전통 귀족 계급을 몰락하도록 함으로써 중앙집권화를 이루어냈다. 그 결과, 폭군정 이후에 폴리스의 민중과 정치 기구에 권력이 집중되었다. 폭군들이 자신의 정치적 기반인 민중의 정치적 권리를 확장한 것도 궁극적으로는 민중정치 발전에 크게 기여했다.

폭군들은 경제적으로도 큰 공헌을 했다. 민중들에게 일자리를 만들어주기 위해 대규모 토목 공사를 벌이는가 하면 자신의 폴리스에 알맞은 작물 재배를 권장하고 신흥 산업을 격려하여 경제 발전을 이루어냈다. 또 예술을 장려함으로써 귀족들의 전유물이었던 예술을 대중들도 향유하게 했고, 질 좋은 도자기와 같은 사치품을 민중들도 소비하게 유도했다. 폭군정 이후 심포시온의 향락과 종교적 예술만 상류층의 전유물로 남게 됐다. 이런 과정에서 예술과 산업이 크게 발전했다. 또 폭군 독재자들은 자신의 권력이 위험해질 수도 있는 전쟁을 될 수 있는 대로 피하고 방어적으로만 수행하는 동시에 훌륭한 외교를 펼침으로써 평화를 가져왔다.

이런 긍정적 업적에도 불구하고 그리스인들은 폭군을 독재자로만 기억할 뿐이다. 그리스인들도 처음에는 폭군의 정치에 만족하고 고마워했다. 그러나 폭군이 아무리 훌륭한 일을 해내었다 하더라도 집권 과정이 불법이므로 정당한 권력이 아니었다. 또 폭군은 시민들의 바람과 달리 흔히 법을 무시하고 잘 지키지 않았으며 폭력적인 수단으로 통치했다. 그들은 스스로를 통제하지 못하고 사치와 쾌락을 추구하고 인권을 무시하는 등 잔인해지는가 하면 성적으로 방종에 빠지기 일쑤였다. 게다가 흔히 유명해지고 싶은 욕망을 누르지 못하고 오만해져서 천박한 행위도 서슴지 않았다.

게다가 남들에게는 허례허식을 금하면서 자신은 사치에 빠져 개인 이익에만 집착했다. 이런 오만과 방종은 타락으로 이어져 민심을 잃게 마련이었다. 헤로도토스가 정확히 파악했듯이 민심을 잃은 폭군들은 자연스레 의심이 많아지고 아부하는 자들만을 주변에 두고 패거리 정치에 빠져, 악인만 아끼고, 오직 그들 말만 들으며 더욱 편협해지고 잔혹하게 군다. 그렇게 되면 그다음에는 자신이 의심하는 사람들의 목록을 만들어 감시하고 박해한다.

국내 정치에 있어 폭군들은 기득권층 귀족과 싸워야 했기에 겉으로는 핍박받는 민중을 위하는 척했지만, 궁극적으로 추구하는 것은 자기 개인의 권력과 축재와 쾌락이었기에 개인 이익만 챙기고 공익 따위는 거들떠보지도 않았다. 투키디데스가 지적한 대로 폭군들은 자신의 안전과 일족의 축재에만 관심이 있었다. 게다가 정적 살해와 추방 등으로 국가 안보가 불안했다. 또 폭군들은 진정한 의미에서 국민이나 국가에 충성심이 없었기에 훌륭한 업적을 쌓지도 못했다. 한마디로 폭군들은 민의를 물어 통치하기보다는 자신의 생각과 의지에 따라 독재적으로 나라를 운영했다. 폭군정은 자기 패거리를 제외한 다른 시민들의 지지가 없는 약한 정부였다. 그래서 대부분 폭군이 죽은 뒤 얼마 가지 못하고 망했다.

아리스토텔레스뿐만 아니라 고대 그리스인들은 폭군정에 대해 비판적이다. 설사 폭군정이 한 폴리스의 위기에서 유일한 해결 방법이었던 경우에 대해서도 마찬가지다. 어떤 기록에도 폭군 독재자를 변호하거나 나라를 위기에서 구원했다고 두둔하는 일이 없다. 이런 부정적인 여론 때문인지 기원전 4세기 들어 아직도 남아 있던 그리스 본토 안의 폭군정 폴리스 대부분은 한 번도 폭군정의 지배를 받지 않았던 스파르타에 의해 축출당하고 만다.

그리스의 이런 전통을 이어받은 서양 사회는 어떤 독재자가 아무리 훌륭한 공헌을 많이 남겨도 결코 독재자라는 사실 이외의 것을 인정하지 않는다. 이탈리아의 무솔리니나 독일의 히틀러가 제1차 세계대전 후 암울했던 조국을 부흥시키고 강국으로 발돋움하는 데에 공헌을 했어도, 또 스페인의 프랑코 총독이 오랜 독재 정치 동안 나라를 안정시키고 발전시켰어도 그들은 독재자로 평가되고 기억될 뿐 결코 영웅화되지 않는다. 만약 그들을 칭송하고 추켜세우는 사람이 있다면 '신나치' 또는 '신파시스트'라는 비난을 피할 수 없다.

한 정치가를 평가함에 있어 그의 업적보다도 더 중요한 것은 그가 권력을 어떻게 행사했는가 하는 것이다. 권력을 잡은 사람이 많은 일을 하는 것은 통치가로서의 기본적인 의무일 뿐 찬양의 대상이 될 수는 없다. 아니, 찬양되어서는 안 된다. 오히려 제대로 임무를 수행하지 못한다면 비난을 감수해야 한다. 오히려 권력 유지를 위해 권력에 위협이 되는 사람들을 핍박하고 가두고, 고문하고 심지어는 살해한 정권은 아무리 훌륭한 업적을 남겼다 하더라도 정당화될 수는 없다. 친일파의 기득권을 지켜준 대가로 권력을 잡거나 민주 헌정을 뒤엎은 독재자는 어떤 일이 있어도 영웅이 될 수 없다. 해방 후 초창기 정부를 만드는 데 공이 있는 이승만 대통령이나 1960~ 1970년대 우리나라 경제 발전에 공이 큰 박정희 대통령도 예외일 수는 없다. 독재는 독재일 뿐이고 폭군은 폭군일 뿐이다. 결과가 좋다고 수단이 정당화될 수는 없다.

13

클레이스테네스의 개혁

아고라 폐허에서

　고대 그리스 폴리스에서 성(聖)에 속하는 일은 아크로폴리스에서 치렀고 속(俗)의 일은 아고라(ἀγορά)에서 이루어졌다. '아고라'는 '모인다'라는 뜻을 가진 동사 '아게이로(ἀγείρω)'에서 파생된 낱말이다. 이곳에는 가게들과 관공서, 찻집, 회랑과 같은 휴식 공간, 상수도 역할을 하는 분수대 등이 있어 사람이 모여들게 마련이었다. 고대 그리스 시민들은 아침에 아고라로 나와 필요한 물건을 사서 집으로 보내고 나서는 다른 사람들과 만나 사업상의 일도 하고 정치적인 대화나 철학적 대화를 나누었다.

　고대 그리스 문명이 꽃피던 그리스 본토와 이오니아 지방, 시칠리아와 남부 이탈리아 지역은 1년에 비가 오지 않는 맑은 날이 거의

300일에 가깝다. 그래서 고대 그리스인들은 낮 시간 대부분을 실내가 아닌 바깥에서 보냈다. 특히 비가 내리지 않는 5월부터 10월까지는 야외 생활에 알맞았다. 그리스의 여름 태양은 뜨겁지만 건조해서 그늘에만 들어서면 지낼 만하다. 그리고 대부분의 폴리스들은 바다에서 멀지 않은 곳에 위치해서 시원한 바닷바람이 불어왔다. 그리스 건축에 유난히 기둥이 많은 것도 그 때문이다. 기둥과 기둥 사이, 그리고 기둥과 내부 건물 사이의 회랑은 그늘져서 앉거나, 또는 걸으며 대화하기에 안성맞춤이었다. 그런 까닭에 고대 그리스인들은 아고라나 김나시온 곳곳에 회랑을 만들었다. 그곳이 바로 교제와 사업, 그리고 무엇보다도 그리스인들이 가장 좋아하는 일, 즉 깊은 철학이나 정치에 대한 대화의 장소였던 것이다.

민중정치가 제대로 이루어지려면 법 앞에서의 평등과 동등한 발언권이 보장되어야 한다. 이 둘이 없다면 동등한 권리는 불가능하다. 동등한 발언권에 대한 훈련은 아고라에서 이루어졌다. 아고라 한구석에는 '베마'라 불리는 특정한 발언대가 있는데 이 위에서 하는 말에 대해서는 아무런 법적인 책임을 질 필요가 없었다. 그렇기에 누구든 이 발언대 위에서는 자신의 생각을 아무런 걱정 없이 자유롭게 표현할 수 있었다. 어떤 사람의 말이 들을 만하면 그다음 날에는 더 많은 사람들이 몰려와 그의 말을 듣게 될 것이기에 여론을 형성하는 데에도 중요한 곳이었다.

또 아고라에는 오늘날 국회의사당에 해당하는 불레우테리온(Βουλευτήριον)이란 건물과 정부 청사에 해당하는 톨로스(Θόλος)라는 건물이 있어 정치 생활의 중심지이기도 했다. 실질적으로 아테네 민중정치의 기틀을 닦은 클레이스테네스는 열 개의 새로운 데모스

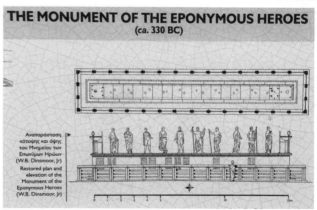

THE MONUMENT OF THE EPONYMOUS HEROES
(ca. 330 BC)

Αναπαράσταση
κάτοψης και όψης
του Μνημείου των
Επωνύμων Ηρώων
(W.B. Dinsmoor, Jr)
Restored plan and
elevation of the
Monument of the
Eponymous Heroes
(W.B. Dinsmoor, Jr)

클레이스테네스는 기존 귀족 세력의 영향력을 줄이기 위해
새로 열 개의 데모스 체제로 사회 구조를 바꾸었다.
사진은 열 개의 데모스를 상징하는 영웅을 기리는 조형물의 흔적과 그 설명이다.

를 만든 뒤 이 건물들 건너편에 새로운 부족의 조상들 조각상들을 세웠다. 옛 귀족 가문의 위엄을 대체하려는 그의 정치적 의도가 엿보인다.

아테네의 고대 아고라 박물관은 '민중정치 박물관'이라 해도 좋을 만큼 민중정치와 관련된 유물들이 많이 전시되어 있다. 특히 도편 추방에 쓰였던 고대 아테네의 유명한 정치가 이름들이 적힌 사금파리와 재판에 쓰였던 시민들의 이름표, 판결 때 썼던 팽이 모양의 쇳덩이와 배심원을 뽑는 추첨기는 인상적이다.

폭군정 몰락 후 아테네의 과도기적 위기

기원전 510년, 폭군 독재자를 몰아낸 아테네인들은 복수심에 빠지거나 폭력을 사용하지 않고 폭군정의 뒤처리를 해나갔다. 당시 아테네의 법은 폭군 독재자 본인이나 그 가족들뿐 아니라 폭군정에 참가했거나 동조한 사람들과 그의 일가족에게까지 유죄를 인정하고 있었지만, 새로이 권력을 잡은 민중정파 지도자들은 궐석 재판에서 히피아스와 그의 아들들에 한해서만 시민권 박탈과 함께 재산을 몰수하고, 추방형을 선고했을 뿐 폭군정의 단순 가담자들에게는 아량을 베풀어 그대로 폴리스에 머물며 자유시민으로 살 수 있게 허락했다. 혁명 때문에 나라 안팎의 상황이 흉흉한 시기에 국민 대화합을 이끌어내기 위한 관용 정책이었다. 그러나 페이시스트라토스와 히피아스가 자신의 권력 기반을 다지기 위해 불법적으로 시민권을 주었던 무자격 시민들을 가려내기 위해 시민 명부를 일일이 대조하여 각 시민의 자격을 민회에서 투표를 통해 심사하도록 했다. 이 과정에서 부당하게 시민권을 얻었다고 판정받은 사람들은 시민권을 몰수당했다.

폭군정 이후 아테네 민회가 가장 먼저 입법한 것은 '고문방지법'이었다. 이 법에 의하면 어떤 경우에도 정부 기관이 시민을 고문할 수 없다. 폭군정 동안 독재자들은 반대파를 누르는 수단으로 잔혹한 고문을 서슴지 않았기에 이런 법을 만들었던 것이다.

폭군정을 몰아낸 직후 아테네는 어려운 선택을 해야만 했다. 대내적으로는 소수의 귀족-부자들로 이루어진 과두정을 할 것인가, 절대다수인 민중을 중심으로 민중정을 할 것인가를 결정해야 했고, 대외적으로는 폭군정의 외교 노선을 유지하여 아르고스와 테살리아와 우호 관계를 이어갈 것인가, 아니면 폭군정을 몰아낼 때 도와준 스파르타와 손을 잡을 것인가를 결정해야 했다.

일단 시급한 것은 국내 문제였다. 모든 혁명이 그렇듯 이번에도 폭군 독재자를 몰아낸 뒤 생긴 권력의 공백을 두고 폭군 독재자와 친구였던 테이산드로스(Θείανδρος)의 아들 이사고라스(기원전 6세기)가 우두머리인 과두파와 알크마이오니다이 집안의 클레이스테네스가 이끄는 민중파 사이에 치열한 권력 다툼이 일어났다. 폭군정이 무너진 후 2년이 지난 있었던 기원전 508/507년의 선거에서 조직과 자금 면에서 절대적으로 우세한 귀족들의 지지를 받은 과두파의 이사고라스가 승리하여 대표 아르콘으로 선출되었다. 이 선거에서 상당수의 농부들과 가난한 시민들 역시 이사고라스를 지지했다. 그들은 페이시스트라토스와 히피아스의 폭군정 시절 많은 혜택을 누렸던 좋은 기억을 갖고 있어, 델포이의 여사제 피티아를 매수하여 폭군정을 몰아내는 데 앞장섰던 알크마이오니다이 집안과 클레이스테네스에 대해 좋은 감정을 갖고 있지 않았기에 폭군정을 몰아내는 일에 관계하지 않았던 이사고라스를 더 좋아했다. 그리고 부와 권위를 가지고 있는 귀족들이 아직도 자기 밑에 있는 일반 시민들에 강력한 영향력을 행사하고 있었던 것도 이사고라스가 투표에서 이긴 또 다른 이유였다.

이렇게 되자 애써 되찾은 권력은 또다시 소수 귀족의 손에 떨어질 가능성이 높아졌다. 클레이스테네스와 민중파 시민들은 민중의 지지를 얻어낼 방법을 찾아내야 했다. 클레이스테네스는 개인 시민 자격으로 아테네 사회 전반에 엄청난 변화를 가져올 혁신적인 법안을 민회에 직접 제출했다. 아테네의 전통적 네 부족을 해체하고, 도시 주변 지역과 해안 지역, 농촌 지역을 각기 열 개 단위로 나눠 모두 30개의 행정 단위를 만든 뒤, 제비뽑기로 도시 주변 지역에서 한 단위, 해안 지역에서 한 단위, 농촌 지역에서 한 단위씩을 뽑아 열 개의 새로운 부족을 만드는 법안이었다. 이 법안은 민회에서 절대다수의 지지를 얻어 통과되었다. 이 개혁으로 상당한 정치적 권력이 민중의 손에 넘어갔고, 이오니아족의 선조 이온의 네 아들 이름에서 따왔다는 렐리온, 아이기코레스, 아르가데스, 호플레스라는 전통 네 부족의 우두머리 귀족들은 그때까지 누리던 권위와 막강한 영향력을 잃게 되었다. 그리고 이런 방법으로 민중을 자기 편으로 끌어들인 클레이스테네스는 민중파의 우두머리로 두각을 나타냈다.[94]

클레이스테네스의 개혁은 이렇게 평범하게 시작되었지만 결코 순탄하지는 않았다. 이번에는 귀족 과두정의 가망성이 거의 사라질 것 같은 상황에 위협을 느낀 이사고라스와 그 일당들이 스파르타의 클레오메네스 왕을 다시 끌어들여 반대파를 숙청하려 했다. 이사고라스는 아크로폴리스에서 히피아스를 포위할 때부터 클레오메네스와 친하게 지냈을 뿐 아니라 클레오메네스와 이사고라스 부인은 정부 사이라는 소문도 나돌았다. 이사고라스의 부추김을 받은 클레오메네스는 아테네에 전령을 보내 클레이스테네스와 그의 지지자들은 '킬론의 저주'를 받은 사람들이니 추방하라고 요구했다. 클레이스테네스는 기원전 7세기 말에 있었던 킬론의 쿠데타의 처리 과정에서 아테나 여신 신전에 목숨을 탄원했던 킬론 일당을 부당하게 살해한 사건에 연루되어 추방당했던 알크마이오니다이 집안사람이었기 때문에 정권을 맡으면 안 된다는 주장이었다.[95]

　이런 일이 민회에 알려지자 클레이스테네스는 혼자서 조용히 아테네를 떠났다. 그럼에도 클레오메네스는 아랑곳하지 않고 많은 군대를 거느리고 아테네로 와서 이사고라스가 지목한 민중파 700가족을 모두 '킬론의 저주'를 받은 자로 몰아 추방했다. 그리고 의회를 해산하고 이사고라스 지지자들로 구성된 300명의 위원회로 대체하려고 했다. 이에 의회가 저항하자 클레오메네스와 이사고라스파 사람들은 아크로폴리스를 점령했다. 그러자 시민들이 무장하고 의회를 도와 아크로폴리스를 포위했다. 킬론의 위기 때와 흡사한 상황이 벌어진 것이다. 이번에도 클레오메네스와 이사고라스파는 수적으로 절대 불리했다. 클레오메네스는 아테네 의회 대표들과 협상을 원했고, 휴전 협정은 포위 사흘 만에 이루어졌다. 이사고라스와 과두정파 사람들을 포기한다는 조건으로 클레오메네스를 비롯한 스파르타인들은 모두 아테네를 떠나는 것이 허락되었다.[96] 이사고라스는 탈출에 성공했지만 나머지 과두파 사람들은 모두 잡혀 처형당했다. 이제 아테네가 귀족 과두정으로 돌아가는 것은 완전히 불가능하게 되었다.

계속되는 스파르타의 위협

이렇게 되자 추방되었던 클레이스테네스와 민중파 인사들은 다시 아테네로 돌아왔다. 아테네 시민들은 스파르타가 더 강한 군대를 몰고 다시 침입할 것이 두려워 강대국 페르시아와 협정을 맺기 바랐다. 그래서 사절단을 페르시아의 소아시아 수도인 사르데이스(Σάρδεις)로 보냈다. 페르시아 총독은 '땅과 물'을 페르시아 대왕에게 복종의 표시로 바치지 않는다면 어떤 나라도 대왕의 보호를 받을 수 없다고 잘라 말했다. 아테네 사절단은 페르시아의 군사적 지원을 얻어내겠다는 생각만으로 이 조건을 순순히 받아들였다. 그러나 아테네 민회는 이런 굴욕적인 조약을 비준하지 않았을 뿐 아니라 사절단을 엄하게 처벌했다.[97]

아테네인들의 두려움은 곧 사실로 밝혀졌다. 아테네인들에게 말과 행동으로 모욕을 당했다고 생각한 클레오메네스는 펠로폰네소스 전역에서 동맹국들의 군대를 모았다. 그러나 클레오메네스는 이번 원정의 목적이 아테네인들에게 개인적으로 복수하고 이사고라스를 폭군 독재자로 앉히려는 것임은 밝히지 않았다. 클레오메네스 자신은 서쪽에서부터 진격했고, 동맹국 보이오티아는 북쪽에서, 칼키스는 북동쪽에서 아티카반도로 침입했다. 여러 방향에서 동시에 공격을 받은 아테네인들은 냉정을 잃지 않고 침착하게 대응했다.

그들은 우선 가장 강한 적이 있는 서쪽으로 주력 부대를 보냈다. 그러나 전투가 벌어지기 전에 클레오메네스의 숨은 목적이 동맹군 장군들에게 알려졌다. 이에 가장 먼저 코린토스군의 장군이 이번 원정은 정의롭지 못하다며 철군했다. 그러자 그와 함께 스파르타에서 온 또 다른 한 명의 왕인 데마라토스(재위 기원전 510년~기원전 491년) 역시 자기 휘하의 스파르타군을 데리고 본국으로 돌아갔다. 이를 계기로 스파르타에서는 두 명의 왕이 동시에 출정하는 것을 금하는 법이 제정되었다. 다른 동맹국들도 더 이상 남아 싸울 의지가 없었다. 이렇게 하여 펠로폰네소스 동맹군은 와해되었다.[98]

위기를 넘긴 아테네인들은 주변의 적들에게 복수의 칼을 돌렸다. 우선 에우보이아섬에 있는 칼키스로 진격하는 도중 이들을 도우려고 오던 보이오티아군을 크게 무찌르고 700명의 포로를 잡았다. 같은 날 에우보이아섬으로 진격하여 칼키스도 점령했다. 그리고 그곳 부자들의 땅을 4000명의 아테네 이주민 농부들에게 나누어주었다. 이날 전투에서 잡은 포로들은 많은 몸값을 받고 풀어주었다.[99] 기원전 506년의 일이었다. 헤로도토스는 민주화된 아테네의 이런 눈부신 군사적 성공에 대해 다음과 같은 소감을 밝혔다.

아테네는 전에도 강력한 폴리스였지만 폭군 독재자에게서부터 벗어나자 더욱 강해졌다.[100]

아테네는 그렇게 점점 강성해졌다. 그리고 법 앞의 평등이 어느 한 면에서가 아니라 모든 면에서 얼마나 소중한 것인지 밝혀졌다. 왜냐하면 아테네인들이 폭군의 지배를 받는 동안에는 전쟁에서 어떤 나라도 능가할 수 없었지만, 폭군에게서 벗어나자 세상에서 가장 뛰어난 전사들로 거듭났기 때문이다. 사람들은 압제하에서 주인을 위해 일하기에 일부러 게으름을 피우는 반면, 자유민이 된 지금은 각자 자기를 위해 부지런히 일한다는 것을 보여준다.[101]

집요한 스파르타의 민중정 전복 시도

이렇게 날로 강해지는 아테네를 바라보는 스파르타의 시선이 고울 리 없었다. 게다가 클레오메네스가 아테네 아크로폴리스에서 물러날 때 가지고 온 기록들을 통해 페이시스트라토스 일가의 폭군 독재 시절 알크마이오니다이 집안사람들이 델포이의 여사제 피티아를 매수하여 스파르타로 하여금 아테네 폭군정을 무너뜨려야 한다는 신탁을 내리게 한 사실이 밝혀지자 스파르타의 여론은 급격히 아테네를 처벌해야 한다는 쪽으로 기울었다. 아테네가 이미 상당히 강해져 더 이상 자신들에게 복종하지 않음이 분명해진 지금 스파르타는 무엇인가를 하지 않으면 안 된다는 의견 역시 강했다. 그들은 아테네 시민들이 자유를 누리면 자신들의 맞수가 될 수 있지만 폭군 독재자의 억압을 받으면 허약해지고 고분고분해질 것임을 잘 알고 있었다. 스파르타인들은 지난번의 실패를 거울삼아 이번에는 철저하게 준비했다. 우선 인기가 없는 것으로 밝혀진 이사고라스 대신에 자신들이 쫓아냈던 히피아스를 불러들였다. 그리고 이번에는 다른 동맹군들을 초청하여 목적을 분명하게 밝혔다. 스파르타인들은 동맹국 지도자들에게 자신들이 히피아스를 폭군 독재자 자리에서 몰아낸 것은 알크마이오니다이 집안사람들이 델포이를 매수하여 내린 거짓 신탁에 놀아나 저지른 큰 실수였으며, 많은 희생을 치르며 자유를 찾아주었지만 아테네인들은 고마워하기는커녕 오히려 오만불손하게도 스파르타 왕을 추방하는 배은망덕한 짓을 저질렀을 뿐 아니라 동맹국인 보이오티아와 칼키스를 침략하여 살인과 약탈을 일삼았으니 그들의 오만을 벌하지 않으면 다른 폴리스도 같은 불행을 당할 것이라고 주장했다.102) 동맹국 대표들은 아테네를 상대로 함께 전쟁을 일으키자는 이 말을 듣고 동조하고 싶지 않았지만 감히 드러내 놓고 맞서기를 꺼려 조용히 있었다.

그때 폭군정의 혹독함을 뼈저리게 겪은 코린토스의 대표 소클레아스(Σωκλέας)가 말문을 열었다. 우선 그는 같은 자유와 평등을 누리는 다른 폴리스를 폭력으로 뒤엎고 정치제도 가운데 가장 정의롭지 못하고 피에 굶주린 폭군정을 복원하려는 스파르타인들에 대해 분노를 표시했다. 그리고 만약 폭군정이 좋다고 생각한다면 스파르타인 자신들부터 폭군정을 도입하라고 일침을 놓았다. 폭군정을 경험해본 적도 없고 또 폭군정이 들어서지 않도록 극도로 조심하는 스파르타가 다른 폴리스에 폭군정을 세우기 위해 전쟁을 벌이는 것이 얼마나 부당한 일인가를 역설했다. 그리고 코린토스인 자신들처럼 폭군정의 혹독함을 경험했더라면 절대로 이런 제안을 하지 않았을 것이라고 단정지었다. 그러고는 자신의 도시 코린토스가 킵셀로스와 그의 아들 페리안드로스의 폭군정 아래에서 어떤 수난과 고통을 받았는가를 이야기하고는, 끝으로 스파르타인들이 전령을 보내 히피아스를 불러온 것에 대해 비난하면서, 다른 폴리스 대표들에게 폭군 독재만큼은 절대로 받아들이지 말라는 충고와 함께 만약 계속 스파르타를 따라 히피아스를 아테네의 폭군 독재자로 복권시키려 한다면 코린토스의 지지는 조금도 받을 수 없을 것이라는 경고로 말을 마쳤다. 이 말을 들은 다른 동맹국 사절들은 모두들 말문을 열고 코린토스인의 의견에 동조할 뿐 아니라, 스파르타인들에게 다른 그리스의 폴리스의 내정에 개입하지 말아 달라고 간청했다. 이렇게 하여 히피아스를 아테네의 폭군 독재자로 다시 앉히려던 스파르타의 음모는 좌절됐다.[103]

스파르타에서 더 이상 머물 수 없게 된 히피아스는 자신의 이복 동생이 다스리는 시게이온으로 돌아갔다가 페르시아의 총독이 있는 사르데이스로 가서 아테네인들에 대해 좋지 않은 이야기를 하며 페르시아의 힘을 빌려 아테네를 다시 지배할 궁리를 그치지 않았다. 그는 나중에 페르시아 전쟁이 일어났을 때 페르시아군의 앞잡이가 되어 다시 아테네로 돌아온다.

이와 같이 두 번에 걸친 스파르타의 방해 공작을 시민 모두가 한마음 한뜻으로 단결하여 극복한 아테네는 클레이스테네스의 지도 아래 민중정을 확고히 하기 위한 여러 가지 장치들을 정교하게 다듬어 나가기 시작했다.

클레이스테네스의 개혁: 열 개의 데모스와 500인회, 그리고 프리타네이아

아테네에 다시 폭군정을 세우려는 스파르타의 위협이 계속되던 기원전 507년에서 기원전 505년 사이에 아테네인들은 기원전 508

년에 클레이스테네스가 민회에서 통과시킨 민중정치 개혁 조치들을 실행에 옮기기 시작했다. 클레이스테네스는 혈연관계로 맺어진 아테네의 전통적 네 부족을 해체하고, 대신 도심 지역과 해안 지역, 내륙 지역을 각기 열 개의 단위로 나눠 모두 30개의 트리티스(τρίττυς, '3분의 1'이라는 뜻)라는 행정 단위를 만든 뒤, 제비뽑기로 도심 지역에서 한 트리티스, 해안 지역에서 한 트리티스, 내륙 지역에서 한 트리티스씩을 뽑아 열 개의 데모스(δῆμος, '민중'이라는 뜻)라는 새로운 부족을 만들었다.104)

새로운 부족인 데모스의 가장 기본적인 기능은 자신들의 의견을 민회에서 대변할 대표를 뽑는 것이었기에 클레이스테네스는 각 부족의 구성원 수를 거의 비슷하게 만드는 데 각별한 주의를 기울였다. 또 클레이스테네스는 한 개의 데모스를 구성하는 각기 다른 지역에 있는 세 트리티스 대표들이 지역감정에 치우쳐 자신들만의 가치관이나 관습, 이익을 주장하기보다는 데모스 전체의 이익을 위해 서로 타협과 합의를 거쳐 통일된 의견을 가지고 폴리스 전체 민회에 올 것을 요구했다. 그는 이런 방법으로 그때까지 자신이 사는 지역의 주민들에게 강력한 영향력을 행사하던 지주-귀족의 힘을 꺾는 데에 성공했다. 데모스의 수가 열 개로 늘면서 부족장 수 역시 네 명에서 열 명으로 늘어난 것도 민중을 지지 기반으로 하는 클레이스테네스에게 유리하게 작용했다.

클레이스테네스는 또 새로운 데모스를 만드는 과정에서 데모스 주민으로 등록할 때 혈연관계를 드러내는 부족 이름을 쓰지 못하게 함으로써 수많은 외국인 거주자들이 새로운 시민권을 부여받을 수 있게 했다. 이 외국인 거주자들은 이미 기원전 1000년쯤부터 아테네에 들어와서 살았지만 혈연으로 맺어진 옛 부족에 편입될 수 없어 그때까지도 시민권을 얻지 못하고 있었다.

데모스는 민회와 자체적으로 뽑은 관리들로 구성된 행정부, 자체 재산을 관리하는 재정부, 구성원의 호적을 관리하는 기록부를 갖춘 완전 자치의 지방정부였다. 모든 시민은 18세가 되는 해에 데모스에 출생신고를 했고, '아무 데모스의 아무개'라는 식으로 자신의 이름과 자신이 속한 데모스 이름을 함께 사용하되 예전의 이름은 쓸 수 없도록 했다.105) 이는 혈연에 따른 차별을 미연에 방지하기 위한 조치인 동시에 전통적 귀족들의 영향력을 약화시키는 장치이기도 했다. 그리고 일단 한 특정 데모스에 등록된 사람은 다른 데모스로 이주를 하더라도 계속 원래의 데모스에 속했다. 이는 각 데모스의 구성원 숫자를 맨 처음에 배당한 대로 균등하게 유지하기 위한 조치였다. 이런 세심한 조치로 아테네의 전통 네 부족의 우두머리 귀족들은 정치적 영향력을 상당 부분 잃게 되었고, 이제 예전의 부족은 종교적 행사나 축제 때에만 의미를 갖는 상징적 존재로 남게 되었다.

데모스는 폴리스 민회에 보낼 대표를 뽑는 단위인 동시에 군사적 단위이기도 했다. 전쟁이 나면 각 데모스별로 부대를 편성하고 작전에 투입됐다. 각 데모스는 투표로 한 명의 장군을 뽑아야 했다. 이렇게 뽑힌 열 명의 장군들은 전쟁 중에는 매일 저녁 제비뽑기로 그다음 날의 총사령관을 뽑았다. 그리고 열 명이 모두 한 번씩 총사령관직을 돌아가며 할 때까지 중임할 수 없었다. 민회에서는 아홉 명의 아르콘 가운데 한 명에게 '폴레마르코스'라는 직책을 주어 열 명의 장군을 감독하도록 했다. 이렇게 열한 명에게 군사지휘권이 분산되어 있었기에 군사 쿠데타는 아예 꿈조차 꾸기 어려웠다. 장군은 병사들의 생사에 직접 영향을 끼치는 데에다 고도의 전문성을 요구하는 직책이므로 같은 인물이 여러 번 선출될 수 있었다. 후에 아테네 정치에서 거의 왕과 같은 권한을 휘두른 페리클레스는 15년 동안 내내 장군직에 선출됐다.

클레이스테네스는 또 전통 네 부족이 각각 100명씩 뽑아 만들었던 이전의 400인회를 대체하는 기구로 500인회를 새로 만들었다. 500인회는 열 개의 각 데모스가 매해 자체의 민회에서 50명씩의 대표를 뽑은 의원들로 구성되었다. 클레이스테네스는 이 500인회에 예전의 400인회가 가지고 있던 폴리스 전체 민회에서 심의·의결할 법안을 사전 토의하여 상정하거나 수정 또는 폐기하는 권한에 덧붙여 폴리스의 국정을 담당하는 아르콘을 직접 뽑는 일과 그 아르콘을 도와 국정에 참여하는 권한과 아레이오스 파고스 법정에 의해 사형을 언도받은 심판을 승인 또는 거부할 권한까지 주어 민중의 정치적인 힘을 크게 키웠다. 첫 번째 500인회가 제비뽑기로 선출되었는지 아니면 투표로 선출되었는지는 알려져 있지 않다. 또 제일 아래 계층인 테테스가 피선거권을 얻은 것이 클레이스테네스에 의한 것인지도 알려져 있지 않다.

열 개의 데모스에서 뽑힌 50인의 의원은 그 자체가 예비 아르콘들로서 제1데모스에서 제4데모스까지는 36일씩, 그 뒤의 여섯 데모스는 35일씩 폴리스의 행정을 맡았다. 자기들의 순서가 돌아와 폴리스의 행정을 맡은 50인을 '프리타네이아'(πρυτανεία, '행정부'라는 뜻)라 불렀는데, 이들은 임기 동안 국가로부터 일당을 받았다. 그리고 반원형 지붕의 건물인 '톨로스'(θόλος, '돔을 가진 건물'이라는 뜻)에서 함께 먹고 자면서 휴일을 제외하고 매일 열리는 500인회의 회의와 임기 동안 네 차례, 즉 거의 열흘마다 열렸던 폴리스 전체 민회를 주관했다. 프리타네이아는 의회나 민회에서 논의할 사안과 그날의 현안, 개최 시간과 장소를 공포했다. 여섯 번째 프리타네이아는 도편 추방 투표를 할 것인가의 여부를 결정하는 일과 중상모략 혐의가 있는 사람들과 민중에게 한 약속을 지키지 않은 사람에 대한 문제를 민회에 안건으로 상정하는 일도 다룬다.[106] 여섯 번째 이후의 프리타네이아는 점괘가 좋은 시기를 선택해 장군과 기병대장을 비롯한 군사직의 선거를 주관한다.[107]

프리타네이아는 매일 저녁 그다음 날의 의장을 맡을 사람을 제비뽑기로 정하는데 한 사람이 두 번 뽑힐 수는 없다. 이렇게 선출된 의장은 그날 하루동안 국가의 최고 통치자가 된다. 마침 임기를 맡은 날 민회가 열리게 되면 그날의 의장은 민회의 안건에 대한 토의를 주관한다. 의장은 자신이 지명한 프리타네이아의 3분의 1, 즉 17인과 함께 의무적으로 톨로스에 머물며 폴리스의 돈과 문서가 있는 사원의 열쇠와 국가의 옥새를 보관한다. 프리타네이아가 500인회나 민회를 소집할 때는 의장이 자신의 데모스 이외에 아홉 데모스에서부터 각 한 명씩을 추첨으로 뽑아 모두 열 명의 집행위원회를 구성한다. 다시 제비뽑기로 아홉 명 가운데 한 명을 위원장으로 뽑아서는 그로 하여금 집행위원들에게 의안을 나누어주게 한다. 그러면 집행위원들은 안건을 상정하고 계표하는 등 신속하고도 일사불란하게 일을 처리한다. 폐회하는 권한도 이 집행위원회에 있다. 집행위원회의 위원장 자리는 1년에 한 번밖에 할 수 없다.[108] 이런 방법으로 국가 최고 통치자가 매일 바뀌게 되어 이제는 그 누구도 독재를 꿈꿀 수 없게 되었다.

도편 추방 제도*

프리타네이아가 가지고 있는 또 하나의 중요 임무는 1년에 한 번 민회에서 도편 추방 투표를 할 것인가 말 것인가를 결정하는 것이었다. 이 제도야말로 클레이스테네스가 독재를 막기 위해 고안해 낸 것들 가운데 가장 직접적이고 극단적인 조치였다. 여섯 번째 데모스의 프리타네이아 임기 때 민회에서는 그해에 도편 추방 투표를 할지 안 할지를 결정했다. 투표를 하기로 결정이 나면 두 달 뒤 여덟 번째 데모스의 프리타네이아는 아고라 한쪽에 투표소를 설치한다. 그러면 시민들은 정해진 날 이곳으로 와서 자신이 추방해야 한다고 생각하는 유력자의 이름을 적은 사금파리(깨진 도자기 조각)를 던진다. 투표가 끝난 뒤 아르콘들은 우선 사금파리가 6000개가 넘는지부터 살핀다. 그에 미치지 못하면 그 투표는 자동적으로 무효가 된다. 6000개가 넘을 때는 사금파리들을 이름 별로 나누어 헤아린다. 만약 어떤 사람이 6000표 이상을 얻게 되면 그의 추방이 선포된다. 추방을 명령받은 사람은 열흘 동안 신변을 정리하고 폴리스

---

* 도편 추방 제도를 그리스어로 '오스트라키스모스(ὀστρακισμός)'라고 한다. 그리스어 어간 'ὀστρακ-'는 '조개나 거북이, 새우와 같은 무척추동물의 몸을 감싸는 딱딱한 껍질'을 가리키던 말인데 나중에 '도자기의 파편', 즉 '도편(陶片)'까지 가리키는 말로 의미가 확장되었다.

를 떠나야 한다. 추방 기간은 처음에는 10년이었으나 나중에는 5년으로 줄었다. 추방된 사람은 추방 중에도 재산권을 온전히 행사할수 있었다. 그러나 추방된 자가 중간에 폴리스의 땅을 밟은 것이 발각되면 사형이 선고되고 그의 전 재산은 몰수되었다.

폭군 독재자가 될 위험성이 있거나 국가의 기반을 무너뜨리려는위험이 있는 자들을 평화적인 방법으로 제거하는 도편 추방 제도는권력 투쟁에 따르기 마련인 피 흘림을 막아 주기 때문에 정적을 제거하는 방법 가운데 가장 인간적이라고 평가된다. 도편 추방 제도가 최초로 시행된 것은 이 제도가 만들어진 뒤 20여 년이 지난 기원전 487년이었다. 이때 아테네 시민들은 페르시아의 앞잡이가 되어조국을 위협했던 옛 폭군 독재자 히피아스의 일당이 아직 아테네에머무르고 있는 것이 불안했기에 아테네 최초의 폭군 독재자 페이시스트라토스의 친척인 히파르코스라는 인물을 추방했다. 그리고 기원전 486년과 기원전 485년에도 폭군정과 관련된 인물들이 추방되었다. 그러나 기원전 484년에는 페리클레스의 아버지를, 기원전482년에는 가장 공정한 사람이라는 평판을 받았던 아리스테이데스(기원전 530년~기원전 468년)를 추방했다. 이들은 단지 '남들보다 잘나 보인다'는 이유 때문에 추방되었다. 민중의 힘이 강해진 기원전5세기 중반 이후에는 복지부동의 보수적 정치가들이 주로 추방되었다. 이 제도는 과두정권이 들어선 기원전 417년 이후에는 시행되지 않았다. 폭군정은 더 이상 경계의 대상이 아니었기 때문이다.

클레이스테네스의 개혁에 대한 평가

클레이스테네스의 개혁은 세 측면에서 솔론의 개혁보다 한 걸음 더 민중정치를 발전시킨 것이었다. 우선 클레이스테네스는 국가의 중요한 정책이 지방분권적 이권에 의해 좌우되는 것을 막기 위해 경제적으로 가난하고 교육이 모자란 하류 계층 시민들에 대한 전통 귀족들의 영향력을 줄이려고 노력했다. 이를 위해 그는 전통 네 부족을 해체하고 새로운 열 개의 부족을 만들었다. 전통 부족 제도는 지방 귀족들의 영향력이 강해 서민들이 그들의 결정에 따르는 경우가 많았기 때문이다. 그리고 행정부 구성에 500인회나 프리타네이아가 관여하게 만듦으로써 전통적으로 귀족들이 행사하던 사법·행정 권력을 민중들도 행사하게 했다. 이런 방법으로 클레이스테네스는 정부 조직의 '우두머리 아르콘'의 권한을 약화시켰다. 가장 강력한 권력을 가지고 있는 자리인 대표 아르콘은 주로 가장 세력이 큰 귀족 집안 출신이나 가장 강력한 정치 집단의 우두머리가 선출되었고, 임기도 1년이나 되었기 때문에 항상 민중정치에 위협적인 존재였다. 그러나 클레이스테네스 개혁 이후에는 단 하루가 임기인 프리타네이아의 의장이 최고 행정수반의 임무를 맡게 되었다. 그 결과, 아테네에서는 한 개인이 독재자가 될 가망성은 거의 사라졌다.

클레이스테네스의 개혁으로 아테네 자유시민들의 '법 앞의 평등'과 '발언권의 평등'은 거의 이루어졌다. 이제 남은 것은 '권력의 평등'뿐이었다. 그리고 이제 아테네 사회는 안정되어 10여 년 동안 정치·경제·문화의 모든 방면에서 전성기를 누리게 된다. 그러나 나라 밖에서는 페르시아 제국의 침입이라는 새로운 위기가 다가오고 있었다.

14

페르시아 전쟁

밀레토스 폐허에서

지금은 터키 땅인 소아시아에 그리스인들의 가장 오래된 흔적이 발견된 곳은 밀레토스(Μίλητος)*다. 이곳에서는 기원전 1600년쯤에 이미 크레타의 미노아인들이 히타이트 사람들과 교역한 증거인 토기들이 발견되었다. 그리고 미케네 문명 시기인 기원전 1400년부터 기원전 1200년 사이에는 당시 아카이아인이라 불리던 그리스인들이 이곳에 대규모로 진출하여 식민 도시를 세웠다. 호메로스는 《일리아스》에서 밀레토스가 거친 말투를 쓰는 카리아

---

* 터키반도의 서남쪽 해안에서 번성했던 고대 그리스 폴리스.

인들의 도시로, 트로이아 편에서 싸웠다고 기술하고 있다.[109]

그러나 정작 이 폴리스가 우리에게 남긴 가장 중요한 정신 유산은 철학이다. 바로 이곳에서 신화적 우주관에 대해 의심을 품고 만물을 이루는 기본 원소가 무엇일까 탐구하는 자연철학이 시작되었다. 이곳 출신 세계 최초의 철학자 탈레스는 '만물의 근원은 물'이라고 설파했다. 그의 제자 아낙시만드로스(기원전 610년~기원전 546년)는 만물의 근원은 물이 아니라 '무한자'라고 반박했다. 그의 주장도 만물의 근원을 '공기'로 본 제자 아낙시메네스(기원전 585년쯤~기원전 525년쯤)에 의해 공격을 받았다. 이와 같이 스승의 권위에 주눅들지 않고 자신의 생각을 자유롭게 표현할 수 있는 전통을 세운 곳이 밀레토스다. 인간이 자신의 이성으로 이해할 수 있는 것만을 진정한 지식으로 받아들이겠다는 학문이 시작된 것이다.

겨울철 밀레토스는 바닥에 물이 질척하여 돌아다니기가 매우 불편하다. 고도가 거의 1~2미터 수준이기 때문이다. 그러나 물웅덩이에 비친 폐허를 보고 있노라면 하늘의 별을 보고 가다가 우물에 빠진 탈레스를 끌어 올려주며 노파가 했다는 "제 발밑도 모르는 것이 하늘의 비밀을 알겠다고 꼴값하고 있다"는 말이 들리는 듯하다.

그리스 세계에서도 가장 빨리 학문을 시작하고 민중정치를 시행했던 이 도시는 기원전 499년 이오니아의 열두 개 그리스 폴리스들을 연합하여 페르시아 제국에 대한 반란을 주도했다. 이 반란은 5년을 끈 뒤에 기원전 494년 이오니아 동맹의 참패로 막을 내린다. 이때 밀레토스는 페르시아에 의해 철저하게 파괴당했다. 그 이후 이오니아 지방에서 가장 부유했고 강력한 중심지였던 이 폴리스는 다시는 옛날의 영광과 번영을 되찾지 못했다. 반란을 진압한 페르시

그리스 자연철학이 시작된 철학의 도시 밀레토스. 그러나 지금 이곳에는
그리스인은 간데없고 텅 빈 폐허만이 쓸쓸하게 남아 있다. 사진은 밀레토스의 원형극장.

아 제국의 다레이오스 1세 황제(기원전 550년~기원전 486년, 재위 기원
전 522년~기원전 486년)는 대규모 군사를 일으켜 이오니아의 반란을
도운 아테네를 비롯한 그리스 폴리스들을 정복하기로 마음먹는다.
그런 의미에서 밀레토스는 동양과 서양의 운명을 결정지은 페르시
아 전쟁이 시작된 곳이다.

　밀레토스는 이렇게 한 번은 철학으로, 또 한 번은 전쟁으로 세계

사에 결정적인 영향을 끼쳤다. 그러나 지금 이곳에는 한 명의 그리스인도 없다. 1923년 그리스가 터키와의 전쟁에서 패배하고 맺은 로잔 조약에 따라 근 4000년 동안 이곳에 살던 그리스인들은 모두 그리스 본토로 이주했기 때문이다. 그리고 도시는 영원히 버려졌다. 오늘날 이곳을 찾는 나그네를 맞는 것은 쓸쓸하고 텅 빈 폐허뿐이다.

이오니아 반란과 아테네: 아테네의 정치 상황의 변화

기원전 501년 아테네는 오늘날 국회에 해당하는 500인회와 행정부에 해당하는 프리타네이아를 출발시켰고, 외교정책에 대한 권한을 아레이오스 파고스 의회에서 민회로 넘기는 개혁을 완성했다. 또 이때부터 아테네의 모든 시민들에게 병역 의무가 부가되었다. 병역은 자유시민이 되기 위한 필수 조건이었기에 이 조치는 민권 확장에 큰 의미가 있었다. 기원전 501년의 이런 개혁을 누가 했는가는 잘 알려져 있지 않다. 클레이스테네스는 기원전 506년 이후 실권한 것이 분명하므로 아마도 다음 세대의 정치 지도자로 부상하는 테미스토클레스와 아리스테이데스, 그리고 페리클레스의 아버지인 크산티포스가 주도한 듯하다.

기원전 499년에 페르시아의 지배를 받던 이오니아 지방의 열두 개 폴리스가 반란을 일으켰다. 그리고 이들 폴리스의 우두머리였던 밀레토스의 폭군 독재자였던 아리스타고라스(기원전 497년 사망)가 그리스 본토의 강국 스파르타와 아테네에 도움을 청했을 때, 스파르타의 클레오메네스 왕은 이를 거절했으나 아테네의 민회는 민족적 긍지와 애국심에 고취되어 이를 받아들여 기원전 496년에 함선 20척을 이오니아 지방으로 보냈다. 이오니아와 아테네 연합군은 처음에는 소아시아 지방의 페르시아 지방 수도 사르데이스를 점령하는 전과를 올렸으나 철옹성인 아크로폴리스는 점령하지 못하고 후퇴해야 했다.110)

기원전 496/495년, 아테네에서는 페이시스트라토스의 친척이자 친폭군정파의 지도자였던 히파르코스*가 아르콘으로 당선되어 실권을 잡았다. 여기에는 반민중정파인 클레이스테네스파와 또 다른 과두정 보수파가 힘을 보태준 듯하다. 이런 일이 가능했던 것은 아테네 사람들이 폭군정을 무너뜨린 뒤에도 국민적 화합을 위해 폭군정에 협조했던 세력에 관용을 베풀어 계속 폴리스에 살도록 내버려두었기 때문이다. 바로 이 세력이 사르데이스 공격의 실패를 빌미삼아 전 정부의 원군 파병 결정은 큰 실수였다고 비난하며 정권을 잡은 것이었다. 특히 보수파는 페르시아가 트라케 지방까지 세력을 뻗쳐 아테네의 식량 수입이 가로막히게 된 상황을 이용했다. 이렇게 정권을 잡은 새 아르콘이 주도한 아테네 민회는 원정에 실패한 아테네 함대에 즉시 귀환을 명령했다.111)

그리고 2년 뒤인 기원전 494년, 이오니아 반란은 진압되었고 반란에 앞장섰던 밀레토스는 돌 하나 제대로 남아 있지 못할 만큼 초토화됐다. 밀레토스의 참사는 아테네에도 심각한 후유증을 가져왔

---

* 이 히파르코스는 페이시스트라토스의 둘째 아들과는 다른 인물이다.

다. 우선 아테네 시민들은 위기의 순간에 자신들의 동족을 돕지 않은 것에 대해 양심의 가책을 느꼈다. 더욱 심각한 것은 페르시아의 위협에 아테네의 모든 해외 무역이 거의 마비 상태에 빠진 것이었다. 다음 해인 기원전 493년 연극제에서 프로니코스(Φρύνιχος)의 〈밀레토스의 점령Μιλήτου Ἅλωσις〉이라는 비극을 본 아테네 시민들은 슬픔을 못 이겨 집단적인 히스테리 증상을 보였다. 이에 당시 아테네의 과두정 정부는 작가에게 무거운 벌금을 내리고 연극 공연을 금지했다.

아테네 시민들은 정부의 이런 졸렬한 조치에 분노를 느끼고 다음 해인 기원전 493/492년 선거에서 민중정파의 테미스토클레스를 아르콘으로 뽑았다. 그는 이오니아 반란이 결정적으로 실패하게 된 까닭이 라데(Λάδη)섬* 앞에서의 해전에서 패배한 때문이라고 보고, 페르시아에 대적하려면 땅이 아니라 바다에서 승부를 내야 한다고 믿고 있었다. 테미스토클레스는 그러기 위해서 아테네는 강력한 해군을 길러야 하는 동시에 바다로 열려 있어 방비가 힘든 팔레론(Φάληρον)항 대신에 페이라이에우스에 튼튼한 성곽을 가진 항구를 건설해야 한다고 주장했다. 그는 아테네가 살아남고 또 발전하려면 해상에서 주도권을 잡아야 한다고 설파한 최초의 아테네 사람이었다.

그러나 그의 이런 계획은 그리스의 중장비 보병을 신뢰하는 보수파 우두머리 밀티아데스(기원전 550년쯤~기원전 489년)가 출현함으로써 당장 이루어지지 않았다. 밀티아데스는 아테네의 명문 귀족 집

---

* 밀레토스에서 서쪽으로 2.5킬로미터 떨어진 조그만 섬. 지금은 육지로 연결되어 있다.

안 출신으로 아테네로 돌아오기 전에 다르다넬스 해협에 있는 아테네의 식민 폴리스 케르소네소스(Χερσόννησος)의 폭군 독재자였다. 그는 이오니아 반란 때 페르시아와 맞서 많은 전공을 세운 장군이었고, 렘노스섬과 임브로스섬을 점령하여 아테네에 병합시킨 공로로 아테네의 유력 인사로 떠올랐다. 페르시아에 의해 이오니아 반란이 진압되자 위협을 느낀 밀티아데스는 기원전 493/492년, 자신의 모든 재산과 추종자들을 다섯 척의 배에 싣고 아테네로 귀환했다. 귀국하자마자 그는 곧바로 보수파의 우두머리가 되었다. 민중정파는 그의 폭군 독재자 경력을 문제 삼아 그를 고소했으나 아리스테이데스를 비롯한 지지자들의 도움으로 이 위기를 무사히 넘기고 무죄를 선고받았다. 그리고 바로 그해에 테미스토클레스와 함께 아르콘으로 선출되었다.

제1차 페르시아 전쟁과 마라톤 전투 이후의 정치적 상황

밀티아데스는 페르시아군의 약점에 대해 그 누구보다도 정확히 알았다. 페르시아군의 주무기인 활은 그리스의 중무장 보병의 방패와 갑옷을 뚫지 못할 것이고, 페르시아군의 주특기인 기마병은 그리스 산악 지역에서는 그리 큰 위력을 발휘할 수 없음을 잘 알고 있었다. 그리고 자유시민으로 구성된 그리스 군대가 한 사람의 눈치만 보고 싸우는 군대에 비해 훨씬 강한 정신력을 발휘하기에 군 사기 면에서 그리스군이 훨씬 유리하다는 것도 잘 파악하고 있었다. 이런 그가 기원전 490년 제1차 페르시아 전쟁 때 장군으로 선출된 것은 아테네와 그리스로서는 행운이었다.

  기원전 492년 마로도니오스(Μαρδόνιος)를 대장으로 하는 페르시아 함대의 그리스 원정은 마케도니아의 아토스('Άθως)반도*에서 풍랑을 만나 실패했다. 기원전 491년 다레이오스는 그리스의 모든 폴리스에 사신을 보내 '물과 땅'을 바치라고 요구했다. 대부분의 폴리스는 이에 굴복했지만 스파르타는 사신을 모욕하여 내쫓고, 아테네에서는 통역한 사람을 처형까지 하면서 거절했다. 이에 다레이오스는 기원전 490년 대규모 원정군을 보냈으나 마라톤 평원에서 밀티아데스가 이끈 아테네 중무장 보병에 참패를 당했다.

  마라톤 전투에서 승리한 뒤에 아테네 정치제도에는 아주 중요한 변화 하나가 있었다. 기원전 487/486년부터 정부 고위직 가운데 가장 높은 직위인 아르콘의 피선거권 자격과 선출 방법이 근본적으로 바뀐 것이다. 그 이전까지 아홉 명의 아르콘은 제1계급인 펜타코시오메딤노이들만 선출될 수 있었지만 이제부터는 제2계급인 히페이스에게도 피선출권이 주어졌다. 마라톤 전투의 승리가 모든 시민이 단결하여 싸운 결과로 얻은 것이니만큼 펜타코시오메딤노이 계급도 이 정도의 정치적 양보는 할 수밖에 없었을 것이다.

  그러나 이보다도 더 큰 개혁은 아르콘의 선출 방법에 있었다. 이전에는 아홉 명의 아르콘을 입후보자들 가운데 선거에 의해 뽑았지만 이제부터는 열 개의 데모스가 각기 한 명씩 열 명의 아르콘을 제비뽑기로 선출했다. 그리고 새로 선출된 열 번째 아르콘은 입법자

---

* 그리스 동북부에 있는 세 개의 반도 가운데 가장 동쪽에 있는 반도. 현재의 지명은 '아기온 오로스'이다.

들의 서기 임무를 맡았다. 공직자를 재산 등의 아무런 자격 조건 없이 추첨으로 뽑는 것은 아리스토텔레스의 말대로 가장 민주적인 선출 방법이다.[112] 선거는 아무래도 재산이나 권력이 더 많거나 유명한 사람에게 유리한 제도지만 제비뽑기는 그렇지 않기 때문이다. 또 제비뽑기 선출 방식에서는 승자도 패자도 없을 뿐 아니라 절차도 간단하여 부정의 시비도 일어나지 않으며 비용도 거의 들지 않는다.

이런 개혁 조치와 함께 정치적 안건 처리의 대부분을 아르콘들의 의회에서 500인회로 넘기는 동시에 전쟁에 관한 일은 열 개의 데모스가 선거로 뽑은 장군들이 맡도록 하여 아르콘의 권력을 대폭 약화시켰다. 마라톤 전투를 통해 개인의 생명과 재산은 물론 나라의 흥망이 달린 전쟁은 군사적·전문적인 지식과 능력을 갖춘 사람이 수행해야 한다는 공감대가 형성되어 있었기 때문이다.

마라톤 전투를 승리로 이끈 밀티아데스는 전보다 훨씬 더 큰 권력을 쥐고 폴리스를 다스릴 수 있었다. 그러나 시민들은 예전에 식민 폴리스의 폭군 독재자였던 그가 혹시 독재자로 변신하지 않을까 하는 불안을 느끼고 있었다. 이런 의심이 밀티아데스로 하여금 어느 정도 이상의 권력을 얻는 것을 방해했다. 여기에는 민중파의 지도자였던 크산티포스와 테미스토클레스가 앞장을 선 것 같다. 게다가 이번에는 예전에 그를 지지했던 귀족-과두정파의 일부도 민중정파와 힘을 합쳐 그를 견제했다. 특히 보수파의 또 다른 중심 세력인 알크마이오니다이 집안사람들은 보수 정파 안에서 주도권을 되찾아오기 위해 밀티아데스의 실패를 은근히 바라고 있었다. 이런 불안정한 상황을 극복하기 위해서는 또 다른 군사적 성공이 필요하다고 생각한 밀티아데스는 키클라데스의 페르시아군 거점인 파로스섬을 점령하기 위해 기원전 489년 봄, 아테네 시민들을 설득하여 70척의 전함을 이끌고 원정에 나섰다. 그러나 그는 이 원정에 실패하고 50탈란톤이라는 무거운 벌금형에 처해졌지만 이를 납부할 수 없어 감옥에 갇힌다. 그리고 얼마 있다가 전투 중에 부상당한 상처가 곪아 죽었다.[113]

밀티아데스가 떠나고 남은 힘의 공백을 차지하기 위해 기원전 490년부터 기원전 484년까지 테미스토클레스가 이끄는 민중정파와 히파르코스가 이끄는 친폭군정파, 그리고 알크마이오니다이 집안으로 대표되는 과두정파, 이 세 정파 사이에 치열한 권력 투쟁이 벌어졌다. 이때 각 진영이 사용한 대결 방법은 도편 추방 제도였다. 기원전 487/486년 아테네 시민들은 도편 추방 투표를 통해 폭군 독재자가 될 위험이 있는 두 인물, 즉 페이시스트라토스의 친척인 히파르코스와 과두정파의 지도자인 알크마이오니다이 집안의 우두머리인 메가클레스(클레이스테네스의 조카)를 추방했다. 폭군정으로 복귀할지 모른다는 일반 시민들의 불안을 잘 이용한 민중정파의 일방적인 승리였다.

그러나 민중정파의 승리도 확고한 것은 아니었다. 기원전 484년에는 민중정파의 지도자 가운데 한 명인 크산티포스가 추방을 당했다. 아마도 그에 대한 친폭군정파의 공격과 그가 비록 민중정파이지만 알크마이오니다이 집안 출신이라는 신분에 불안을 느낀 일부 민중정파 사람들의 견제 심리가 빚어낸 결과인 듯하다. 그리고 기원전 482년에는 엉뚱하게도 정의롭고 공명정대하기로 이름 높은 아리스테이데스의 추방이 결정되었다. 도편 추방 투표가 독재 가능성이 있는 인물을 견제하기 위한 원래의 목적을 벗어나 오로지 '남들보다 잘나 보이는' 인물을 추방하는 데 이용된 첫 번째 예다.

일련의 도편 추방의 결과로 테미스토클레스가 아테네의 실질적인 권력자로 남게 되었다. 그는 페르시아군을 막기 위해서는 해군력을 크게 증가하는 길만이 유일한 방법이라고 생각하고 아테네의 해군력을 크게 증강시켰다. 그리고 그의 예측은 정확한 것이었다.

기원전 480년, 페르시아 제국의 크세르크세스 황제는 몸소 전투병력만 264만 4610명이라는 천문학적 숫자의 군대와 3000척의 선단을 거느리고 제2차 그리스 원정을 떠났다. 여기에 비전투원의 숫자까지 합하면 총 528만 3220명에 이른다. 헤로도토스가 말하는 이 숫자[114]에 대해서는 의견이 분분하지만 당시로서는 세계 최대의 군대와 함대가 동원된 것만큼은 의심할 여지가 없다. 인류 역사상 최초의 민중정치 실험은 아테네 내부의 문제가 아니라 세계 최대 제국의 침입이라는 외부의 위협 때문에 위기에 처했다. 페르시아 전쟁의 운명은 곧바로 민중정치의 운명과 맞닿아 있었다.

같은 해에 벌어진 살라미스 해전에서 탁월한 장군이었던 테미스토클레스의 활약에 힘입어 그리스 해군은 페르시아 함대를 궤멸시켰다. 그리고 그다음 해인 기원전 479년, 스파르타의 왕 파우사니아스(기원전 470년쯤 사망)가 이끄는 그리스 연합군은 플라타이아(Πλάταια) 평원*에서 벌어진 전투에서 페르시아 장군 마르도니오스의 30만 대군을 고전 끝에 물리쳤다. 같은 날 그리스 연합 해군은

---

* 그리스 본토 보이오티아 지방 동남쪽에 있는 평원.

사모스섬 건너편에 있는 소아시아의 미칼레(Μυκάλη)반도 앞바다에서 대승을 거두고 페르시아 함대를 궤멸시켰다.

제2차 페르시아 전쟁 이후의 아테네 정치: 테미스토클레스와 아리스테이데스, 키몬

제2차 페르시아 전쟁에서 승리한 후, 그리스인들이 가장 시급히 해결해야 하는 문제는 그리스 본토 북부와 소아시아 지방에 남아 있는 페르시아 세력을 몰아내고 모든 그리스 폴리스를 해방하는 일이었다. 기원전 478년 그리스 폴리스들은 플라타이아 전투를 승리로 이끈 스파르타의 파우사니아스 왕을 이 일을 해낼 총사령관으로 뽑았다. 그러나 그는 폭군처럼 군림하며 다른 폴리스의 장군들을 노예처럼 부리려 했다. 이런 거만하고 난폭한 태도에 분노한 다른 그리스 폴리스의 장군들은 파우사니아스의 지휘를 거부하고 아테네인들에게 지휘를 맡을 것을 요청했다. 이런 보고를 받은 스파르타의 에포로이들은 파우사니아스를 소환하여 조사하는 동시에 다른 스파르타 장군들을 파견했다. 그러나 이미 국제 정치에 있어서 스파르타인들의 편협함과 무능을 경험한 그리스의 폴리스 대표들은 스파르타의 통수권을 받아들이기를 거부하자 이들은 하는 수 없이 되돌아와야만 했다. 그 뒤로 스파르타는 더 이상 다른 장군들을 파견하지 않았다. 스파르타인 자신도 그들의 장군이 외국에만 나가면 쉽게 타락하는 경향이 있음을 잘 알고 있었던 것 역시 더 이상 장군들을 파견하지 않은 이유 중 하나다.[115]

스파르타의 공백은 자연스럽게 페르시아 전쟁을 승리로 이끈 아테네가 차지하게 되었다. 기원전 478년 모든 그리스인의 존경을 받던 아테네의 아리스테이데스가 앞장서서 아테네를 중심으로 하는 델로스 동맹을 결성하고, 앞으로 그리스는 아테네가 이끄는 이 동맹을 중심으로 효과적으로 페르시아인과 맞서기로 합의했다.

델로스 동맹의 맹주가 된 아테네는 연이은 원정 성공과 아테네의 해군 작전을 지원하기 위한 동맹국의 분담금으로 엄청난 경제적 번영과 영광을 누렸다. 이를 바탕으로 다른 폴리스보다 훨씬 강력한 국가가 된 아테네는 다른 폴리스에 민중정치를 강요하고 탈퇴를 강제로 막는 등 점점 더 제국적이 되어갔다.

아테네는 비록 해외에서는 눈부신 발전과 영광을 누리고 있었지만 국내 상황은 심각했다. 도시는 완전히 파괴되었고 식량과 주거 문제가 심각했다. 시민들은 무엇보다도 먼저 집을 다시 지어야 했고, 정부는 시민들의 식량 문제를 해결하기 위해 모든 힘을 쏟아야 했다. 이 시기에 정권을 잡은 세력은 아레이오스 파고스 의회를 중심으로 하는 귀족들이었다. 전쟁 중에 아레이오스 파고스 의회는 돈이 없는 시민들도 무장하고 싸울 수 있도록 한 사람당 8드라크마를 지급하여 무장할 수 있게 도왔기 때문에 전쟁 후 시민들은 이들에게 권한을 위임했다. 기원전 479년부터 기원전 476년까지 귀족 계급을 지도한 사람은 정직하고 공명정대하기로 이름난 아리스테이데스였다.

같은 시기에 테미스토클레스를 중심으로 한 민중정파의 두드러진 활동은 눈에 띄지 않는다. 그러나 테미스토클레스는 살라미스 해전을 승리로 이끈 영웅으로서의 후광이 강하게 남아 있었기에 아직도 커다란 정치적 영향력을 행사하고 있었다. 그는 언제나처럼 앞으로 아테네가 나가야 할 길은 바다에 있다는 신념으로 해양 정책을 추진했다. 그는 바다에 열려 있어 방어하기가 힘든 팔레론항 대신에 깊숙한 만을 세 개씩이나 가지고 있는 페이라이에우스항의 건설에 힘을 쏟는 한편, 육군이 약한 아테네의 약점을 보완하기 위해 페이라이에우스에서부터 아테네에 이르는 성곽을 쌓는 일에도 열심이었다. 귀족파의 지도자 아리스테이데스 역시 정적 테미스토클레스의 이런 개혁안이 아테네의 안정과 번영에 도움이 된다고 생각했기에 진심으로 도왔다. 귀족들이 처음에 테미스토클레스의 해양 정책을 경계한 까닭은 이 정책이 시민 계층의 정치적 의식과 영향력을 키울 것이라는 불안 때문이었다. 그러나 살라미스 해전에서 강력한 해군력을 가지고 승리하고, 이어서 델로스 동맹을 바탕으로 아테네가 제국으로 발돋움하게 된 뒤 귀족들은 해양 정책만이 이 제국을 유지할 수 있는 유일한 수단임을 인정하지 않을 수 없게 되었다. 그래서 이제 귀족들은 처음에는 마지못해 채택했던 테미스토클레스의 해양 정책을 앞장서서 추진하기 시작했다. 당시 아테네의 지도자들은 오로지 나라의 발전과 안정에만 관심이 있었기에 사사로운 감정이나 정치적 계산에 얽매이지 않고 서로가 서로에게 의지하면서 가장 합리적인 정책을 세우고 추진하는 데에 힘을 모았다.

기원전 476년 보수파에서 아리스테이데스의 뒤를 이어 새로운 인물이 두각을 나타내기 시작했다. 바로 마라톤 전투를 승리로 이끈 밀티아데스의 아들 키몬(기원전 510년쯤~기원전 450년)이었다. 훤칠한 키에 짙은 머리카락, 잘생긴 얼굴에 다정다감하고 상냥한 성격에 부자인 데다 지도력이 있고 인심까지 후한 키몬은 기원전 476

년 장군으로 선출됐다. 그는 에우리프톨레모스(Εὐρυπτόλεμος)의 딸이자 알크마이오니다이 집안의 우두머리였던 메가클레스의 손녀인 이소디케(Ἰσοδίκη)와 결혼했는데, 이 결혼은 전통적으로 적대 관계에 있던 알크마이오니다이 가문과 필라이다이 가문의 화해를 가져왔다.

테미스토클레스가 주도한 해군의 성장은 새로운 정치 상황을 불러일으켰다. 해군은 비싼 무장을 갖추어야 하는 중무장 보병과는 달리 돈이 들지 않았기에 최하위 계층인 테테스들도 전쟁에 참전하여 공을 세울 수 있게 해주었다. 전쟁 후 절대다수였던 서민 계층이 전쟁 중에 자신들이 공헌한 바를 깨달으면서, 또 폴리스 발전에 자신들이 중요한 역할을 하고 있음을 인식하면서 더 많은 정치적 권리를 요구하기 시작했다. 이런 상황에서 귀족들은 가난한 다수 민중이 권력을 잡았을 때 자신들에게 어떤 좋지 않은 일이 일어날 수도 있다는 불안을 느꼈다. 이런 위험에 대처하기 위해 귀족들은 단결해야 한다는 공감대가 자연스럽게 형성되었다. 이때 적대적이던 귀족 가문을 하나로 묶을 수 있는 인물인 키몬이 등장한 것이다. 귀족들은 당장 그를 우두머리로 받아들였다. 누구보다도 아리스테이데스가 앞장서 키몬에게 자신의 자리를 물려주었다. 아리스테이데스의 뒤를 이어 아테네의 지도자가 된 키몬은 장군으로 뽑힌 기원전 476년부터 기원전 465년까지 놀라운 군사적 재능을 뽐내며 그리스 세계에서 페르시아인들을 내쫓는 데 성공했다.

기원전 476년 이후 아리스테이데스의 행적은 별로 알려져 있지 않다. 일설에는 그가 새로 만들어진 델로스 동맹의 행정을 맡아 동맹국을 돌아다니며 할당금을 책정하고 걷는 일[116]에 바빠 더 이상 국내 정치에 관련하지 않았다고 한다. 그러나 아테네 정치에서 보수파와 민중정파 사이의 중재자 역할을 했던 그의 부재는 심각한 불행을 가져왔다. 무엇보다도 야심을 숨기지 않고 남들을 쉽게 무시하는 태도 때문에 많은 사람들의 시기와 불신을 불러일으키는 테미스토클레스에게는 아리스테이데스의 부재가 치명적이었다.

제2차 페르시아 전쟁의 영웅 테미스토클레스의 최후[117]

페르시아 전쟁이 끝난 직후 살라미스 해전을 승리로 이끈 테미스토클레스의 인기는 하늘을 찌를 듯했다. 그러나 민중과의 소통을 게을리하는 성격을 가진 그는 그 명성과 인기를 이용하려는 시도를 거의 하지 않았다.

그는 아테네의 미래는 바다에 있다는 확신에 차 있었기에 과감한 해양 정책을 추진했다. 이 정책은 시민들에게 커다란 이득을 안겨줄 계획이기도 했다. 동시에 그의 시대에는 이해되기 어려운 이상적 계획이었다. 그러나 테미스토클레스는 자신의 해양 중심 정책이 갖는 의미와 중요성을 알려 민중의 이해를 돕는 노력을 하지 않았다. 오직 결과로 이야기하겠다는 생각이었다. 그리고 자기가 시민을 위해 옳은 일을 하는 한 민회가 자기를 지지할 것이라는 망상에 빠져 있었다. 그러나 그의 정책들은 시민의 의심과 불안을 불러일으켰다. 특히 그의 정책에 스파르타를 불안하게 만들어 충돌을 일으킬 수 있는 위험이 도사리고 있다는 점도 불안의 요소였다. 그럼에도 테미스토클레스는 민중들에게 자신의 극단적인 계획을 체계적으로 설명하고 설득하는 일을 거의 하지 않았다. 자신이 옳다고 생각하면 남들의 동의를 구하지 않고 밀어붙이는 성격이 문제였다.

그의 반대파들이 이를 이용했다. 보수파는 테미스토클레스의 야심이 끝이 없고, 그 야심이 아테네에 큰 불행을 가져올 것이라고 공격했다. 여기에 앞장선 사람은 키몬이었다. 그리고 이제는 더 이상 그를 두둔하고 지켜줄 아리스테이데스가 없었다. 키몬이 등장한 이후 아테네인들은 테미스토클레스를 나쁘게 평하는 사람들의 말에 점점 더 귀를 기울이게 되었다. 이에 대해 테미스토클레스는 자신의 과거 공적을 들추어내면서 자랑하며 자신에 대한 지지 철회를 배은망덕한 행위로 비난했다. 그러나 그럴수록 사람들은 오히려 그에 대해 더 큰 염증을 느낄 뿐이었다. 소통하지 않는 정치가의 비극이었다. 이렇게 테미스토클레스는 정치적 힘을 급속히 잃어갔다. 그리고 기원전 472/471년 아테네 시민들은 테미스토클레스의 도편추방을 결정했다.

추방당한 테미스토클레스는 처음에는 스파르타의 천적인 아르고스에 몸을 맡겼다. 그러는 사이에 스파르타에서는 페르시아 전쟁의 또 다른 영웅인 파우사니아스가 적국 페르시아와 내통한 사실이 드러나 배반죄로 처형당했다. 이 과정에서 테미스토클레스 역시 이 음모에 연루되었다는 증거가 드러났다. 비록 적국의 장군이었으나 테미스토클레스와 친했던 파우사니아스는 처음에는 페르시아의 힘을 빌려 그리스의 지배자가 되려는 자신의 음모를 감췄지만, 테미스토클레스가 추방을 당하고 괴로워하는 것을 보고 자신의 의도를 그에게 드러냈다. 테미스토클레스는 음모에 가담하라는 파우사니아스의 제안에 대해 즉시 거절했다. 그리고 자신이 강력히 반대하면 파우사니아스가 그런 터무니없는 음모를 포기할 것이라는 안일한 생각에 그를 고발하지는 않았다. 그러나 파우사니아스가 사형당한 뒤에 발견된 파우사니아스의 편지와 문서 가운데 테미스토클레스도 의심받을 만한 내용들이 들어 있는 것을 발견하게 된 것이다. 스파르타인들은 그렇지 않아도 자신들에게 공공연하게 적대감을 드러내는 테미스토클레스를 제거할 좋은 구실을 찾은 셈이었다. 그래서 스파르타는 아테네에 사절단을 보내 테미스토클레스도 파우사니아스와 동일한 형벌을 받아야 한다고 요구했고, 아테네 보수 정권은 이에 동의했다.118)

기원전 469년 친스파르타 인물인 키몬은 테미스토클레스를 페르시아와 내통한 죄명으로 고발하고 즉시 귀국하여 재판을 받으라고 소환했다. 그러나 테미스토클레스는 그 소환에 응하지 않고 여러 폴리스를 전전하다가 끝내는 페르시아로 망명했다. 그곳에서 그는 세 개의 그리스 폴리스의 폭군 독재자로 임명되어 부귀와 영화를 누렸다. 그러나 자유로운 영혼을 지닌 그가 자신에게 복종만 하는 노예들 사이에서 행복할 수는 없었다. 그의 영혼이 바란 것은 아고라와 극장에서 그를 보고 환호하는 시민들의 '브라보' 소리였다.

기원전 450년 페르시아 황제가 함대를 이끌고 아테네를 침략하라는 명령을 내렸을 때 희대의 영웅 테미스토클레스는 자신의 생애에 조국을 쳐들어가는 불명예를 덧붙이기를 거부하고 친구들과 마지막 향연을 벌이면서 독약을 먹고 자살했다. 망명을 하고 쫓기는 동안에도 그는 자신을 배반한 아테네 시민들이 원망스러웠겠지만 조용히 자신의 기구한 운명을 받아들일 뿐 조국 아테네를 배반하지 않았다. 그런 짓을 하기에 그의 성품은 너무 고매했다.

그의 유일한 유언은 자신의 뼈를 몰래라도 조국에 가지고 가서 묻어 달라는 것이었다. 오늘날 역사학자들은 기원전 395년에 아테네 시민들이 이 유언을 들어주어 그의 뼈를 가져와 그가 건설한 페이라이에우스 항구에 모셨다고 믿는다. 뒤늦게나마 그의 공적이 인정받았기에 가능한 일이었을 것이다. 그리고 그의 후손 중 일부는 다시 아테네로 돌아와서 살았다고 전해진다.

그리스의 자유와 이상을 위해 온몸을 던져 나라를 구한 제2차 페르시아 전쟁의 영웅 테미스토클레스는 이렇게 정치 투쟁 때문에 희생되었다. 그리고 영웅은 자신의 행동뿐 아니라 운명까지 책임진다는 그리스인들의 정신에 따라 담담히 죽음을 맞았다.

15

에피알테스의 사법개혁

프닉스 언덕에 서서

아크로폴리스의 현관 건물인 프로필라이아에서 반대편을 바라보면 프닉스 언덕이 보인다. 그곳은 클레이스테네스가 민중정치 개혁을 한 다음해인 기원전 507년부터 아테네의 민회가 열리던 곳이다. 그 전까지 민회는 아크로폴리스 북쪽에 있는 아고라에서 열렸다. 바로 이 언덕이 테미스토클레스와 아리스테이데스, 페리클레스, 알키비아데스(기원전 450년쯤~기원전 404년쯤)와 같은 아테네의 출중한 정치가들이 민중을 상대로 연설을 하던 곳이다. 또 아테네의 영광이 운을 다해가던 기원전 4세기에는 데모스테네스(기원전 384년~기원전 322년)가 마케도니아의 필리포스 2세(기원전 382년~기원전 336년)를 비방하던 곳이다. 그러나 민중정치 탄생의 가장 오래되고 중요한 장소인 이 프닉스 언덕을 찾는 사람들은 많지 않아 입장료조차 받지 않는 외면받은 곳이기도 하다.

한때 언덕을 가득 채운 민중들 때문에 숨이 막혀 '프닉스(숨 막힘)'라 불렸던 이 언덕에는 지금은 텅 빈 바위들과 연단으로 쓰이던 인공 계단만이 쓸쓸히 남아 있다. 기원전 5세기 후반에는 6000명에서 1만 3000명을 수용하기 위해 반원형 목조 테라스를 만들기도 했지만 기원전 1세기 들어 디오니소스 극장으로 민회 장소를 옮기면서 버림을 받게 됐다. 그리고 로마 시대에 이 언덕은 치유의 신인 '제우스 힙시스토스(Ζεὺς Ὕψιστος)'의 성소로 변질되어 기복 신앙의 장소로 전락했다.

해 질 무렵 이곳에 서서 석양에 물드는 아크로폴리스의 모습을 바라보면 예술은 길고 정치는 짧다는 생각이 절로 든다. 그리고 그 생각이 아크로폴리스를 더욱 아름답게 만들고 프닉스 언덕을 더욱 덧없게 만든다.

기원전 470~기원전 460년의 아테네 정치 상황: 에피알테스의 사법개혁과 키몬의 추방

테미스토클레스가 도편 추방을 당한 기원전 471년 이후 기원전 465/464년까지 훌륭한 지도자를 잃은 아테네 민중정파의 활동은 거의 없었다. 이 시기 동안 승승장구하면서 아테네를 이끈 것은 귀족파의 우두머리인 키몬이었다. 그는 델로스 동맹의 이름으로 치르는 페르시아와의 전쟁에서 연승을 하면서 아테네에 큰 영광과 번영

클레이스테네스의 개혁 뒤 아테네의 민회가 열리던 프닉스 언덕.
왼쪽 뒤편으로 아크로폴리스가 보인다.

을 가져다주었다. 그 가운데 기원전 468년과 기원전 467년 사이에
지금 터키의 아스펜도스(Ἄσπενδος) 부근의 에우리메돈(Εὐρυμέδων)
지역에서 벌어진 전투의 승리는 특히 중요하다. 그는 소아시아에
남아 있던 가장 규모도 크고 강한 전력을 가지고 있던 페르시아군
에 바다와 육지에서 하루에 두 번 승리하는 전과를 올렸다. 이 승리
는 기원전 480년과 기원전 479년에 있었던 살라미스와 플라타이아
에서의 승리보다 더 크다는 평가를 받았다. 이 패배 이후 페르시아

는 소아시아에서의 주도권을 완전히 잃게 되었다.

아테네가 이렇게 밖으로 제국주의적 팽창 정책에 주력하는 동안 나라 안에서는 절대다수를 차지하는 제일 아래 계층 테테스가 자신들의 정치적 힘을 의식하기 시작하면서 더 강력한 정치 참여권을 요구하며 민주화에 대한 열망을 키워갔다. 델로스 동맹이 가져온 번영은 가난한 시민들에게 선원이나 새로운 식민지 시민, 또는 새로운 건설을 위한 일자리 등을 풍부하게 제공하여 장래에 대한 불안을 없애주었다. 특히 델로스 동맹의 운영을 맡은 아리스테이데스는 아테네 제국의 원만한 운영에 꼭 필요한 인적 자원을 확보하기 위하여 농민들로 하여금 자신의 농지를 떠나 도시에 거주하게 부추겼다. 이렇게 도시로 유입된 농민들은 제국의 원정군, 수비군, 공무 종사자로 복무하면서 전보다 훨씬 높은 수입을 올릴 수 있었다. 시민들은 살라미스 해전 때부터 그 후의 성공적인 해외 원정에까지 선원으로 복무하면서, 자신들이 전쟁의 승리와 아테네의 번영에 큰 공로가 있음을 잘 의식하고 있었기에 자부심으로 가득 차 있었다. 테미스토클레스의 도편 추방으로 거의 유일한 권력자가 된 키몬도 시민들의 이런 자부심을 정치적으로 이용하기 위해 원정에서 돌아올 때마다 아고라에 세운 승전비에 아테네 시민들이 얼마나 결정적인 공헌을 했는지를 강조해 새겨 놓았다. 이제 시민들은 자신들의 공로에 걸맞은 정치적 권리를 누리기를 바라게 되었다. 귀족들이 테미스토클레스의 해양 정책에 대해 가지고 있던 막연한 불안감이 현실로 드러나게 된 것이다. 키몬은 시민들의 정치적 요구를 자신이 누리던 절대적 인기와 권위로 얼마간은 막을 수 있었다.

아테네 내부의 결정적인 정치적 변화는 뜻하지 않았던 곳에서 시작되었다. 기원전 464년, 스파르타에 국가 전체가 마비될 정도로 큰 지진이 나자 헤일로타이 반란이 일어나 제3차 메세니아 전쟁이 터졌다. 이때 키몬은 스파르타가 멸망하면 그리스 세계 전체가 위협을 받게 된다는 논리를 앞세워 스파르타를 돕기 위한 파병을 해야 한다고 아테네 시민들을 설득했다. 반대로 에피알테스를 비롯한 민주파 지도자들은 스파르타가 이 전쟁을 치르는 동안 약해지게 내버려두어야 한다고 주장했다. 아테네 시민들은 귀족들과 달리 그리스 세계를 스파르타와 함께 나눠 갖기를 바라지 않았다.

아테네는 제1차 페르시아 전쟁 때 그리스의 최강국인 스파르타의 도움 없이 마라톤 전투를 승리로 이끌었고, 제2차 페르시아 전쟁 때에는 자신들이 가지고 있던 전함이 살라미스 승리에 결정적인 공을 세웠다는 사실에 고무되어 있었다. 게다가 전쟁 이후 그리스 땅과 소아시아에 남아 있던 페르시아 세력을 쫓아내는 일은 스파르타가 아닌 자신들이 맡아 크게 성공하고 있다는 것에 대해 큰 자부심을 가지고 있었다. 특히 아테네는 불과 2년 전에 다르다넬스 해협의 에온과 소아시아 남부의 에우리메돈강에서 페르시아군을 크게 물리치고 전 그리스 세계의 유일한 패권자로 확실한 자리매김을 한 상태였다. 테미스토클레스를 비롯한 민중정파 지도자들은 이런 자신감에 근거하여 스파르타를 제외하고 아테네가 그리스 세계의 맹주가 되어야 한다고 주장했다. 그러나 아리스테이데스와 그의 후계자인 키몬과 같은 귀족들은 스파르타와의 대결은 결국 전 그리스 세계를 위험에 빠뜨리게 될 것이라고 경고하며 스파르타와의 협조와 공존을 주장했다.

페르시아 전쟁 뒤 귀족파가 정권을 잡았던 17년 동안 아테네는 친스파르타 정책을 취했기에 두 강대국 사이에 긴장 상태는 일어나지 않았다. 그 시기에 스파르타의 보수 세력이었던 에포로이들은 헤일로타이의 해방까지도 생각하며 스파르타의 전통적인 정치체제를 개혁하려 했던 왕 파우사니아스에 대해 정치적 공세를 퍼부어 끝내 죽음에 이르게 했고, 아테네의 귀족파는 이에 호응하여 반스파르타 정책을 주도하던 테미스토클레스를 제거했다.

귀족파와 민중파는 국내 정치에 있어서도 날카롭게 대립하여 아테네는 긴장 상태에 놓여 있었다. 페르시아 전쟁이 끝난 뒤 아테네 일반 시민들 사이에서는 귀족들의 과두정 독재에 대한 공포가 확산되어 있었다. 폭군 독재자를 몰아내고도 국가 대화합을 위하여 그들의 친척과 친구들을 추방하지 않은 것이 지금 와서는 민중들에게 적지 않은 위협으로 느껴지기 시작했다. 민중들은 과두정의 위험을 방지하기 위한 수단으로 도편 추방 제도를 통해 귀족들을 견제했다. 귀족파였던 키몬도 그런 민중들의 불안을 잠재우기 위해 정권을 잡고 있는 동안 참주정에 대한 반대 의사 표명을 여러 번 해야 했다. 그는 이런 의사 표명으로 과두정을 지지하는 귀족 세력과 차별화를 강조하면서 폭군정이나 과두정을 연상시키는 행동이나 정책을 조심스럽게 피했다. 전쟁 중에 페르시아인들이 가져간 '폭군 살해자' 상을 대신하여 새로운 '폭군 살해자' 상을 다시 아고라에 세운 것도 키몬 치하 때였다. 그리고 폭군정을 무너뜨리는 데에 앞장섰던 클레이스테네스가 속한 알크마이오니다이 집안은 아직도 민중 사이에 존경을 받고 있었다는 점도 정권을 잡고 있는 귀족들에 대한 민중들의 불안을 상당히 덜어주고 있었다. 하지만 귀족 과두정파와 민중정파 사이의 긴장은 물밑에 숨어 있어 어떤 계기를 만나기만 하면 언제든지 표면으로 떠오를 수 있었다.

페르시아 전쟁 후 존재감을 드러내지 못하던 민중정파 인물들이 적극적인 정치 활동을 시작한 것은 기원전 463년부터였다. 이해에 에피알테스와 페리클레스라는 두 정치 신인이 이끄는 민중정파는 키몬을 뇌물수수죄로 고발했다. 키몬은 증거 불충분으로 무죄 판결을 받았지만 이 사건을 계기로 민중정파는 정권 쟁취를 위한 공세를 더 강하게 밀어붙이기 시작했다. 특히 아래 계층인 제우기타이와 테테스는 자신들도 고위 공직에 오를 수 있도록 하는 정치개혁을 강력하게 요구하는 상황을 적극적으로 이용했다.

이런 와중에 기원전 464년 스파르타에 큰 지진이 났다. 이 지진으로 스파르타 도심의 집은 다섯 채를 제외하고 모두 무너졌고,119) 적어도 21만 명 이상이 죽음을 맞을 정도로 큰 피해를 입었다. 그러자 이를 기회로 헤일로타이들이 반란을 일으켰다. 위기를 느낀 스파르타가 아테네에 도움을 요청하자 아테네 민회의 의견은 첨예하게 대립했다. 키몬은 스파르타가 약화되면 그리스 세계 전체가 불구가 될 위험이 있으므로 당연히 원군을 보내야 한다고 민중을 설득한 반면, 그의 새로운 정적으로 떠오른 민중정파의 에피알테스는 위기에 빠진 스파르타를 약하게 되도록 그냥 내버려두는 것이 아테네에 이익이 된다고 주장했다. 그러나 아직도 강력한 정치적 영향력을 가지고 있던 키몬은 민회를 설득하여 스파르타를 돕기 위한 파병 안을 통과시켰다. 그러나 이 성공은 귀족들과는 달리 그리스 세계에 두 개의 강국이 공존하기보다는 아테네가 주도권을 잡기를 원했던 아테네의 민중에게는 인기가 별로 없었다. 키몬의 정치적 몰락은 이렇게 시작되었다.

기원전 462년 키몬이 스파르타를 돕기 위해 4000명의 정예부대를 이끌고 펠로폰네소스로 출정하자 이를 계기로 민중정파의 우두머리 에피알테스는 아레이오스 파고스의 의원들이 공금을 올바로 쓰지 않고 유용하는 등 공무 수행상의 부패와 월권을 하여 공직의 명예를 더럽혔다는 죄목으로 아레이오스 파고스 의원 다수를 재판에 회부하여 제거하고, 아레이오스 파고스의 거의 대부분의 권한을 500인회와 민회와 시민 법정에 넘기는 법안을 제안했다.[120] 민회는 에피알테스가 제안한 법안을 쉽게 승인했다. 키몬의 부재가 결정적이었다. 이런 방법으로 에피알테스는 귀족들의 정치적 보루인 아레이오스 파고스의 정치적·사법적 권한을 거의 모두 빼앗았다. 이렇게 아테네의 민중정치는 완성을 향해 또 한 걸음 나아갔다.

에피알테스가 어떤 인물이었는지는 자료가 거의 없어 알 수가 없다. 아리스토텔레스는 그를 '생각이 깊고 매수가 불가능하며 나라 일에 항상 공정한 인물'[121]이라고 평했다. 다만 그는 당시 최고의 선생들에게서 철학을 배운 것으로 알려져 있다. 그는 가난했지만 심지어 친구들에게서조차 조그만 선물도 받지 않았다고 한다. 플루타르코스는 그가 "철저한 민중정파였고 아리스테이데스와 마찬가지로 공금을 횡령하지 않은 사람"[122]이었고, "시민의 권리를 신장시키는 문제에 있어서 타협을 몰랐으며 평민에게 해를 끼치는 사람을 예외 없이 처단했기 때문에 귀족에게는 상당히 위협적인 존재였다"[123]고 전한다. 아레이오스 파고스의 의원들을 고발하고, 그 권한을 대폭 줄인 에피알테스의 행동은 많은 귀족을 적으로 만들었다. 특히 부정을 저지른 귀족들은 그의 강직함과 정의로움이 두려웠다. 그런데 귀족파 집단에는 예전부터 정치적 목적을 위해 폭력과 살인을 주저하지 않는 비밀 행동 조직이 있었다. 아레이오스 파고스의 권한 축소 조치 직후에 바로 이들이 움직였다. 기원전 461년, 기회를 엿보던 그의 정적들은 타나그라 사람 아리스토디코스를 시켜 에피알테스를 암살했다.[124]

아레이오스 파고스의 권한을 크게 줄이고 민중의 힘을 대폭 강화하는 에피알테스의 법안이 통과되었다는 소식이 스파르타에까지 전해지자 "아테네인들의 모험적이고 개혁적인 기질을 걱정하고 있던 스파르타인들은 키몬을 따라온 아테네 병사들이 혹시나 자기 영토에 머무르게 되면 반란을 일으킨 헤일로타이와 한편이 되어 개혁을 꾀하지 않을까" 하는 불안에 빠졌다. 그런 까닭에 스파르타인들은 아테네인들에게 "더 이상 도움이 필요 없으니 돌아가 달라"고 부탁했다. 아테네인들은 스파르타인들이 자신들에게 근거 없는 의심을 품고 있음을 알아차렸고, 자신들이 스파르타인들로부터 이런 부당한 대우를 받는 것에 분개했다.[125]

이런 수모 속에서 아테네로 돌아온 키몬은 자신이 펠로폰네소스에 가 있던 짧은 기간에 아테네 시민들의 마음이 완전히 돌아섰다는 것을 이해하지 못했다. 특히 그는 함께 원정을 갔던 중무장 병사들이 스파르타인들에게 부당한 대우를 받은 데에 대해 생긴 분노와 아테네 본국의 민중을 위한 정치개혁을 보며 느낀 호감도 눈치채지 못했다. 그들은 자신의 장군이 더 이상 아테네 민중의 지지를 받고 있지 못함을 직감했다. 키몬은 자신을 저버린 아테네 민중에 대한 섭섭한 마음과 분노를 느끼며 클레이스테네스 민중정치 개혁 체제가 인정한 아레이오스 파고스의 옛 권한과 영광을 복구하기 위해 노력했다. 그러나 이미 시대는 변해 있었다. 그런 행동을 통해 그가 얻은 것은 더 큰 민중들의 반감뿐이었다. 일단 민중의 미움을 사게 되자 예전의 승리와 공로는 잊히고 오히려 그의 친스파르타적 성향이 비판의 대상이 되고 말았다. 기원전 461년, '민중 혐오'와 '친스파르타적 성향'이라는 죄명으로 키몬의 도편 추방이 결정되었다. 아테네의 귀족파는 아무런 대안도 없이 졸지에 지도자를 잃은 반면, 민중정파는 암살당한 에피알테스의 뒤를 이어 페리클레스라는 출중한 지도자가 출현했다.

에피알테스 사법개혁의 의미

진정한 민중정치가 이루어지기 위하여 법이 공정하게 집행되어야 한다. 아무리 좋은 법이라도 운영이 정당하지 않다면 정의 구현은 불가능하다. 그런 까닭에 사법제도의 개혁이야말로 민주화에 가장 핵심적이고 궁극적인 부분이다. 아테네의 사법 혁명은 다른 정치 체계의 기구들과 마찬가지로 솔론에서부터 시작된다. 솔론은 귀족들의 의회였던 아레이오스 파고스의 재판에 불만을 품은 시민들이 시민 법정에 항소하여 다시 재판을 받을 수 있게 하였다. 그리고 이 시민 법정의 배심원단은 민회에서 제비뽑기로 뽑힌 시민만으로 이루어져 있었다. 이렇게 하여 힘없는 시민들이 권력자의 눈치를 보지 않고 자신의 권리를 주장할 수 있게 되었다. 아울러 솔론은 모든 시민에게 노예를 비롯하여 누구든 불의를 당한 사람을 보면, 그 가해자가 누구이든 그 사람을 대신하여 시민 법정에 고발할 수 있는 권리도 부여했다. 그는 이런 방법을 통해 시민들 전체가 정의 앞에 한 몸처럼 행동하도록 유도했다.

매년 선출되는 아홉 명의 아르콘과 이전에 아르콘을 지냈던 사람들로 구성된 아레이오스 파고스는 솔론의 개혁 이후에도 강력한 권위 기관으로 남아 있었다. 당시 아홉 명의 아르콘은 민회에서 투표로 뽑았는데, 투표는 권위와 명성, 고급 교육과 교양을 갖추고, 거기에 선거 운동에 필요한 많은 돈을 가진 귀족들에게 절대적으로 유리했기 때문에 당시의 아르콘직은 귀족들의 전유물이었다. 이를 시정하기 위해서 기원전 487년부터는 열 개의 부족에서 각각 한 명씩, 모두 열 명의 아르콘을 선거가 아니라 제비뽑기로 뽑게 되었다. 고대 아테네인들은 제비뽑기가 가장 공정한 선출 방법이자 신의 결정이라고 믿었기에 이런 변화를 쉽게 받아들였다. 그와 동시에 아르콘의 피선거권도 폴리스의 제1시민계급인 펜타코시오메딤노이뿐만 아니라 제2계급인 히페이스에게도 부여했다. 그러나 이렇게 뽑힌 아르콘도 일단 아레이오스 파고스의 일원이 되면 바로 기득권 세력에 합류하여 가진 자의 편이 되는 일이 많았고, 또 부패하는 경향도 보였다. 아레이오스 파고스의 가장 강력한 권한은 아르콘의 부패나 비리를 심판하고 탄핵할 수 있는 '법률 수호권'이었다. 그러나 아레이오스 파고스 자체가 전현직 아르콘들로 구성되어 있었기 때문에 거의 비행을 덮어주는 데에만 열중했다. 말하자면 전관예우를 한 셈이다. 이렇게 일방적으로 가진 자들이 자기 편 사람을 무작정 편드는 폐습이 계속되는 한 공정한 법의 집행은 이루어질 수 없었다.

제2차 페르시아 전쟁이 끝난 뒤에 자신들의 실력과 권리에 눈을 뜬 아테네 민중들 사이에는 사회적 저명인사의 압력이나 부자들의 뇌물에 휘둘리지 않고 공정하게 법을 해석하고 판결을 내리는 보다 민주적인 사법제도가 필요하다는 공감대가 형성되어 있었다. 아테네 시민들은 또 일반 시민들의 상식과 정서를 벗어나는 법 해석과 집행에 대해 심각한 불만을 가지고 있었다. 아무리 법이 민주적으로 만들어졌다 하더라도, 공정하고 정직하게 해석되고 적용되지 않는다면 사법권은 아무런 의미가 없다. 이런 부당함을 바로잡고 일반 시민들의 법 정서에 어울리는 법의 집행이 이루어질 수 있도록 한 것이 바로 에피알테스의 사법개혁이었다.

에피알테스의 사법개혁의 핵심은 두 가지다. 첫 번째는 배심원단 제도를 확립한 것이다. '헬리아이아'라고 불리는 아테네 시민 법정의 배심원단은 열 개의 데모스가 각각 30세 이상의 남자 시민 가운데 600명씩 무작위 제비뽑기로 선출하여 보낸 6000명의 배심원들로 구성되었다. 배심원의 임기는 1년이었다. 각 데모스를 대표하는 600명의 배심원단은 제비를 뽑아 순서를 정한 뒤 1년의 10분의 1 기간 동안 재판을 나누어 맡았는데, 중요한 사안을 재판할 때는 두 배심원단 이상이 모여 재판을 할 때도 있었다. 그리고 국가의 운명을 좌우할 정도로 아주 중요한 사건일 경우에는 열 개의 배심원단 모두가 모여 재판을 했다. 그러나 평소의 재판은 600명의 배심원단 가운데 501명만 참석하면 정족수를 채운 것으로 간주됐다.

시민 법정에는 배심원단을 지도하는 판사도 없었고, 검사나 변호사와 같은 원고나 피고, 배심원단에 영향력을 끼치는 전문 법조인도 존재하지 않았다. 또 모든 재판은 하루 만에 끝났고, 배심원들은 원고와 피고, 양측의 발언을 다 듣고 무기명 투표를 통해 판결했다. 중요한 것은 배심원에게는 1년 임기가 끝난 뒤에 자신이 재판한 사건에 대해 추후 조사를 받고 책임져야 하는 의무 규정이 없었다. 배심원은 단지 맡은 재판에 항상 온 신경을 집중하여 "법과 규칙에 따라, 법이 미처 준비되어 있지 않은 경우에는 양심에 따라 공정한 재판을 할 것"을 맹세하기만 하면 되었다. 따라서 배심원 각자는 자신의 양심과 양식에 따라 판결할 수 있었다.

또 한 가지 중요한 것은 이런 제도에서 배심원을 매수하거나 회유하기는 거의 불가능했다는 점이다. 우선 6000명이라는 배심원단의 숫자가 그런 일을 어렵게 만들었다. 게다가 기원전 4세기 이후에는 그날의 재판을 맡을 배심원을 매일 그날 아침에 추첨으로 결정했기에 매수나 압력 넣기와 같은 부당 행위가 일어날 확률은 거의 없었다. 재판의 결정은 과반수로 정해졌다. 상급 법원은 존재하지 않았기에 한번 내려진 판결에 이의를 제기할 방법이 없었다.

첫 번째 개혁에 못지 않은, 아니 실은 어쩌면 그보다 더 큰 의미를 가지고 있는 에피알테스의 두 번째 사법개혁은 아레이오스 파고스로부터 '법률 수호권'을 박탈하여 이 기능을 시민들의 500인회와 민회에 넘기고, 앞으로 아레이오스 파고스는 계획적 살인과 상해, 방화, 기타 종교적 의례에 대한 신성모독 행위에 대한 재판만 다루게 하여 권한을 크게 줄인 것이다. 이미 솔론의 사법개혁 이후로 민사상이나 형사상 모든 사법적 판결은 시민 법정의 몫이었다. 여기에 에피알테스가 정부를 맡아 운영하는 정부 최고위직에 대한 감시와 조사, 아울러 아르콘을 탄핵할 수 있는 권한인 법률 수호권까지 넘겨주게 되자 시민 배심원단으로 구성된 시민 법정은 사실상 아테네 공공생활의 가장 근본적인 법의 해석과 집행을 맡은 최고의 권력 기관으로 군림하게 되었다. 그리고 한때 최고의 권위와 권력의 상징이었던 아르콘들은 벌금형이나 구금과 같은 사소한 범죄에 대한 판결을 맡게 되어 권위를 상실했다.

아르콘을 비롯한 모든 공직자에 대한 탄핵권이 시민 법정으로 넘어왔다는 것은 아테네의 자유시민들은 누구나 상위 두 계층에서 제비뽑기로 선출되는 아르콘들을 비롯한 모든 공직자들이 법을 제대로 지키고 있는지를 매일 직접 감시하고, 혹시 부정부패를 비롯한 잘못이 발견되면 언제든 기소할 권리를 갖게 되었음을 의미한다. 그리고 이렇게 기소된 사건을 조사하고 판결을 내리는 권리도 시민 법정이 가지고 있었다. 이렇게 되자 그 어떤 공직자도 혈통이나 지위, 재산 정도에 관계없이 이런 엄정한 시민들의 감시를 벗어날 수 없게 되었고, 그 누구도 민중의 동의와 지지 없이는 어떤 권력도 행사할 수 없게 되었다. 사실상 민중이 나랏일의 모든 분야를 감시하고 통제하는 최고 권력자의 자리를 차지하게 된 것이다. 그 결과, 아무런 공직을 갖고 있지 않은 평범한 시민들도 더 이상 큰 권한을 가지고 있는 공직자들을 두려워하지 않게 되었다. 이렇게 민중이 나랏일의 모든 분야에서 권력을 스스로 행사하는 진정한 주권자가 되면서 아테네에서는 인류 역사상 처음으로 모든 시민이 동등한 정치적인 힘, 즉 동등한 권력을 누리는 '권력 앞의 평등' 즉 '이소크라티아(ἰσοκρατία)'가 이루어졌다. 이로써 아테네 시민은 누구나 '권력의 공포로부터 자유'를 누리게 되었다.

이제 진정한 민중정치를 완성하기 위해서 남은 것은 모든 시민이 신분이나 재산 등의 자격에 구애받지 않고 모두 동등하게 공직에 오를 수 있는 '법 앞의 평등', 즉 '이소노미아(ἰσονομία)'를 구현하는 것이었다. 민회나 시민 재판뿐 아니라 모든 공직에 차별 없이 참여할 수 있어야 완전한 시민이라 할 수 있기 때문이다. 이를 위해서는 모든 자유시민에게 모든 공직에 오를 수 있는 피선거권을 주는 것과 가난한 서민들까지도 생계를 걱정하지 않고 공직을 맡을 수 있도록 경제적 평등을 이루는 일이 필요했다. 그리고 그 마지막 임무는 페리클레스란 정치적 천재에게 맡겨진 일이었다.

16

페리클레스의 시대

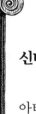

신다그마 광장에서

아테네의 중심 신다그마 광장은 그리스의 심장이다. 고대 그리스인들은 아마도 심장이라는 낱말 대신 자신들의 전통적 어법에 따라 그리스의 '옴팔로스(Όμφλος)', 즉 '배꼽'이라고 했을 것이다. 1843년 9월 3일, 당시 그리스의 국왕 오토는 입헌군주제를 요구하는 성안 시민들의 압력에 못 이겨 바로 이 광장이 내려다 보이는 궁전 발코니에서 그리스의 헌법을 선포했다. 그때부터 이 광장은 '신다그마(Σύνταγμα) 광장', 즉 '헌법 광장'이라 불린다. 그런데 민중정치를 탄생시킨 그리스의 근현대사는 오로지 민중정치를 쟁취하기 위한 역사다. 역사의 아이러니다.

2012년 4월 4일, 그리스에서는 78세의 약사 디미트리오스 흐리스툴라스가 "쓰레기통을 뒤지지 않고 인간의 존엄성을 지키기 위해" 자살했다. 경제 양극화가 가져온 비극의 현장이다. 민중정치는 절대로 완성된 기성품이 아니다. 이루어질 듯하다가도 좌절되는가 하면, 다 이루어진 듯 보이다가도 한순간에 무너지는 허망하고 세심하고 연약한 체제다. 시민들이 온 힘을 다해서 정신을 바짝 차리고 지키지 않는다면 결코 얻을 수 없는 이상향이다. 그런데 많은 사람들이 민중정치를 '주어진 것'으로 착각한다. 그렇게 착각하는 것이 눈을 부릅뜨고 민중정치를 지키는 것보다 더 편하기 때문이다. 그러나 그런 안일주의가 가져오는 것은 훨씬 불편하고 불행한 가진자들의 횡포와 독재뿐이다. 2011년 여름, 신다그마 광장에는 나라를 망쳐 먹고 오히려 적반하장격으로 염치없이 국민들에게 희생을 강요하는 정치꾼들에 항의하기 위한 수많은 천막이 쳐져 있었다. 노인들의 연금은 하루 사이에 반 토막 났고 젊은이들은 실업에 희망을 잃었다. 그들의 절망적인 상황 앞에서 민중정치의 미래를 다시 묻는다. 민중정치가 태어난 이곳에 또 다시 평화와 번영의 시기가 올 것인가? 언제? 어떻게? 대답은 잘 모르겠다.

페리클레스의 인물됨

민중정파의 지도자 에피알테스가 암살당하고 귀족파의 지도자 키몬이 도편 추방을 당한 기원전 461년부터 페리클레스(기원전 495년쯤~기원전 429년)가 페스트에 걸려 죽는 기원전 429년까지 32년을 흔히 '페리클레스의 시대'라고 한다. 후대 역사가들은 바로 이 시기

그리스 아테네 신다그마 광장 쪽에서 본 국회의사당. 1843년 그리스의 국왕이 당시 왕궁이던 이곳에서 입헌군주제를 수용하는 헌법을 선포했다. 신다그마는 '헌법'이라는 뜻이다.

를 '그리스의 황금시대'라고 부른다. 이 기간 동안 페리클레스는 몇 년을 제외하고 매해 장군으로 선출되면서 권력의 중심에 머물렀다. 특히 그의 최대 정적이었던 보수파의 우두머리 멜레시오스의 아들 투키디데스*마저 도편 추방을 당한 기원전 443년부터는 14년 동안 연속으로 장군으로 선출되었을 뿐만 아니라 실질적인 최고의 권력

* 역사가 투키디데스와는 다른 인물이다.

자 자리인 '스트라테고스 아우토크라토르(Στρατηγός Αὐτοκράτωρ)'*로 뽑혀 거의 전권을 휘두르며 아테네를 그리스 세계의 최고 국가로 이끌었다. 이런 페리클레스 시대의 아테네 민중정치를 보고 당대의 역사가 투키디데스는 "이름은 민중정이지만, 실제 권력은 제1인자 한 사람 손에 있었다"126)라고 평했다.

페리클레스의 집안은 아테네 최고 명문가 가운데 하나였다. 그의 아버지는 기원전 479년 미칼레 해전에서 페르시아 해군을 궤멸시킨 크산티포스 장군이었고, 제1차 페르시아 전쟁 이후에는 마라톤 전투를 승리로 이끈 귀족파의 우두머리 밀티아데스에 맞서 민중정파를 이끈 정치가였다. 또 그의 어머니는 아테네의 귀족 가문 중에 가장 두드러진 알크마이오니다이 집안 출신으로, 기원전 506년에 민중정치 개혁을 이끌었던 클레이스테네스의 조카딸이었다. 플루타르코스는 페리클레스의 어머니가 그를 임신했을 때, 사자 새끼를 낳는 태몽을 꾸었다고 전한다.127) 이런 훌륭한 집안 배경 덕분에 그는 어려서부터 좋은 교육을 받을 수 있었다.

페리클레스는 기원전 495년에 태어났다. 그가 다섯 살 때 제1차 페르시아 전쟁이 일어났고, 아홉 살이었던 기원전 484년에는 아버지 크산티포스가 도편 추방당하는 것을 지켜봐야 했다. 그리고 15~16세 시절에는 제2차 페르시아 전쟁이 벌어졌다. 이런 경험이 그를 어려서부터 신중하게 말을 하고 행동하도록 만든 것 같다. 플루타르코스에 의하면 페리클레스는 젊어서부터 시민을 두려워했다

---

* '독재권을 가진 장군'이라는 뜻으로 최고 사령관직을 나타내는 낱말이다.

고 한다. 무엇보다도 그 자신이 귀족 출신 부자인 데다 그의 친구들까지 모두 귀족 출신이었기에 혹시 도편 추방을 당하지 않을까 전전긍긍했고, 더구나 생김새부터 목소리와 말투까지 아테네의 폭군 독재자였던 페이시스트라토스와 너무 닮았다는 이야기를 많이 들었기에 더욱 그렇게 될 위험이 크다고 느꼈다는 것이다. 그런 까닭에 그는 젊어서는 정치를 멀리했다. 그러나 그가 정치를 시작했을 때에는 귀족 출신이었음에도 아버지 크산티포스처럼 소수인 귀족 부자들에게 등을 돌리고 다수인 가난한 민중 편에 섰다.[128]

페리클레스가 처음으로 민중들 앞에 나선 것은 스물세 살 때인 기원전 472년이었다. 그해에 그는 아이스킬로스(기원전 525/524년~기원전 456/455년)의 연극 〈페르시아인들〉의 공연을 재정적으로 지원하는 코레고스(χορηγός)*를 맡았다. 그리고 32세 때인 기원전 463년에 처음으로 장군직에 선출되었다. 그해에 에피알테스를 비롯한 민중정파가 키몬을 뇌물수수죄로 고발했을 때 페리클레스는 키몬의 회계보고서를 조목조목 비판하면서 민중정파를 대변하는 정치가로서 두각을 나타내기 시작했다. 그리고 기원전 461년 에피알테스가 암살당하자 민중정파의 지도자로 정치판 한가운데로 나갈 수밖에 없었다. 민중정파의 지도자가 된 페리클레스는 바로 그해에 귀족파의 지도자이자 자신의 최대 정적인 키몬을 적국인 스파르타와 내통한 아테네 시민의 적이라고 비난하면서 도편 추방하는 데 성공했다. 큰 부자로서 자신의 재산을 시민들에게 아낌없이 제공

---

* 고대 아테네에서 연극을 올리기 위한 모든 비용을 대는 부자를 일컫는 말.

하는 한편, 해외 원정에서 찬란한 승리를 많이 거두었기에 시민들의 존경과 인기를 한 몸에 받고 있었던 키몬을 추방시킨 것은 페리클레스의 엄청난 정치적 승리였다. 그만큼 아테네 시민들은 페리클레스를 신임하기 시작한 것이었다. 이 승리를 계기로 페리클레스는 아테네의 최고 권력자 자리를 차지했다.

페리클레스는 매우 머리가 좋고 말을 잘했으며, 선천적으로 감수성이 예민하고 상상력이 풍부한 세련된 인물이었다. 그리고 그에게는 사심이 없어 권력을 잡고도 이기주의로 타락하지 않았으며, 항상 신들을 공경하고 오로지 조국 아테네를 사랑했다. 페리클레스는 그런 인품을 지닌 인격자였기에 권력을 얻은 후에도 항상 겸손하고 조심스럽게 행동했다. 우선 그는 당장 자신의 생활양식을 바꾸어 집무를 보는 장소인 아고라나 의회 의사당 이외에는 일체 아무 데도 다니지 않았으며 친구들의 저녁 식사 초대에도 가지 않는 등 가까운 친구들과 교류를 일절 나누지 않았다. 아울러 대중들 앞에도 꼭 필요한 경우에만 나서고 보통은 자신의 친구들을 시켜 연설하게 했다.[129] 하지만 그는 연설에 천재적이어서 그가 연설할 때는 천둥번개와 같은 웅변을 했다고 한다.[130] 그는 연설에 철학과 과학적 지식을 많이 인용했다. 그러나 그는 법령을 제외한 다른 저술을 남기지는 않았다. 투키디데스의 《펠로폰네소스 전쟁사》에 그의 연설 몇 개가 인용되어 있을 뿐이다.

페리클레스는 국민들을 능수능란하게 다루었다. 귀족파와 대립할 때에는 국민들을 느슨하게 풀어주고 기쁨을 줄 수 있는 정책을 펼쳐나갔다. 그러나 일단 확실하게 정권을 잡은 뒤에는 더 이상 국민들에게 순순히 양보하지 않았다. 또 그들의 기분을 살피려고도

하지 않았다. 그는 그때까지의 해이하고 방종했던 포퓰리즘을 단호히 버리고, 엄격한 귀족정치와 군주정치로 정치체제를 바꾸었다. 이것은 국가 전체를 위한 결정이었다. 그리고 시민들이 정책을 반대하면 그는 정책의 목적과 의미에 대해 설명하고 설득하여 시민들의 찬성을 이끌어냈다.131)

페리클레스의 정치 철학을 보여 주는 일화가 있다. 한 아테네 사람이 그에게 권력을 가진 정치가가 가장 염두에 두어야 하는 것이 무엇인가를 물었다. 그의 대답은 "사람이라는 것을 잊지 말라"는 것이었다. 그러면 두 번째는 무엇이냐고 묻자 "반드시 정의롭게 잘 다스리는 것"이라 말했다. 세 번째는 무어냐고 또 묻자 "언젠가는 그 자리에서 물러나야 한다는 것을 잊지 말아야 한다"고 대답했다. 흔히 권력의 자리에 오른 사람들은 자신이 인간 이상의 존재가 된 듯 오만에 빠지고, 자신이 가지고 있는 알량한 권력을 휘둘러 여러 사람을 괴롭히는 횡포를 부리는가 하면, 자신이 영원히 그 자리를 차지할 것이라는 망상을 갖기 쉽다. 페리클레스의 충고는 권력을 차지한 사람들의 이런 우매한 미망을 경고하고 있다.

페리클레스 치세 초기의 그리스 상황과 전투들

아테네의 실권을 잡은 페리클레스에게 주어진 제일의 임무는 에게해 일대에서 페르시아 잔당을 쫓아내는 동시에 델로스 동맹 회원국들에 대한 아테네의 영향력을 절대적인 것으로 만들어 아테네 제국을 완성하는 키몬의 정책을 이어가는 것이었다. 이를 위해 페리클레스는 곳곳에서 페르시아군과 전투를 벌이는 동시에 아테네에 반기를 든 낙소스와 타소스의 반란을 진압했다. 여기에 아테네가 점점 강성해지는 것을 두려워한 스파르타가 개입하게 되자 상황은 점점 더 복잡해졌다. 모든 전쟁과 마찬가지로 당시 아테네가 벌인 일련의 전쟁은 경제적인 요인과 함께 정치 형태를 둘러싼 이데올로기적인 성격도 함께 가지고 있었다. 아테네는 경제적으로 시칠리아와 남부 이탈리아에 이르는 지중해 서부 무역의 주도권을 놓고 코린토스와 다투고 있었고, 정치적으로는 그리스의 다른 폴리스에 민중정치를 강요하면서 귀족 과두정을 지지하는 스파르타와 대립하고 있었다.

친스파르타적인 키몬이 몰락하기 전인 기원전 461년까지 이런 긴장은 겉으로 드러나지 않았다. 그러나 키몬이 추방당하자 그리스의 두 강대국은 공개적으로 적의를 드러내며 대립하기 시작했다. 특히 이제는 스파르타를 누를 정도의 국력을 가지게 되었다고 자신하는 아테네가 더 공격적이었다. 당시 스파르타는 기원전 464년에 있었던 지진과 이에 따른 헤일로타이의 반란으로 많이 약해져 있었고, 페르시아도 전쟁에 패배한 후유증으로 크세르크세스 황제가 암살당하는 등 국내 정치마저 위기에 빠져 큰 힘을 쓰지 못하고 있었다. 아테네는 이런 유리한 상황을 이용하여 기원전 461년부터 기원전 458년까지 모든 전투에서 승리하면서 숙적인 페르시아와 코린토스, 아이기나를 효과적으로 누를 수 있었다.

그러나 기원전 457년, 그때까지 몸을 사리며 이런 상황 전개를 지켜보던 스파르타가 더 이상 아테네를 그대로 내버려 두면 그리스 세계에서 완전히 주도권을 빼앗길지도 모른다는 불안에 1500명의 중무장 보병과 1만 명의 펠로폰네소스 동맹군을 그리스 본토로 보내면서 상황은 급변했다. 이런 스파르타의 파병 결정에는 아테네의 친스파르타 세력인 과두파의 음모와 사주가 중요한 동기를 부여했다. 과두파 지도자들은 민중정파의 정권을 무너뜨리고 자신들이 주도권을 잡으려는 목적으로 스파르타에 아테네와 페이라이에우스 항 사이에 긴 성벽이 완성되기 전에 침공해줄 것을 요청했던 것이다. 이미 스파르타와 그 동맹군이 아테네의 국경 지역에 주둔한 것을 알게 된 아테네의 민중정파 정부는 이에 맞서 50척의 선단으로 그리스 본토에서 펠로폰네소스반도로 건너가는 길을 막는 한편, 1만 4000명에 이르는 대규모 병력을 보이오티아 지방의 타나그라로 보냈다. 민중정파의 지도자들은 이번 전투가 민중정치 체제와 아테네 시민들의 자유 수호에 치명적인 중요성을 갖고 있음을 잘 알고 있었다.

그리고 같은 해 여름, 아마도 6월에 이곳에서 그리스 역사상 그리스인들끼리 싸운 가장 크고 긴 전투가 벌어졌다. 이때 동원된 아테네군의 규모는 기원전 490년의 마라톤 전투 때보다도 더 컸고 훨씬 많은 전사가 죽었고, 스파르타 측도 기원전 479년의 플라타이아 전투 때보다도 더 많은 사상자를 냈다. 전투는 이틀 동안 밤낮을 가리지 않고 계속됐다. 승리는 스파르타의 몫이었다. 그러나 그 승리는 결정적인 것이 되지 못했다. 이 전투로 스파르타는 군사 강국으로서의 예전의 명예를 회복했지만, 아테네는 아테네대로 이제는 스파르타에 못지않은 군사 강국임을 과시했다. 또 전투에서 실제로 양측이 잃은 병력의 차이도 크지 않았다. 상대를 완전히 이기지 못한 스파르타는 더 이상 전투를 계속하지 못하고 본국으로 돌아갔다.

그렇게 되자 보이오티아는 스스로를 방어해야 하는 딱한 처지에 처하게 되었다. 이 전투에서 아테네는 전술적으로는 패배했지만 전략적으로는 승리했다고 할 수 있다. 그리고 그 결과는 바로 그해에 사실로 밝혀진다.

플루타르코스는 이 전투에서 페리클레스가 매우 용감하게 싸웠다고 전한다. 또 추방 상태에 있었던 키몬은 전공을 세움으로써 자신이 스파르타와 내통하고 있다는 터무니없는 의심을 씻어내기 위해 달려왔지만 아직도 그를 의심하는 페리클레스를 비롯한 아테네인들은 그의 참전을 허락하지 않고 쫓아보냈다. 그러나 똑같은 의심을 받고 있던 키몬의 가장 친한 친구들은 이 전투에서 끝까지 자리를 지키고 싸우다가 대부분 전사했다. 이것을 본 아테네인들은 키몬에 대해 오해한 것을 후회했고, 자신들이 키몬을 추방한 것도 잘못이라고 생각하는 사람이 늘어갔다.[132] 그러나 이때 키몬의 참전을 허락하지 않고 추방한 것은 결과적으로는 그의 목숨을 살려준 결정이 되었다. 그렇지 않았다면 아마도 키몬은 백의종군하는 마음으로 최전방에서 싸우다 전사했을 확률이 높기 때문이다.

스파르타가 그리스 본토에서 물러난 뒤 아테네는 홀로 남은 보이오티아의 맹주 테바이로 진군하여 어렵지 않게 승리를 얻어낸다. 패배의 후유증으로 테바이에서는 과두정이 전복되고 민중정이 들어선다. 이로써 아테네는 보이오티아 지방까지 자신의 영향권 아래두게 되었다. 이어서 아테네는 같은 해에 바다 위에서의 숙적인 아이기나섬을 포위하여 거의 항복에 가까운 조약을 맺는 데 성공했다. 그리스 최대 강대국이 된 아테네와의 대결에서 아이기나인들이 기댈 수 있었던 것은 오직 스파르타뿐이었는데 그 희망이 사라지자 더 이상 견디지 못하고 굴욕적인 휴전 협정을 받아들여야 했다. 결국 기원전 457년의 전투는 전체적으로 아테네의 판정승으로 끝났다.

파르테논 신전 앞에서

인간이 만든 건물 가운데 가장 아름답고 균형 잡힌 건물이라는 파르테논 신전은 언제 가도 수많은 관광객들로 둘러싸여 있어 호젓하게 감상하기가 힘들다. 아직 관광객이 많지 않던 시절 해 질 무렵에 아크로폴리스에 올라가 파르테논 기둥 사이로 해가 넘어가는 것을 보던 때가 그립다. 그때 석양은 아름답다 못해 가슴이 저렸다. 하지만 지금 와서 그런 추억을 떠올리는 것은 부질없는 짓이다.

파르테논 신전은 페리클레스의 전성기였던 기원전 447년부터 기원전 438년 사이에 지어졌고, 아테나 여신상을 비롯한 내부 장식을 완성하기까지는 또다시 6년이란 세월이 흘러 기원전 432년에야 공사가 끝났다. 그리고 아직 미처 끝내지 못했던 현관 건물 프로필라이아의 마무리 공사는 기원전 431년에 터진 펠로폰네소스 전쟁 때문에 중단되어 끝내 완성을 보지 못했다. 기원전 449년에 페리클레스가 페르시아 전쟁으로 폐허가 된 아크로폴리스에 첫해 공사비만 당시로서는 천문학적 금액인 5000여 탈란톤이 드는 파르테논 신전을 비롯해 영원히 기억될 공공건물을 짓자고 했을 때, 반대파 사람들은 공금을 낭비하는 짓이라고 비난하며 반대했다. 그들은 특히 페리클레스가 이 공사에 페르시아와 전쟁하기 위해 동맹국들이 낸 델로스 동맹의 공금을 쓰는 일은 떳떳하지 못한 일이라고 지적했다. 이에 대해 페리클레스는 아테네가 동맹국들에 안전을 제공하고 있는 한 전쟁에 필요한 모든 것을 갖춘 뒤 남는 돈으로 아테네의 영광을 길이길이 남기는 건물을 짓는 것은 전혀 문제가 되지 않는다고 주장했다. 또 이런 공사를 함으로써 모든 사람에게 일자리를 만들어주고, 모든 종류의 공예와 기술이 발전하게 되니, 이는 한 사업을 통하여 폴리스가 아름다워지는 동시에 경제적으로 이득도 얻게 되는 것이라고 강조했다.133) 그는 이때 "돈은 준 사람의 것이 아니라 받은 사람의 것"이라는 명언을 남겼다.

공사가 진행되는 동안에도 반대파의 공세는 그치지 않았다. 한번은 귀족파의 한 사람이 페리클레스가 아크로폴리스 공사에 공금을 남용하고 국가재정을 고갈시키고 있다고 비난하자 페리클레스는 민중을 향하여 "정말로 그렇게들 생각하느냐?"고 물었다. 민중들이 "그렇다"고 대답하자 페리클레스는 그렇다면 자신이 공사비를 내고 건물에 자신의 이름을 새기겠다고 응수했다. 이 말을 들은 민중들은 마음을 바꿔 돈은 얼마를 쓰든 상관없으니 일을 끝까지 잘 마무리하라고 외쳤다.134)

플루타르코스는 아크로폴리스의 건물들이 웅장하고 정교하기가 이를 데 없고, 이런 명작이 아주 짧은 시간 안에 이루어졌음을 감탄했다. 그리고 이런 일이 가능했던 것은 당시 일꾼들이 정성을 다했기 때문이라고 극구 칭찬했다.135) 이런 사연을 모르는 많은 사람들은 아크로폴리스가 채찍 아래 노예들의 강제 노동으로 지어진 것이라고 비난한다. 그들은 파르테논을 비롯한 아크로폴리스의 건물이 인류 역사상 가장 자유롭고 평등하고 정의로운 민중정 시절에 헌신적인 자유시민들에 의해 만들어진 것을 모른다. 강요당한 노동으로

인간이 만든 건물 가운데 가장 아름답고 균형 잡힌 건물이라는 파르테논 신전.
온갖 풍파 속에서도 오늘날까지 인류 지성의 전당으로 남아 있다.
입구 쪽에서 바라본 파르테논 신전의 모습.

는 불과 15년 만에 이토록 감동적인 아름다움을 만들 수 없다.

아름다움을 음미할 줄 모르고 역사의 깊이를 가늠하지 못하는 야만스러운 전쟁광과 약탈자들이 끊임없이 파르테논을 파괴했다. 1687년 베네치아의 모로시니 장군(기원후 1619년~1694년)은 아크로폴리스를 포위하고 포격을 퍼부었다. 오늘날에는 상상할 수 없는, 세계 문화유산에 대한 야만적 행위였다. 포격 중에 유탄 하나가 화약을 잔뜩 쌓아 놓은 파르테논 신전 지붕으로 날아갔다. 곧이어 엄청난 폭발이 일어났다. 신전의 남쪽 가운데 부분은 이렇게 파괴됐다. 그리고 1801년부터 1812년까지 파르테논 신전은 오스만 제국 주재 영국 대사 엘긴(기원후 1766년~1841년)에 의해 처참하게 약탈당했다. 엘긴 일당은 자신들이 원하는 조각품을 가져가기 위해 건물을 파손하는 일을 주저하지 않았다. 심지어 조각들을 잘게 잘라 옮기기도 했다. 이 약탈품은 지금도 영국 박물관의 자랑으로 남아 있다. 파르테논의 수난은 그것으로 끝나지 않았다. 1821년에 독립을 선언한 그리스 독립군은 파르테논 신전의 남은 기둥을 사격 연습의 과녁으로 삼아 총질을 했다고 한다. 때로 인간의 무지와 무식은 넓고도 깊다. 그래도 그런 오욕의 세월을 견디고 오늘날까지 기원전 5세기의 드높았던 인간의 기상을 전해주는 파르테논 신전은 예술과 학문을 사랑하는 모든 지성인의 전당으로 남아 있다. 그저 고마울 따름이다.

파르테논 신전 앞에서 석양을 바라보며 인간 사회가 이룩한 가장 이상적인 정치체제를 찬양하던 젊은 날들은 어느덧 속절없이 지나갔다. 해가 뜨면 지고, 달이 차면 기울 듯이 우리의 삶도 흘러간다. 그리고 고대 아테네의 민중정치도 모든 것을 주고 또 가져가는 시간의 횡포를 피하지 못했다. 모든 것이 부질없다.

기원전 450년대 페리클레스의 정책들

⊙ 아르콘 피선거권의 자격을 낮춤

전쟁의 와중에 페리클레스는 진정한 민중정치로 가기 위한 중요한 법안을 민회에 제출하여 통과시켰다. 이 법안은 아테네의 최고 행정직인 아르콘 선출에 관한 것이었다. 솔론의 개혁 때 아르콘은 상위 두 계층, 즉 펜타코시오메딤노이와 히페이스에서만 선출한다는 제한을 두었다. 그 후 기원전 487년부터 아르콘을 권력과 명성이 있고 돈이 많이 드는 선거 비용을 충당할 수 있는 부자들에게 일방적으로 유리한 선거 대신 그렇지 않은 사람들에게도 기회가 돌아가는 추첨으로 뽑는 개혁을 했지만 재산의 정도에 따른 차별은 그대로 유지되었다. 그러나 페르시아 전쟁을 거치면서 자신들의 힘을 인식한 아래 두 계층 제우기타이와 테테스에 속한 시민들은 이런 차별을 받아들이지 않고 더 많은 정치적 권리를 요구하기 시작했다. 기원전 462년, 에피알테스가 아레이오스 파고스의 권한을 대폭 민회로 넘기는 법안을 제안했을 때 민중들이 열광적으로 이에 호응한 것도 이런 정치적 요구를 드러내는 행위였다.

기원전 458/457년, 이런 가난한 시민들의 끈질긴 정치적 요구를 무시할 수 없었던, 아니 오히려 적극적으로 동조하던 페리클레스는 아르콘으로 뽑힐 수 있는 재산 자격을 낮춰 세 번째 계층인 제우기타이도 아르콘에 뽑힐 수 있게 했다. 이 법안이 제출된 시기가 땅에서는 스파르타, 그리고 바다에서는 아이기나와 운명을 건 전투를 앞둔 시기였다는 것은 상당히 시사적이다. 아테네 전투력의 대부분을 차지하는 가난한 자유농 농부와 해군 전력에 결정적인 역할을 하는 최하민 계층인 테테스의 정치적 요구를 들어주는 것은 전쟁을 승리로 이끌기 위해 매우 중요한 일이었다. 그런 까닭에 제3계급인 제우기타이에게 아르콘 피선출권을 허락한 지 얼마 지나지 않아 자신의 재산을 과장해서 신고하는 일을 눈감아주는 방식으로 최하층들에게도 아르콘에 오를 권리가 허용되었다. 이로써 아테네 자유시민들의 참정권에 대한 모든 차별, 핏줄의 신성함이나 고귀함을 가리는 신분적 차별, 재산의 많고 적음을 가리는 경제적 차별이 사라지고 자유시민이기만 하면 누구나 동등하게 공직에 오를 수 있게 되었다. 이제 법과 제도만 볼 때 아테네의 민중정치는 완성 단계였다. 그러나 아직도 경제적인 평등은 이루어지지 않은 상태였다. 이를 잘 알고 있던 페리클레스는 곧바로 경제적 평등을 위한 개혁을 감행했다.

⊙ 공직에 대해 수당을 지급함

제3계급인 제우기타이까지 아르콘에 선출될 수 있게 한 법안을 통과시키고 난 직후, 페리클레스는 재판에 동원된 배심원들(당시 배심원의 숫자는 전체 자유시민의 7분의 1 정도였다)에게 국고에서 2오볼로스씩 수당을 지급하는 법안을 통과시킨다. 이는 당시 하루 임금의 반 정도에 해당하는 액수였다. 아리스토텔레스는 "재판소에 수당을 지급한 것은 페리클레스가 처음이었는데, 이는 키몬의 부에 대항하기 위한 조처였다"[136]고 전한다. 키몬은 부자였기에 공공의 의무를 거창하게 수행하고, 자신이 속한 데모스 사람들에게 인심을 많이 썼다. 그의 데모스 시민 가운데 원하는 사람은 누구나 식량을 얻어갈 수 있었고, 밭에 울타리를 치지 않아 누구든지 지나가다가 과일을 따 갈 수 있었다. 페리클레스는 그렇게 큰 부자가 아니었기에 시민들에게 자신들의 것인 공금에서 일당을 지급하여 키몬의 부에 대항한 것이다. 그리고 이렇게 공금에서 일당을 지급하는 것은 시민들로 하여금 자신의 것을 찾아가게 하려는 배려라고 주장했다.

페리클레스는 얼마 지나지 않아 군역에 대해서도 소액 수당 지급을 제도화하고, 이어서 내친김에 폴리스가 모든 시민들에게 매년 2오볼로스씩 공식 축제의 연극 관람과 경기 입장료 비용을 지급하게 했다. 이 조치로 이제는 가난한 시민도 무료로 연극을 감상할 수 있게 되었다. 당시 종교 축제와 연극 공연은 시민을 교육하고 공동체 의식을 불어넣어주는 중요한 수단이었다. 따라서 축제에 참가하여 연극을 보는 것은 시민의 권리이자 의무였기에 생업에 쫓겨 이런 권리를 누리지 못한다는 것은 정의롭지 못한 일이었다. 그런 까닭에 국가가 당연히 국민들을 위해 공공기금에서 입장료를 지급해야 한다는 것이 페리클레스의 논리였다. 그러나 자신을 비롯한 중상위 계층 사람들은 이 조치의 수혜자 대상에서 제외했다. 이 제도가 상류층이나 중산층의 사치품이 되어서는 안 되며 오로지 유권자들의 참정 의지를 고취하는 데 기여해야 한다는 이유에서였다. 공직 수행에 따른 수당 지급 제도는 점점 확대되어 나중에 아르콘과 의원들에게까지 확장된다. 다만 상당히 오랫동안 민회 참가에 대해서는 수당 지급이 되지 않았다. 자유시민으로서 민회에 참가하는 것은 반드시 지켜야 하는 의무라고 생각했기 때문이다. 민회 참가

수당은 페리클레스가 죽은 뒤 선동 정치가 클레오폰(기원전 405년 사망)에 의해 이루어졌다.

배심원에게 수당을 지급하는 제도를 도입하자 일반 대중 사이에서 그의 인기는 하늘을 찔렀다. 그리고 페리클레스는 이런 민중들의 절대적인 지지를 바탕으로 귀족파를 누르고 자신이 바라는 정책을 마음껏 수행할 수 있었다. 그런 절대적인 권력을 시기한, 귀족 엘리트주의를 신봉했던 정적들은 페리클레스의 개혁을 대중의 견해와 바람에 영합하는 전형적인 포퓰리즘이라고 비난했다. 이미 고대 때부터 정적 이외에 다른 사람들로부터도 공공사업으로 돈을 풀어 수당을 지급하는 페리클레스의 정책은 시민들을 도덕적으로 타락시켜 강직하고 근검했던 사람도 생활방식이 해이해지게 만드는 부작용을 불러일으킨다는 지적이 많이 제기되었다. 아리스토텔레스도 "이 때문에 (재판의 질이) 타락하게 되었으니, 덕망 있는 사람보다는 오히려 아무나 추첨 후보가 되려고 애를 썼기 때문이다. 이후부터 또 뇌물로 매수하는 관례가 생기게 되었다"[137] 라고 비난하고 있다.

그러나 이런 비판은 그리 정당한 것 같지 않다. 무엇보다도 당시 시민들에게 지급된 수당은 타락을 걱정할 정도로 많은 액수가 아니었다. 모든 수당은 결코 보통 노동자들이 하루에 벌어들이는 수입을 초과하지 않았다. 그리고 그 당시의 경제 양극화에 따른 빈부 차이를 고려한다면 수당 지급은 오히려 꼭 필요한 조치였다. 경제적 여유가 있는 계층과 달리 가난한 시민들은 이런 수당이 없다면 생업을 중지하면서까지 시간을 잡아먹는 공직에 나아갈 수 없는 형편이었다. 만일 이런 상태를 그대로 내버려둔다면 모든 공직은 여유 있는 계층들만 참여할 수 있는 불평등한 상태가 계속될 수밖에 없었다. 이래서는 일반 시민들에게 아무리 동등한 참정권을 준다 하여도 진정한 정치적 평등이 이루어질 수 없다. 하루 벌어 하루 사는 가난한 노동 계층들까지 공공업무를 위해 시간을 내어 더욱 적극적으로 정부 일에 참여하도록 만들기 위해서는 폴리스의 일을 하기 위해 희생하는 시간에 대한 손실을 보상하는 정부의 수당 지급이 꼭 필요하다. 적절한 보상 없이 오로지 일방적으로 애국심과 나라를 위한 희생을 강요하는 것은 정의가 아니다. 페리클레스는 이런 문제점을 정확하게 인식하고 있었다. 그가 많은 사람들의 비난을 무릅쓰고 말 많은 수당 제도를 도입한 것은 아테네 민중정에서의 평등을 구현하기 위한 것이었다.

⊙ 서민을 위한 일자리를 창출함

페리클레스는 수당 지급을 위한 이러한 법적 개혁과 함께 가난한 시민들을 위해 대규모 일자리를 창출하는 데에도 많은 노력을 기울였다. 그는 경제적 평등 없이 진정한 평등은 이루어지지 않고, 진정한 평등 없이는 진정한 민중정치가 불가능하다고 보았다. 그러나 수당 지급이라는 소극적인 방법만으로는 경제적 평등이 이루어질 수 없었다. 보다 근본적인 해결책이 필요했다. 그러기 위해서는 가난한 시민들이 정당한 노동을 통하여 자신들의 경제적인 문제를 스스로 해결할 수 있는 방법을 국가가 제공해야 한다고 생각했다. 이를 위해서 페리클레스는 우선 60척의 순시선을 만들어 아테네의 청년들로 하여금 1년 중 안전한 항해가 가능한 8개월 동안 일정한 수입과 기술 습득을 할 수 있는 기회를 만들어주었다. 또 트라케반도의 식민지에 1000여 명, 반란을 진압한 낙소스에 500명, 안드로스섬에 250명을 이주시키는 등 해외에 식민 도시를 세워 가난한 시민들이 가서 살게 했다. 국내적으로는 아크로폴리스에 파르테논 신전을 비롯한 대규모 건축물들을 세우는 사업을 벌여 일자리를 만들었다. 그가 이런 정책을 추진한 까닭은 도시에 거주하는 개혁 성향의 하위 계층도 생활을 걱정하지 않고 폴리스의 정치제도와 정책에 접근할 수 있도록 하여 민중정치의 확장과 안정을 추구하기 위한 것이었다. 그는 테미스토클레스 이후 아테네 함대의 핵심적 역할을 하고 있는 하위 계층 시민들을 아테네의 손대지 않은 자원이자 아테네 군사적 우위의 결정적인 요소로 보았기 때문이다.

⊙ 델로스 동맹의 금고를 아크로폴리스로 가져옴

페리클레스가 다음으로 취한 정책은 델로스 섬에 있던 델로스 동맹의 공동자금을 아테네의 아크로폴리스로 옮기는 것이었다. 아테네는 기원전 460년부터 페르시아의 지배에 반란을 일으킨 이집트를 도왔다. 처음에 아테네 군대는 페르시아를 압도하며 성공을 거두었지만 점점 전세가 기울어져 기원전 454년 5월 또는 6월 들어 아테네는 전함 200척과 2만여 명의 전사를 잃는 참패를 당했다.[138] 이 패배 직후에 페리클레스는 동맹국들에게 걷은 거금의 공적 자금을 언제 약탈당할지 모르는 델로스섬에 놓아두는 것은 위험하다는 이유를 들며 서둘러 금고를 아테네로 옮겼다. 하지만 이집트에서의 패배에도 불구하고 당시 에게해는 아테네의 수중에 있었기 때문에 이런 구실은 별로 설득력이 없다. 그보다는 동맹 기금을 아테네에 가져와서 정치·외교적으로 최대한 이용하려는 데 그 목적이 있었다. 실제로 바로 그해에 페리클레스는 배심원들의 수당을 2오볼로스에서 3오볼로스로 올렸다.

⊙ 아테네 시민권을 제한함

끝으로 페리클레스는 기원전 451년 아테네 시민권을 양부모가 모두 아테네인인 경우에만 허용하는 법을 통과시켰다. 전에는 아버지가 아테네인이면 어머니가 아테네 사람이 아니더라도 시민권이 주어졌다. 당시 부유한 아테네 남자들은 돈 많은 외국인 여자들과 결혼하는 경향이 있었는데 페리클레스는 이 시민법 개정을 통해 아테네 정치에 외국의 영향을 줄이려는 의도가 있었다. 이 법안의 통과로 말미암아 상당수의 사람들이 시민권을 잃었는데 그 가운데 많은 사람들이 귀족 계층의 서자들이었다.

동시에 이 법은 아테네 시민들의 이득을 극대화하기 위한 것이기도 했다. 당시 폴리스에서는 폴리스가 얻은 이득을 자유시민들에게 나누어주는 것이 관례였으므로 시민의 수가 줄게 되면 그 만큼 각 시민에게 돌아가는 이득이 커지게 마련이었다. 특히 아테네가 제국으로 성장하여 해마다 이득이 계속 증가하던 시기에 이렇게 시민권을 제한한 것은 시민권자들에게 큰 이익을 가져다주었다.

하지만 이 법은 시민의 수를 크게 줄여 나라가 위기를 당해 많은 숫자의 시민이 필요할 때 이에 제대로 대처할 수 없게 만드는 위험을 가지고 있었다. 실제로 펠로폰네소스 전쟁이 끝날 무렵 아테네의 시민 숫자는 상당히 줄어든 상태였다. 시민권을 폭넓게 개방한 로마와 달리 시민권에 대해 매우 배타적인 아테네의 특성을 잘 보여주는 이 법은 아테네가 왜 로마처럼 세계적인 대제국으로 발전할 수 없었던가를 잘 설명해주고 있다.

또 이 법은 아테네의 시민권을 얻기 위해서 여성의 시민권이 꼭 필요한 것으로 만들었다는 점에서 아테네 여성들의 특권을 새로이 인정한 것이기도 했다. 하지만 세월이 흘러 정실부인에게서 얻은 아들 둘이 모두 전염병으로 죽었을 때, 페리클레스는 자신이 만든 이 법 때문에 밀레토스 출신 아내 아스파시아(기원전 470년쯤~기원전 400년쯤)*에게서 얻은 아들이 아테네 시민권을 얻을 수 없게 되었다. 절망에 빠진 페리클레스는 집에 칩거하면서 모든 공무를 거부했다. 그러자 그를 대신할 만한 인물을 찾지 못한 아테네 시민들은 그를 다시 장군직에 선출하고 나랏일을 맡아주기를 청했다. 이에 페리클레스는 자신이 만든 시민법을 보류하고 서자도 호적에 올릴 수 있도록 해달라고 눈물로 호소했다. 사람들은 그를 동정해 이를 허락해주었다. 이 아들은 나중에 아르기누사이 해전에서 전투에서는 승리했지만 거친 풍랑 때문에 아군의 시신을 수습하지 않아 유족들에게 고발당한 열 명의 장군 가운데 한 명으로 결국 사형당한다.[139]

기원전 450년 이후의 아테네 정치 상황

기원전 454년 이집트에서 페르시아에 참패를 당한 뒤 아테네인들은 불안에 빠졌다. 그리고 만약 이런 상황에 스파르타와 다시 전쟁을 하게 된다면 더욱더 큰 참사가 일어나지 않을까 하는 두려움

---

* 밀레토스 출신의 고급 창녀로 페리클레스의 부인이 되었다.

이 아테네를 사로잡았다. 그래서 스파르타와 좋은 관계를 유지하고 있는 키몬이 돌아오기를 바라는 사람들의 숫자가 늘어났다. 이를 알아차린 페리클레스는 기원전 453년, 군사적인 면에서는 자신보다 훨씬 유능한 키몬을 추방에서 풀어주고 지체 없이 귀국하게 했다. 이때 두 거물 정치인은 국내 정치는 페리클레스가 맡고, 키몬은 국내 정치에 관계하지 않고 해외 전쟁에만 주력하기로 하는 밀약을 맺었다.140) 키몬은 이런 방법으로 소극적으로나마 페리클레스의 개혁을 인정한 것이다. 과연 키몬은 돌아오자마자 스파르타와 휴전 협정을 주선하여 기원전 451년에 이를 성공시켰다. 키몬에 대한 스파르타인들의 호감은 이토록 컸다.

키몬은 기원전 450년 키프로스 원정 중에 전사한다. 아테네 정치에서 페리클레스의 독주를 막을 만한 사람이 영원히 사라진 것이다. 또 이로써 아테네와 스파르타의 대결은 피할 수 없는 운명으로 다가오게 되었다. 이렇게 되자 귀족파는 페리클레스의 독주를 견제하기 위해 멜레시오스의 아들 투키디데스라는 인물을 앞세웠다. 그는 키몬만 한 전공을 세운 적은 없었지만 키몬의 친척인 데다가 키몬보다 정치 감각이나 분별력, 화술에서는 더 뛰어난 인물이었다. 결국 그와 페리클레스의 대립은 아테네의 귀족과 민중 사이를 전보다 더 날카롭게 대립하게 만들었다. 플루타르코스는 페리클레스가 인기를 얻기 위해서 민중을 고삐 풀린 망아지마냥 내버려 두고, 항상 어떤 볼거리나 축제, 또는 공공 잔치 등을 주최하여 정신적인 쾌락을 제공하는가 하면, 해마다 60척의 전함에 민중을 태워 수당을 지급했다고 적고 있다.141) 여기에 덧붙여 아크로폴리스를 재건하는 대규모 공사를 벌이자 귀족과 민중 사이의 갈등은 극에 달했다.

그러나 이런 정책들이 민중을 현혹하여 권력을 강화하려는 포퓰리즘이라는 귀족파의 비난에 대해 페리클레스는 이런 일들을 하는 동안 아테네 민중들은 몸과 마음을 단련하고 기술을 배우는 동시에 수입을 얻어 경제적으로 안정되니 이 모두가 국익에 좋은 것이라고 방어했다. 양측의 공방은 평행선을 그으며 점점 더 극단으로 치달았다. 이제 상황은 페리클레스와 투키디데스, 이 둘 가운데 누군가 한 사람이 꺾이기 전에는 이런 긴장이 해결될 수 없는 지경으로 치달았다.

결국 기원전 444년 민회는 도편 추방 투표를 하기로 결정했다. 그다음 해 투키디데스의 도편 추방이 결정되자 이제 아테네에서 페리클레스의 권력에 도전할 사람이 하나도 안 남게 되었다. 이때부터 전염병으로 죽는 기원전 429년까지 페리클레스는 유일한 권력자로서 민중의 기분에 맞추기보다는 국익에 유리한 정책들을 밀어붙였다.

주도권을 빼앗긴 귀족파의 공격은 끈질기게 계속되었다. 특히 10년 동안 추방 생활을 했던 에피알테스가 돌아온 기원전 433년부터 이런 공세는 더욱 심해졌다. 에피알테스가 추방당하기 전 페리클레스를 공격하는 구실이었던 아크로폴리스의 공사는 기원전 438년에 이미 끝나 더 이상 시비를 걸 수가 없게 되었다. 더욱이 이제 아테네 시민들은 공사가 끝난 파르테논 신전을 매일 바라보면서 무한한 긍지와 자부심을 느끼고 있었다. 게다가 이런 공공사업을 통해 아테네의 경제는 몰라볼 정도로 성장했다. 민중들에게 수당을 주고 일자리를 만들어 모든 시민이 경제적 혜택을 받았기에 가능한 일이었다. 그리고 시민들은 이런 번영을 가져온 것이 페리클레스의 현명하고도 현실적인 정책의 결과라는 것을 피부로 느끼고 있었다. 당시 페리클레스의 인기와 권위는 절정에 달해 더 이상 그에 대한 개인적 정치적 공세는 펼치기가 어려웠다.

　그런 상황에서 귀족파는 페리클레스를 공격하기 위한 새로운 약한 고리를 찾아내야 했다. 친스파르타적 성향을 가진 귀족파의 입장에서 스파르타와 전쟁을 벌인다는 것은 생각만 해도 끔찍한 일이었다. 귀족파는 스파르타와 긴장 관계의 원인은 델로스 동맹의 폴리스들을 압제하는 페리클레스의 잘못된 제국주의적 외교 정책 때문이라고 공격했다. 이런 비난은 스파르타가 공공연히 주장하던 바였다. 더 나아가 귀족파는 페리클레스가 자신의 권력을 강화하기 위한 이기심으로 공연히 스파르타인들을 자극하여 전쟁을 일으키려 한다고 공세를 펼쳤다. 그러나 스파르타와 그 동맹국들이 아테네에 대한 적대감을 키워 이미 전쟁을 일으키기 위한 모든 준비를 한 것에 대해서는 아무런 말을 하지 않았다. 귀족파의 이런 중상모략은 실제로는 평화적 해결책을 모색하는 페리클레스의 의도를 왜곡하여 그에 대한 민중들의 신뢰를 깎아내리는 데에 목적이 있었다. 이런 분위기를 만드는 데에는 귀족파의 비밀결사 조직이 가장 큰 역할을 했다. 또 아리스토파네스(기원전 446년~기원전 385년)를 비롯한 당대 희극 작가들의 정치적 야유도 큰 영향을 끼쳤다. 이런 왜곡된 정치 공세는 오히려 아테네와 스파르타 양측의 갈등과 긴장을 더 깊게 만들어 양국의 정부로 하여금 점점 더 강경한 정책을 취하게 만들었다. 그 결과, 두 강대국 사이의 문제를 평화적으로 해결하려는 모든 시도가 좌절됐다.

　귀족파가 벌인 두 번째 정치 공략은 민중들 사이에서 인기가 좋은 페리클레스 본인 대신 그의 주변 인물들에 집중됐다. 처음 이런 정쟁에 희생당한 사람은 페리클레스로부터 아크로폴리스 건축의 총책임자로 임명된 페이디아스(기원전 490년~기원전 430년)였다. 그에 대한 혐의는 두 가지였다. 하나는 황금과 상아를 사용하여 신전 안에 모실 높이가 11.5미터 넘는 아테나 여신의 상을 조각하면서 황금의 양을 속여 착복했다는 혐의다. 그러나 이미 이런 일을 예견한 페리클레스가 페이디아스에게 미리 황금으로 만든 의상 부분은 언제든지 떼어내서 무게를 달 수 있도록 충고했기에 쉽게 혐의를 벗을 수 있었다. 두 번째는 신성모독과 관련된 더 무거운 혐의였다. 그는 아테나 여신의 방패 표면에 아마존과의 전쟁 장면을 조각했는데, 여기에 등장하는 인물들 가운데 두 전사를 페리클레스와 대머리인 페이디아스 자신의 모습으로 조각했다는 혐의였다. 플루타르코스는 이 혐의는 사실로 밝혀져 페이디아스는 유죄 판결을 받고 투옥되어 옥중에서 병사했다고 전하지만 이는 역사적 사실과 맞지 않는다. 왜냐하면 페이디아스는 이 일 이후 아테네를 떠나 올림피아로 가서 그의 또 다른 걸작인 제우스상을 만들었기 때문이다. 올림피아 제우스 신전 안의 이 제우스상은 고대 7대 불가사의 가운데 하나로 많은 사람의 경탄을 자아냈다고 전해진다. 파르테논 신전 안에 안치된 페이디아스의 아테나 여신상은 기원후 3세기에 화재로 소실되었다.

페이디아스의 고발과 거의 같은 시기에 페리클레스의 밀레토스 출신 부인 아스파시아가 아테네 여인들을 타락시켰다는 혐의로 고발당했고, 페리클레스의 스승이자 가까운 친구인 철학자 아낙사고라스(기원전 510년쯤~기원전 428년)는 신성모독을 하였으니 공개 처형을 해야 한다는 고발이 들어왔다. 또 다른 사람은 민회에 페리클레스로 하여금 공금 출납 명세서를 제출하게 하여 민회의 감사를 받게 하자는 제안을 했다. 이 마지막 안은 부결되었지만 그 대신 페리클레스는 1500명의 배심원단 앞에서 공금 사용과 부정부패 여부를 심리받아야 했다. 또 아스파시아에 대한 고발은 페리클레스가 의원들을 찾아다니며 눈물로 호소하여 겨우 무마되었고, 아직 고발당하지 않은 아낙사고라스는 피해당할까 두려워 해외로 도피시켰다. 플루타르코스는 이런 일련의 시련으로 "민심이 자신을 떠나가는 것을 눈치챈 페리클레스는 탄핵당할 것이 두려워 스파르타와의 전쟁을 일으키게 되었다"라고 썼다. 그러나 곧바로 매우 신중하게 "그러나 그것이 과연 진실인지는 알 수 없다"142)라고 덧붙였다.

이 시기에 페리클레스를 괴롭힌 또 다른 정치적 상황은 같은 민중파 안에서 떠오르는 젊은 정치가들이었다. 이들은 스파르타에 대해 페리클레스보다 훨씬 과격한 입장을 가지고 있었다. 그들은 아테네는 과감하게 스파르타에 전쟁을 선포하고 더욱 적극적인 제국 정책을 펼쳐야 한다고 주장했다. 평화주의자였던 페리클레스는 이런 입장을 고려의 대상으로조차 삼지 않았다. 그러자 이들은 페리클레스의 정책은 지나치게 우유부단한 것이라고 비난했다. 이제 아테네와 스파르타 사이의 전쟁은 피할 수 없는 기정사실로 다가오고 있었다.

페리클레스의 제국주의적 정책과 펠로폰네소스 전쟁의 시작

전체적인 역사적 전개 과정을 볼 때 페리클레스는 그의 평화주의적 성향에도 불구하고 펠로폰네소스 전쟁에 대한 책임으로부터 자유롭지 못하다. 페리클레스는 국내적으로는 민중정치의 수호자임을 자처했지만 해외 정책에 있어서는 철저한 제국주의적 태도를 취했기 때문이다. 그는 델로스 동맹에 가입한 동맹국들의 분담금을 아테네가 동맹국들에 제공하는 안전에 대한 당연한 대가라는 논리로 합리화했다. 그래서 그는 동맹국들의 반란을 단호하게 진압하는 한편 분담금을 일방적으로 정해 강요했다.

페리클레스는 처음부터 아테네가 아니라 그리스 전체를 염두에 두고 정치를 한 것 같다. 페리클레스의 관심사는 아테네가 그리스의 중심, 그리스의 심장이 되는 것이었다. 그런 까닭에 그는 그리스의 전통적 강국인 스파르타에 대해 비우호적이었다. 그의 생각에 그리스 세계 안에 두 맹주의 공존은 가능하지도 또 바람직스럽지도 않았다. 그에게 스파르타는 극복과 타도의 대상이었지 동맹일 수 없었다. 기원전 450년, 키몬이 키프로스 원정 중에 전사하자 아테네와 스파르타의 평화 공존의 가망성은 완전히 사라졌다. 게다가 페리클레스의 출현으로 아테네의 자존감은 한껏 부풀려져 있었다. 페리클레스는 스파르타 체제에 대한 아테네 체제의 우수성을 절대적으로 확신하고 있었다. 그런 페리클레스의 자신감이 잘 드러나는 것이 펠로폰네소스 전쟁 둘째 해인 기원전 430년에 전몰 장성 추도식에서 한 유명한 연설이다.

우리 정체는 이웃 나라의 제도를 모방한 것이 아닙니다. 우리는 남을 모방하기보다 남에게 본보기가 됩니다. 소수가 아니라 다수의 이익을 위해 나라가 통치되기에 우리 정체를 민중정치라고 부릅니다. 시민들 사이의 사적인 분쟁을 해결할 때 법 앞에 만인이 평등합니다. 그러나 주요 공직 취임에는 개인의 빼어남이 우선시되며, 제비뽑기가 아니라 개인 능력이 중요합니다. 마찬가지로 누가 가난이라는 불리한 조건에 처해 있어도 도시를 위해 좋은 일을 할 능력이 있으면 가난 때문에 공직에서 배제되는 일도 없습니다. 우리는 정치생활에서 자유롭고 개방적인데 일상생활에서도 그 점은 마찬가지입니다. 우리는 서로 시기하고 감시하기는커녕 이웃이 하고 싶은 일을 해도 화내거나 못마땅하다는 표정을 짓지 않는데, 그런 표정은 실제로 해를 끼치지는 않지만 남의 감정을 상하게 하지요. 사생활에서 우리는 자유롭고 참을성이 많지만, 공무에서는 법을 지킵니다. 그것은 법에 대한 경외심 때문입니다. 우리는 그때그때 당국자들과 법, 특히 억압받는 자를 보호하기 위해 제정된 법과 그것을 어기는 것을 치욕으로 여기는 불문율에 순순히 복종하기에 하는 말입니다.143)

페리클레스는 또 우선 동원할 수 있는 병력 면에서 자유시민의 수가 절대 우세한 아테네가 절대로 유리하기에 전쟁을 장기전으로 이끌면 틀림없이 승리할 것이라고 믿었다. 그는 민중의 힘을 키우면 해군을 국방의 중심으로 삼는 아테네의 군사력이 강해진다고 굳게 믿었기에 급진적인 민중정치를 향한 정치개혁을 단행했다. 기원전 431년 스파르타에 대한 평소의 적의감과 민중정치의 우월함에 대한 신념, 정적들의 파상적인 정치 공세에 대한 불안, 같은 민중파 진영 안의 과격한 젊은이들의 비난에 대한 부담감 등이 한데 어우러져 결국 페리클레스로 하여금 그리스 세계 전체를 몰락으로 끌고 들어간 펠로폰네소스 전쟁을 일으키게 만들었다. 만약에 페스트란 변수가 없었더라면 그의 예상대로 이 전쟁에서 아테네가 스파르타를 누르고 그리스 세계의 유일한 맹주로 떠오를 수 있었을지도 모른다. 그렇게 됐더라면 그리스 세계는 아테네를 중심으로 정치적 통일을 이루어 세계적 제국으로 발돋움했을지도 모른다. 그러나 세상일이란 인간이 예측할 수 있는 것이 아니다. 육군이 강한 스파르타의 예봉을 피하기 위해 제대로 준비도 하지 않고 농촌의 시민들을 좁은 도심으로 이주시키는 바람에 주거 환경과 위생이 악화되면서 아테네에는 전염병이 돌게 되었고, 그 결과 인구의 3분의 1이 희생되었다. 그 희생자 가운데 한 명은 바로 페리클레스 자신이었다. 이로 말미암아 페리클레스가 가장 확신했던 병력 수의 우위가 위태롭게 되면서 전쟁의 향방이 오리무중으로 빠졌다. 또 많은 시민들이 전쟁에서 죽음을 맞았다. 펠로폰네소스 전쟁 동안 한 번 전투를 치를 때마다 2000~3000명의 사상자가 생겨났다.

결과적으로 스파르타와의 전쟁 선포는 페리클레스의 최대 실책이었다. 그리고 자신들의 편협한 정치 체계의 수호만을 최상의 목표로 삼았던 스파르타가 승리함으로써 그리스 세계의 정치적 통일의 가능성은 영원히 사라졌다. 이로써 그리스 문명의 성장이 멈추고 쇠락의 길만 남게 되었다. 위대한 문명의 대단원이 시작된 것이다.

아테네의 민중정치 완성과 그에 따른 정치적 문제들

모든 축제는 절정의 순간에 마지막을 맞는다. 시간은 모든 것을 주는 자혜의 신이자 모든 것을 다시 가져가는 파괴의 신이기도 하다. 그리스 아테네의 민중정치도 이 운명을 비켜가지 못했다. 페리클레스는 진정한 의미에서 최초로 민중정치를 완성시킨 주인공인 동시에 그 종말을 가져온 장본인으로서 아테네 최후의 민중정치 지도자였다. 펠로폰네소스 전쟁이 시작된 지 3년도 채 안 된 기원전 429년, 페리클레스가 복병 페스트에 걸려 66세의 나이로 갑자기 죽게 되자 아테네의 민중정치는 급격히 쇠락하기 시작했다. 죽음이 그의 계획의 완성을 방해했다.

페리클레스가 정치에 입문하던 시기에 일반 시민들의 참정권을 어디까지 허락할 것인가에 대한 아테네 지도 계층의 의견은 크게 둘로 나뉘어 있었다. 키몬을 비롯한 보수주의자들은 이 문제에 대하여 신중함을 보였다. 고도의 정치력과 도덕적 판단을 요구하는 국가 중대사에 대한 결정 과정에까지도 일반 시민 참여를 허용할 것인가에 대해 키몬은 지극히 회의적이었다. 키몬은 클레이스테네스의 개혁 이상의 민중정치는 불가능하다고 보았다. 이런 태도는 초기 민중정치를 주도했던 솔론이나 클레이스테네스의 입장이기도 했다. 솔론과 클레이스테네스 개혁의 초점은 평민들의 권리가 억울하게 침해당하지 않도록 지켜 주면서, 시민 여론이 국정에 자유롭게 반영될 수 있도록 하는 데 있었다.

이를 위하여 솔론은 민중들에게 민회에 참석하여 귀족들과 동등하게 발언을 할 수 있는 권리, 즉 누구나 자유롭게 발언하는 '발언권의 평등'인 '이세고리아(ἰσηγορία)'를 주었다. 이것은 오늘날 '언론 자유'의 원형으로 민중정치 구현을 위한 최소한의 권한이었다. 그 뒤를 이어 클레이스테네스는 아테네 정치 단위를 혈연과 지연으로 복잡하게 얽혀 있는 전통적인 네 개의 부족을 해체하고 지역적으로 서로 떨어져 있고 전통 귀족들의 영향권과 아무런 관련이 없는 열 개의 새로운 데모스로 재편하면서, 민중들로 하여금 자신들의 생살여탈권이나 기타 사회적 불이익을 줄 수 있는 상전에게서 해방시켜주었다. 이 개혁으로 말미암아 민중들은 지역주의와 전통적 상하 관계에서 벗어나 자신들의 정치적 신념을 자유롭게 표현하고, 정치적 권리에 대한 요구를 거리낌 없이 할 수 있게 되었다. 이런 개혁을 주도하면서 클레이스테네스를 비롯한 민중정파 귀족들은 평민들에게 정치 참여를 제도적으로 허용하더라도 평민들이 다수의 힘으로 국정을 함부로 다루지 않으리라고 믿었다. 그런 까닭에 클레이스테네스는 귀족들의 합의 기구였던 아레이오스 파고스에 실질적인 권한을 계속 유지시켰다. 평민들도 자신들이 지적으로나 인격적으로 귀족과 동등하다고 여기지 않았고, 귀족 계급으로 대표되는 전통 질서와 규범과 가치관을 부정하거나 도전하지 않았다.

그러나 세월이 흐르면서 이런 평민들의 의식에 변화가 생겼다. 특히 페르시아와 두 번의 전쟁을 치르면서 평민들은 자신들의 정치적 능력과 존재 가치에 대해 점점 더 큰 자신감을 갖게 되었다. 이제 평민들은 전통과 관행이 더 이상 신성불가침한 것이 아닐 뿐 아니라 오히려 그것들에 대한 집착이나 준수가 아테네 발전이나 번영을 가로막는다고 생각하기 시작했다. 그리고 건전한 시민들의 집단 지혜는 전통이나 귀족들의 탁월성을 능가할 수 있고, 시민 사이의 토론과 설득에 의해 타협하고 합의하지 못할 국가 문제는 없고, 훌륭한 지도자만 있으면 시민들 자신이 설득을 통해 국가 통치를 합리적이고 올바른 방향으로 이끌 수 있다는 자신감이 생긴 것이다.

이런 시민들의 의식 변화에 힘입어 에피알테스와 페리클레스를 비롯한 민중정파 지도자들은 다수인 시민들의 실재를 인정하는 것이 현실적이라는 판단 아래 사법개혁을 감행하여 아레이오스 파고스의 '법률 수호권'을 민회와 500인회가 주관하는 시민 법정으로 넘겼다. 이 개혁을 통해 행정부의 최고위직인 아르콘들을 비롯한 최고위 공직에 대한 감시권과 탄핵권을 민중이 행사하게 됨으로써 모든 시민이 동등한 정치적인 힘을 누리는 '권력 앞의 평등' 즉 '이소크라티아'가 이루어졌다. 이제 자유시민은 권력을 가진 자들을 두려워하지 않아도 되었다. 루스벨트 대통령이 말하는 '공포로부터의 자유'*가 이루어진 것이다.

여기에 페리스토클레스는 피선거권에 대한 자격 제한을 없애 상위 두 계급에 한정되었던 고위직에 대한 자격 차별을 없앴다. 이렇게 되자 자유시민은 누구나 어떤 공직에도 오를 수 있게 되어 모든 시민이 법 앞에서 동등한 자격을 갖고, 따라서 동등한 대우를 받게 되었다. 다시 말해 모든 시민이 동등하게 법의 지배를 받는 동시에 법을 집행하는 주체가 되어 법에 대해 동등한 권리와 의무를 지는,

---

* '공포로부터의 자유'는 '언론의 자유, 신앙의 자유, 결핍으로부터의 자유'와 함께 프랭클린 루스벨트 대통령이 1941년 1월 6일 의회에 보낸 연두교서에서 언급한 '네 가지 자유' 가운데 하나다. 이 '네 가지 자유'는 1941년의 대서양 헌장, 1942년의 연합국 공동선언을 거쳐, 국제연합(UN) 헌장의 인권조항이 되었다. 또한 1948년 12월 10일 국제연합 총회에서 채택된 세계인권선언의 전문에 자리 잡게 되었다.

'법 앞의 평등', 즉 '이소노미아(ἰσονομία)'가 이루어진 것이다.

　자유와 평등, 그리고 정의 구현이 궁극적인 목표인 민중정치의 마지막 개혁은 경제적 평등이었다. 페리클레스는 이를 위해 공직에 참여하는 가난한 계층의 시민들에게 국가가 수당을 지급하도록 했다. 그리고 더 나아가 시민 누구나가 경제적인 불안으로부터 벗어나 '결핍으로부터의 자유'*를 누릴 수 있도록 국가가 주관하는 공공 공사를 벌여 경제적 평등을 이룩해냈다. 이로써 모든 자유시민들 사이에 진정한 의미의 평등이 구현되었다. 그리고 민중 스스로가 정부를 구성하고 법안을 만들며, 나아가 감사권과 사법권까지 행사하는 '민중의, 민중에 의한, 민중을 위한 정치(of the people, by the people, for the people)', 즉 '민중의 자치'가 실질적으로 이루어지게 되었다. 여기서 특히 중요한 것은 '국민에게서 나오는 권력'을 다른 사람들이 아니라 '민중 스스로가 행사함'을 분명히 하는 '민중에 의한'이라는 구절이다. 인간의 존엄성은 이런 정치체제 안에서 최대로 존중된다.

　아테네의 이런 일련의 개혁은 그리스인들의 법에 대한 태도의 변화에서부터 온 것이다. 기원전 5세기에 아테네의 민중정치 체제가 발달하기 이전까지 그리스의 법에 대한 태도에서 가장 중요하게 여겨진 가치는 '법이 잘 지켜지는 것', 즉 '에우노미아'였다. 에우노미아는 한 사회가 안정과 질서라는 좋은 상태를 유지하는 데에 중점을 둔 개념으로 그 법이 정의로운가 아닌가를 따지지 않는다. 에우

＊ '결핍으로부터의 자유'도 프랭클린 루스벨트 대통령의 '네 가지 자유' 가운데 하나다.

노미아를 추구하는 사회에서는 법이 잘 지켜져 사회가 질서 정연하고 안정되었는가가 중요하다. 따라서 위계질서가 잘 지켜져 시민들이 권위에 복종하고, 법의 유지를 위해 헌신적 봉사와 희생을 하는 것이 미덕이다. 이런 에우노미아가 가장 잘 구현된 사회가 바로 스파르타였다. 스파르타가 기원전 6세기 내내 폭군정을 경계하고 폭군정 폴리스의 정권을 전복시키고자 노력을 게을리하지 않은 까닭은 폭군정이 에우노미아를 파괴하는 정치 형태라고 보았기 때문이다.

그러나 에우노미아 개념은 이미 헤시오도스 때부터 어떤 변화도 거부하고 안정과 질서를 바라는 권력자들을 위한 것이라는 의심을 받았다. 가진 자들에게 현상 유지보다 더 바람직스러운 것은 없는 까닭이다. 쉬운 문자인 알파벳이 그리스 세계에 들어와 널리 쓰이게 되면서 민중들의 의식이 깨어나 에우노미아에 대한 의구심이 생기자 헤시오도스와 같은 당대 지식인들은 이보다 더 가치가 있는 법의 개념을 탐구하기 시작했다. 그 이후 아테네에서 시민이 직접 나랏일을 결정하는 것이 전해 내려오는 법을 맹목적으로 따르는 것보다 더 바람직하다는 민중정치의 가치관이 발달하면서 '법의 안정된 집행'이라는 에우노미아 개념은 '법 앞의 평등'이라는 이소노미아 개념에 의해 대체되기 시작했다. 그리고 그 과정은 에피알테스의 사법개혁과 페리클레스의 피선거권의 차별 철폐, 그리고 경제적 평등 정책에 의해 완성되었다.

스파르타가 이룩한 민중정치는 에포로이를 통한 간접 대의 민중정치에 가깝다. 이에 비해 아테네는 민중이 직접 권력을 행사하는 직접 민중정치를 향해 발전해나갔다. 스파르타는 '법의 이상적인 준수', 즉 에우노미아를 유지하기 위해 변화를 거부했지만 아테네 시민은 스스로 정치 주체가 되는 과정에서 스스로의 속성을 변화시켜야 할 내적 필연성이 있었다. 이런 필요가 아테네를 에우노미아가 아닌 '법 앞에 모든 사람이 평등한 상태'인 이소노미아로 이끌었다.

페리클레스 시대에 이르러 민중정치의 모든 이상이 충족되어 모두가 평등을 누리게 되자 평민들은 더 이상 귀족 웃어른들의 의사에 순응하여 그들에게 잘 보일 필요를 느끼지 못하고 자신의 능력을 바탕으로 스스로 정치적으로 출세하는 길을 찾기 시작했다. 특히 수당 지급은 이미 돈이 충분한 귀족 계급에게는 매력이 될 수 없었지만 서민층에게는 사회 참여에 큰 동기를 부여했다. 이런 조치로 말미암아 많은 농민들이 전원을 떠나 도시에 거주하면서 원정군, 수비군, 공무 종사자로 일하면서 살아가게 되었다. 그리고 바로 이들이 페리클레스의 권력 기반이었다. 그렇지 않아도 농촌에 거주하는 보수 성향의 농부들은 민회 참여율이 낮은 편이었다. 거기에 이제 더 많은 개혁파 시민들이 도심으로 몰려들면서 민회의 세력 균형은 민중정파에 일방적으로 유리하게 되었다. 그리고 거의 같은 시기에 키몬의 죽음과 함께 귀족파의 양대 세력인 알크마이오니다이 집안과 필라이다이 가문 사이의 협력 관계도 끝이 났다. 더욱이 기원전 443년 귀족파의 지도자 투키디데스마저 도편 추방을 당하게 되자 이제 귀족파는 지도자도 없이 분열되어 국내 정치에서 영향력이 눈에 띄게 줄어들었다. 이제 민중의 힘은 도도하게 흐르는 강물처럼 거스를 수 없는 대세가 되었다.

새로운 제도는 새로운 현실을 낳고, 주어진 권리는 행사되게 마련이며, 새롭게 등장한 권력은 그것을 대변하는 새로운 정치 지도자를 배출하는 것이 세상의 이치다. 플라톤의 말대로 민중정치 아래서는 자유라는 명분으로 인간들의 무분별한 욕망 요구가 허용되고, 이것이 누구에게나 동등하게 부여되어야 한다는 의미의 평등이 지배하게 된다. 또 플루타르코스가 지적한 대로 자유란 지나치면 길들여지지 않은 망아지마냥 제멋대로 날뛴다. 아리스토텔레스의 말대로 페리클레스의 조치에 의해 민중들은 더 대담해져 정부 전체를 스스로 장악하게 된 마당에 새로운 정치 위기가 닥치면 과연 평민들이 이 위기를 현명하게 극복할 수 있을 것인가? 더욱이 민중들에게 페리클레스와 같은 안목과 정치력, 권위를 가진 지도자가 사라졌을 경우에 어떤 일이 벌어질 것인가? 문제는 한 시대의 민중이 건전했다고 해서 다음 세대의 민중도 새로운 상황에서 동일하게 건전한 의식과 행동을 가지리라고 기대할 수는 없다는 데에 있었다. 한창 권력을 휘두르던 시기에 아직도 40대였던 페리클레스는 이에 대한 고려를 전혀 하지 않은 듯하다. 페리클레스에게는 자신이 아직 젊기에 이런 문제가 당장 위기로 보이지 않았을 것이다. 그러나 페리클레스가 예상하지 못했던 위기는 또 있었다. 바로 그를 죽음으로 몰고 간 전염병과 같은 변수였다. 이런 불행한 우연들이 겹치자 아테네의 민중정치는 속절없이 무너져 내렸다. 페리클레스의 죽음 이후에 아테네에서는 눈앞의 이익을 위해 큰소리치고 민중의 비위를 맞추기 위해 다수에게 선심을 베푸는 선동 정치꾼 '데마고고스(δεμαγωγός)'가 득세하면서 쇠락의 길로 치닫게 되었다. 키몬을 비롯한 많은 보수주의 정치가들이 두려워했던 우중정치, 즉 '오클로크라티아(ὀχλοκρατία)'가 시작된 것이다. 플라톤은 민중정치에서는 독재가 싹트게 마련이라고 냉소적으로 말한다.

아테네 민중정치의 의미와 약점

기원전 5세기 자신들의 정치적 권리에 눈을 뜬 아테네의 시민들은 국가의 기본적인 존재 이유를 국민의 생명과 자유를 안전하게 만드는 것임을 분명하게 인식하고 있었다. 국가의 의무는 단순히 외적으로부터 보호하는 것만을 의미하는 것이 아니라 개인의 자유와 평등, 그리고 끝으로 일상생활에 필요한 생계 수단까지 보장하는 정의의 구현이라는 것이 아테네인들의 정치 철학이었다. 이런 철학에서 이미 기원전 6세기부터 국가에 봉사하다가 생명을 잃은 유가족에 대한 복지에도 많은 배려를 했다. 우선 전쟁에서 전사한 시민의 부모와 아이들, 미성년 형제들을 국가가 보살폈고, 또 전쟁으로 말미암아 시민들이 집을 버리고 딴 곳으로 이주해야 하는 경우에는 국가가 모든 비용을 감당했다. 그러나 이런 국가 이상을 구현하기 위해서 무엇보다도 중요한 것은 부의 분배를 공정하게 하여 모든 시민이 일자리를 갖고 안정된 생활 속에서 국가에 봉사하도록 하는 일이었다. 페르시아 전쟁 이후 제국으로 발돋움한 아테네는 패권을 지키기 위한 전쟁을 계속하고, 갑자기 늘어난 제국 안의 수많은 공무를 꾸려 나가기 위해서 민중의 전폭적인 지지와 자발적인 협조가 절대적으로 필요했다. 따라서 정치가들은 민중정파냐 아니면 귀족정파냐에 상관없이 민중들의 불만과 저항을 줄이기 위해 많은 배려를 할 수밖에 없었다. 가난한 시민에 대한 복지에 먼저 나선 사람은 귀족 보수파의 대표적 지도자인 키몬이었다 그는 해외 원정에서 얻은 전리품과 새 영토를 가장 가난한 계층 시민들에게 먼저 분배해주었다. 그 뒤를 이은 민중정파의 지도자 페리클레스는 모든 공무에 참가하는 시민들에게 국가가 수당을 주는 법안을 통과시켜 가난한 시민들도 생계를 걱정하지 않고 군인이나 공직자로서 나랏 일에 봉사할 수 있게 했다.

페리클레스 시대의 아테네 사람들은 민중정치를 보호하는 가장 좋은 방법은 늘 남자 자유시민의 다수결을 따르는 것이라고 보았 다. 자유시민은 아무런 제한 없이 가장 좋은 민중정치에 대한 자신 의 소신을 발언할 수 있어야 한다. 또 아테네 시민들은 대다수의 정 치적 지혜가 소수의 변칙과 무책임보다는 더 나은 방법이라고 확신 했다. 이렇게 국가의 모든 일을 민중이 다수결로 결정하는 민중정 치를 '급진 민중정치(radical democracy)'라고 하는데, 이 체제에서는 각계각층의 시민들이 폭넓게 정치에 참여하고, 무작위 추첨에 의해 공직을 맡으며, 부정부패를 방지하기 위해 정교한 예방 장치를 갖 추고, 시민 개개인의 평등이 재산이나 가문 등의 자격에 관계없이 법률적으로 보장되며, 위기 때에도 탁월한 개인이나 일부 소수 엘 리트에 의해서가 아니라 다수결 원칙에 의해서 정책을 결정한다.

급진 민중정치에 대한 아리스토텔레스의 평가[144]는 매우 조심 스럽다. 그는 소수의 가장 훌륭한 자들보다 민중이 최고 권력을 가 져야 한다는 견해는 다소 문제점이 있기는 해도 받아들일 만하다 고 긍정하면서, 그 까닭은 개개인 한 명 한 명은 훌륭한 사람이 아 니더라도 민중이 함께 모여 지혜를 모으면 민중이 가장 훌륭한 소 수의 사람들보다 더 훌륭할 수 있기 때문이라고 부연했다. 그리고 민중들 각자는 나름대로 탁월함과 지혜를 지니고 있어 다수의 민중 은 여러 개의 발과 손과 감각을 가진 단 한 사람처럼 되어, 이 사람 은 이 부분을, 저 사람은 저 부분을 이해한 것이 모두 합쳐져 전체

를 이해하게 되기 때문에 한 명의 훌륭한 사람을 능가할 수 있게 된
다고 하였다. 그러나 아리스토텔레스는 곧이어 모든 경우에 있어서
민중이 항상 훌륭한 소수를 능가할 수 있는가에 대해서는 회의적인
의견을 표명한다.

> 그러나 모든 민중과 대중이 이런 식으로 소수의 훌륭한 사람들
> 을 능가할 수 있는지는 확실하지 않다. 또는 몇몇 민중과 대중은
> 결코 그럴 수 없다는 것이 확실하다. (…) 자유민 또는 시민 대중
> 은 어떤 업무에서 최고의 권력을 가져야 하느냐? 대중들은 부자
> 도 아니고 탁월함에 근거해 무엇을 요구할 처지도 아니다. 이들이
> 최고의 공직에 참여하는 것은 위험하다. 이들의 불의한 기준은 필
> 연적으로 불의를 저지르게 하고, 이들의 어리석음은 실수를 저지
> 르게 할 테니 말이다. 이들이 배제되는 것도 위험하기는 마찬가지
> 다. 많은 빈민이 공직에서 배제되는 국가는 필연적으로 적으로 가
> 득 찰 것이기 때문이다. 유일한 해결책은 이들이 심의와 재판에
> 참여하게 하는 것이다. 그런 까닭에 솔론을 비롯한 입법자들은 민
> 중들에게 공직자 선출권과 임기를 끝낸 공직자에 대한 감사권은
> 주지만 민중이 개인 자격으로 공직에 오르는 것은 금했다. 민중은
> 한데 모이면 충분한 지각을 갖게 되고, 더 나은 자들과 섞이면 국가
> 에 유익하지만, 각자가 따로따로일 때는 제대로 판단하지 못한다.

민중정치가 타락하면 우중정치가 된다. 훌륭한 지도자를 잃은 민
중이 방향을 잃고 하향 평준화되면서 의식 수준과 역량이 날로 낮
아진 결과로 생기는 정치 형태다. 페리클레스가 죽은 이후 아테네

에서는 이런 현상을 보여주는 일이 여러 번 일어났다. 우매한 민중들의 판단력이 때로 얼마나 엄청난 실수를 저지를 수 있는지 보여주는 좋은 예다. 그 가운데 유명한 것이 현실과 동떨어진 시라쿠사 원정이었다. 기원전 415년 아테네 민회는 정확한 정보도 준비도 없이 시라쿠사 원정을 열정적으로 통과시켰다. 그러나 결과는 원정군 전체가 궤멸하는 대참패였다. 그 이후 아테네는 전쟁에 이길 가망성을 거의 잃었다.

또 다른 우매한 아테네 민중들의 결정은 기원전 406년에 일어났다. 그해에 그리스 해군 제독들은 레스보스섬 앞의 아그리누사이(Ἀργινοῦσαι)에서 벌어진 해전에서 뛰어난 지휘력을 발휘하여 스파르타 해군을 물리쳤다. 그러나 곧이어 불어온 폭풍으로 말미암아 바다에 빠진 아군들을 구하지 못했다. 당시 상황으로서는 현명한 판단이었다. 그러나 자식을 잃은 유가족들은 의무를 다하지 않았다고 장군들을 고발했다. 이때 마침 그날 하루 대통령을 맡았던 소크라테스는 이런 고발에 응할 수 없다며 거부권을 행사하지만 흥분한 유가족들은 다른 방법을 동원하여 끝내 자신들의 주장을 관철시켜 재판에 응한 장군 여섯 명 모두를 처형했다.

우중정치가 가져온 불행 가운데 가장 악명이 높은 것은 기원전 399년에 있었던 소크라테스의 재판이다. 이 재판에서 아테네 시민들은 몇몇 선동꾼에게 넘어가 위대한 철학자를 죽음으로 내몰았다. 절제를 모르게 된 민중을 적절하게 다룰 수 없다면 민중정치는 재앙이다. 이런 위협을 직감적으로 느낀 소크라테스나 플라톤, 아리스토텔레스와 같은 고대 그리스의 지식인들은 민중정치에 대해 의심의 눈초리를 보냈다.

인간이 만든 모든 제도가 그러하듯 민중정치는 결코 완벽한 정치 체계가 아니다. 다만 그리스인들이 실험해본 여러 가지 정치 체계 가운데 아테네가 이룩한 민중정치는 그런대로 가장 바람직하다는 평가를 받고 있다. 진정한 문제는 결코 완전하지 않은 민중정치를 어떻게 구체적으로 실현하는가 하는 것이다. 페리클레스의 죽음 이후에 아테네의 민중정치는 선동 정치가들의 출현으로 급격히 몰락한다. 이런 점에서 역사는 급진 민중정치에 대해 신중한 경계심을 가졌던 키몬의 손을 들어주는 듯 보인다. 민중이 모든 것을 결정하는 급진적 민중정치는 개개인에게는 좋지만 국가에는 해가 될 수도 있다.

에필로그

올림포스산을 내려오며

그리스의 북부인 마케도니아와 중부 평원 지방인 테살리아 경계에 그리스에서 가장 높은 산인 올림포스가 있다. 해발 2918미터 높이에, 아주 넓은 지역에 걸쳐 있는 산이다. 제우스와 올림포스의 신들이 살았다는 이 산의 기후는 변덕스럽기 짝이 없어 여름에도 운이 나쁘면 악천후로 산행을 포기해야 할 때가 많다. 공연히 객기를 부리다가는 조난당하기 십상이다. 기후의 신이자 구름과 번개의 신 제우스의 궁전이 있는 곳이니 당연한 일이다. 그렇기에 이 산을 오르기 전에 겸손한 마음으로 신의 은총을 비는 것이 올바른 일이다.

올림포스산 정상에 가려면 네 시간은 족히 똑같은 각도를 갖고 있는 오르막길을 가야 한다. 이는 똑같은 근육을 끊임없이 사용해야 한다는 것을 의미한다. 여간한 근력 없이는 성공하기 힘든 길이다. 그렇게 힘들게 올라가면 기다리고 있는 것은 손발을 모두 써야 하는 험준한 바위 내리막길이다. 한참을 네 발로 기어 내려가다 다시 그 이상의 시간 동안 기어올라야 올림포스 제일봉인 미키타스 봉우리에 도착할 수 있다. 절리 형태의 바위로만 이어지는 이 길은 거기가 거기 같아 산악회에서 찍어 놓은 붉은 점만을 따라가야 한다. 그 붉은 점이 시야에서 사라지게 하는 행동은 자살행위다. 그래서 이 지역을 산행하는 동안 내내 긴장을 풀 수가 없다.

정상에 섰을 때 마침 운이 좋아 시야가 매우 좋았다. 바다 너머 멀리 터키의 준봉까지 보였다. 바람도 싱그럽게 불고 있었다. 제우스께서 친절을 듬뿍 베푸셨다. 그러나 어느덧 서쪽으로 해가 넘어가고 있었다. 내려가야 할 순간이 다가오고 있었다. 내리막길은 한 시간 정도 걸렸다. 역시 절리로 이루어진 길이었다. 정상에서 내려와서 산장에 도착했을 때 느낀 감정은 감사함이었다. 보잘것없는 인간을 이렇게 배려해주신 올림포스 신들께 고마움을 전하는 길은 또다시 오겠다는 다짐뿐이었다.

이틀간의 산행을 마치고 산에서 내려올 때 마음속에 떠오르는 생각들은 지극히 철학적이었다. 나는 왜 어차피 내려가야만 하는 올림포스 정상에 오르려고 마음먹었을까? 이 산행이 내게 주는 의미는 무엇일까?

정상이란 더 이상 오를 곳이 없는 곳이다. 그곳에 이르면 남은 것은 하강뿐이다. 오르막길은 힘들고 시간이 오래 걸리지만 내리막길은 잠깐이다. 그리고 훨씬 더 위험하고 허망하다. 다리의 힘이 튼튼하지 못할 경우 하강은 재앙이다. 정상을 향한 길은 정상에 도달했을 때 느끼는 성취감을 기대하기에 괴로워도 참을 수 있지만, 아래를 향한 길은 피곤하기만 하고 더 이상 기대할 것이 아무것도 없다.

비범에 이르렀던 사람이 다시 평범해지는 길을 내려갈 때 조금도 신나지 않다.

산꼭대기에서 굴러떨어진 바위를 다시 굴려 올리기 위해 산비탈을 터덜터덜 걸어 내려오는 시시포스의 심정은 어떤 것일까? 자신을 기다리는 것은 새로운 고통뿐이라는 생각에서 지겨워하며 절망할까? 들숨과 날숨을 끝없이 되풀이하며 숨 쉬고, 먹고 싸기를 계속하는 모든 생명들에게 삶이란 어차피 단조롭고 무의미한 반복의 연속이라는 것을 깨닫고 그저 담담할까? 출근, 퇴근, 출근의 쳇바퀴 돌기를 하는 노동자들이 노동의 유일한 즐거움인 월급이 받는 순간 손가락 사이로 흘러내리는 모래알처럼 사라져 버리고, 그러면 또다시 사랑하는 식구를 먹여 살리기 위해 지겨운 노동을 향해 지친 걸음을 내딛는 가장처럼 자기희생의 비장함을 느낄까? 아무리 열심히 치우고 닦아도 금방 어지럽혀지는 집 안을 바라보는 가정주부처럼 지겨움을 느낄까?

그래도 또다시 굴려 올릴 바위가 있다는 것은 축복이다. 인간은 바위보다 더 강한 삶에 대한 의지를 가지고 있다. 시시포스가 또다시 바위를 굴려 올리기 위해 비탈길을 내려올 때 그는 삶으로 되돌아오는 것이다. 우리는 그런 끊임없는 되풀이가 우리의 운명임을, 삶의 조건임을 깨달아야 한다. 분명한 것은 그런 반복이 끝나는 날 우리의 삶 역시 끝난다는 것이다.

이런 운명을 아는 순간부터 우리의 비극이 시작된다. 하지만 그런 운명을 받아들이는 순간부터 우리는 삶의 주인이 된다. 모든 운명은 아무리 비참하더라도 개인의 것이다. 불합리한 인간이 이런 삶의 고통을 음미하기 시작하면 모든 우상은 침묵한다. 침묵으로 돌아간 우주 한가운데에서부터 인간 승리를 축하하는 경탄의 소리가 들려온다. 또 온 대지로부터도 축하의 소리가 솟아오른다. 그림자 없는 빛은 없다. 밤이 없는 낮은 없다. 낮과 밤도 끊임없이 반복되고, 일몰과 일출도 그렇다. 모든 것이 오르면 내리고 차면 기운다. 이를 긍정하는 것이 삶의 불합리함을 인정하는 것이다.

　단 하나뿐인 인생에서 한번 굴러떨어진 바위를 다시 올릴 가망성은 다시는 없다. 일상은 반복돼도 인생은 한 번뿐이다. 두 번째 기회는 없다. 그렇다면 역사는? 역사에는 두 번째 기회가 있을까? 있는 것 같다. 역사상 민중정의 끝은 독재정이었다. 그리스는 민중정이 무너지고 알렉산드로스 대왕의 마케도니아 왕국의 패권을 인정해야 했고, 세월이 더 지나서는 로마 제국의 지배를 받아야 했다. 로마 역시 공화정의 끝은 1인 독재의 제국이었다. 이런 예는 수없이 많다. 바이마르공화국의 끝은 나치 독재였음만 기억해도 충분하다. 이런 역사를 통해 우리가 배워야 할 것은 무엇일까? 그것은 아마도 민중정치라는 것이 항상 돌봐야 하는 과정일 뿐 고정된 상태가 아니라는 것이 아닐까? 조르바는 왜 자유는 피비린내가 물씬 나는 곳에서만 피어나는 거냐고 물었다. 조르바는 자유란 그것을 얻기 위해서, 그리고 또 지키기 위해서 목숨을 바쳐 투쟁하는 자들에게만 허용되는 것임을 말하려 한 것이다. 인류가 꿈꾸고 또 누리고 싶어 하는 민중정치는 자유와 평등, 정의를 구현하는 정치체제이다. 그 가운데 가장 바탕이 되는 것은 역시 자유다. 자유가 주어지는 것이 아니듯 민중정치도 주어지는 것이 아니라 항상 투쟁하고, 감시하고, 지켜야 하는 것이리라. 민중정치는 결코 안정된 상태가 아니라 끊임없이 변하는 과정이기 때문이다. 이를 굳이 그리스어를 빌려 표현하자면 "민중정치는 '에르곤(ἔργον, 완성된 것)'이 아니라 '에네르기아(ἐνεργία, 진행 중인 것)'인 것"이다.

역사를 통해 현명함을 배우는 민족에게는 희망이 있다. 그러나 역사를 잊으면, 역사에서부터 아무것도 배우지 못한다면 희망은 없다. 그리고 역사를 아예 모른다면 그에게는 아무런 가망성이 없다. 그런 까닭으로 그리스 민중정치의 역사는 인류 모두에게 중요하다. 진정으로 민중정치를 이루고 또 지키려면 세세한 데까지 파고들어 진지하게 고민해야 한다. 노력하지 않고 얻을 수 있는 것은, 무지한 사람들에게는 불행히도, 하지만 당연하게도 아무것도 없다. 무식한 민족이 행복해질 가망성은 전무하다. 말로만 피상적으로 민중정치를 외쳐 봤자 부질없는 짓거리다. 무지를 벗어나려는 강한 의지가 없이는 성공할 수 없다. 진정으로 민중정치를 바란다면 민중정치의 역사부터 알아야 한다.

기원전

4500~2000년경 인도유럽인의 유럽 이동.

3000~2000년경 키클라데스 문명.

2200년경 미노아 문명의 크레타 왕궁 건설.

1700년경 지진으로 크레타 왕궁 파괴.

1500~1450년경 최초의 미케네 톨로스(원형 건축물) 무덤 건설.

1300~1200년경 미케네 왕궁 문명의 절정기.

1200년경 에게해 전역에서 혼란.

1000년경 아테네를 제외한 곳에서 주요 미케네 유적이 거의 파괴.

1000~900년경 격심한 인구 감소와 농업 감소의 시기.

900~800년 인구와 농업의 회복 초창기. 도구와 무기에 쇠가 사용되기 시작.

776년 최초의 올림피아 제전.

750년경 그리스인들이 다시 문자 체계를 회복. 그리스 도시국가가 공간적·
　　　　사회적으로 조직되기 시작.

750~550년경 지중해 지역 전역에 그리스 식민지가 건설.

735~715년경 스파르타, 1차 메세니아 전쟁에서 메세니아 침공.

700~650년경 중장비 보병의 무기가 그리스에서 흔하게 됨.

670~650년경 스파르타, 2차 메세니아 전쟁에서 메세니아 침공. 아테네에서는 초기 형태의 민중정 등장.

632년경 킬론이 아테네 민중정에 대하여 쿠데타 시도.

621년경 드라콘이 아테네인을 위한 법전 제정.

600년경 이후 가재 노예제가 그리스에서 점점 흔하게 됨.

594년경 아테네인들이 사회적 불안을 종식시킬 목적으로 솔론을 지명하여 법전을 개정토록 함.

546년경 페이시스트라토스가 세 번째 시도에서 아테네의 폭군 독재자가 됨.

527년 페이시스트라토스가 죽고 그의 아들이 아테네의 폭군 독재자가 됨.

510년 아테네가 알크마이오니다이 가문과 스파르타의 도움으로 폭군정에서 해방됨.

508년 클레이스테네스가 아테네 민중정의 개혁을 시작.

499년 이오니아 반란의 시작.

494년 페르시아 제국, 이오니아 반란 완전 제압.

490년 다레이오스, 아테네에 페르시아 군대 파견. 마라톤 전투.

483년 테미스토클레스의 권고로 아테네가 대규모 해군을 구축하기 시작.

482년 아리스테이데스의 도편 추방(480년에 소환).

480년 크세르크세스, 대규모 군대를 이끌고 그리스 침공. 테르모필라이와 살라미스 전투.

479년 보이오티아의 플라타이아와 아나톨리아의 미칼레 전투.

479년 페르시아 군대에 대항하는 그리스 연합군을 지휘하기 위하여 스파르타는 파우사니아스를 파견.

478년 아테네, 그리스 동맹군의 맹주국이 됨(델로스 동맹).

475년 키몬, 영웅 테세우스의 유골을 아테네에 송환.

462년 키몬이 아테네 군대를 이끌고 스파르타를 도우러 갔으나 그들이 거절함.

461년 아테네 정부를 더욱 민중정치화시키려는 에피알테스의 개혁.

450년대 아테네와 스파르타 교전 상태. 아테네가 배심원들과 기타 행정관들에게 수당 지급.

454년 이집트에서 페르시아에 맞서 싸우던 델로스 동맹 군대가 크게 패배함. 델로스 동맹의 금고를 델로스에서 아테네로 옮김.

451년 시민권에 관한 페리클레스의 법안, 민회 통과.

450년 델로스 동맹군이 페르시아에 대항하여 해외에 군대를 파견하던 것을 끝냄.

446~445년 아테네와 스파르타 사이에 30년간 평화 협정 체결.

443년 페리클레스의 주된 정적 도편 추방.

431년 스파르타가 아테네를 침공하고, 아테네 해군이 펠로폰네소스를 공격함으로써 전쟁 발발.

430년 아테네에 전염병 창궐.

429년 페리클레스가 전염병으로 사망.

411년 아테네 민중정 잠시 폐지.

404년 아테네, 리산드로스 장군이 이끄는 스파르타 군대에 항복.

404~403년 아테네, 30인 폭군 독재자의 공포정치.

403년 폭군 독재자의 추방과 아테네 민중정의 회복.

399년 아테네인 소크라테스의 심판과 처형.

지도. 고대 그리스의 폴리스들

흑해

아나톨리아

비잔티온

사르데이스

리디아

카리아

할리카르나소스

밀레토스

로도스

에페소스

이오니아

키오스

사모스

낙소스

파로스

델로스

멜로스

레스보스

미틸레네

크레타

에우보이아

칼키스

에레트리아

아브데라

타소스

스타기로스

마케도니아

올림푸스 산

페라이

도도나

이타카

코르키라

포키스

보이오티아

테베

플라타이아이

엘레우시스

메가라

아테네

아티카

아이기나

엘리스

올림피아

만티네이아

테게아

아르고스

스파르타

라코니아

메세니아

미케네

코린토스

코린트 만

지중해

이스키아

나폴리

투리

크로톤

로크로이

시라쿠사

시칠리아

하메라

세게스타

⊙ 미주

1) 이와 관련된 인터넷 사이트와 논문들은 다음과 같다.
   http://soudan1.biglobe.ne.jp/qa2615999.html
   http://d.hatena.ne.jp/kihamu/20100823/p1
   http://japanese.hix05.com/History/kindai/kindai012.yoshino.html
   http://ci.nii.ac.jp/naid/40017160455
   http://ci.nii.ac.jp/nrid/9000016610871
   「民主々義」は適訳か--「デモクラシー」訳語考序説(1)
   「民主主義」は適訳か--「デモクラシー」訳語考序説(2)
   「民主主義」は適訳か--「デモクラシー」訳語考序説(3)
   「民主主義」は適訳か--「デモクラシー」訳語考序説(4)
2) 투키디데스, 《펠로폰네소스 전쟁사》, 2권 40장.
3) 헤시오도스, 《신통기》, 565~568행; 헤시오도스, 《일과 날》, 49~52행; 플라톤, 《대화 편》,
   '프로타고라스', 320d~322a 참조.
4) 아리스토텔레스, 《정치학》, 제10장 1312b34.
5) 아리스토텔레스, 《정치학》, 제11장 1313a18.
6) 플루타르코스, 《생애 비교》, 리쿠르고스전 8장.
7) 헤로도토스, 《역사》, 5권 57; 크세노폰, 《라케다이몬 정치제도》 15.5~6.
8) 헤로도토스, 《역사》, 5권 56.
9) 아리스토텔레스, 《정치학》, 3권 I285a.
10) 아리스토텔레스, 《정치학》, 3권 I285b.
11) 헤로도토스, 《역사》, 5권 57.
12) 크세노폰, 《라케다이몬 정치제도》, 15.6~9.
13) 플루타르코스, 《생애 비교》, 리쿠르고스전 7장; 아리스토텔레스, 《정치학》, 5권 I313a18.
14) 플루타르코스, 《생애 비교》, 리쿠르고스전 5장.
15) 플루타르코스, 《생애 비교》, 리쿠르고스전 26장
16) 플루타르코스, 《생애 비교》, 리쿠르고스전 6장.

17) 헤로도토스, 《역사》, 1권 65.

18) 플루타르코스, 《생애 비교》, 리쿠르고스전 7장.

19) 플루타르코스, 《생애 비교》, 리쿠르고스전 10장.

20) 플루타르코스, 《생애 비교》, 리쿠르고스전 10장.

21) 아리스토텔레스, 《정치학》, 9장 1270a.

22) 플루타르코스, 《생애 비교》, 리쿠르고스전 16장.

23) 플루타르코스, 《생애 비교》, 리쿠르고스전 24장.

24) 플루타르코스, 《생애 비교》, 리쿠르고스전 4장.

25) Παυσανίας Μεσσηνιακά 15장.

26) 헤로도토스, 《역사》, 제6권 72장.

27) 헤로도토스, 《역사》, 제8권 5장.

28) 투키디데스, 《펠로폰네소스 전쟁사》, 2권 21장, 5권 16장.

29) 플루타르코스, 《생애 비교》, 페리클레스전 22장.

30) 플루타르코스, 《생애 비교》, 리산드로스전 17장.

31) 플루타르코스, 《생애 비교》, 리산드로스전 17장.

32) 플루타르코스, 《생애 비교》, 아기스전 5장.

33) 투키디데스, 《펠로폰네소스 전쟁사》, 1권 80장.

34) 플루타르코스, 《생애 비교》, 아기스전 5장.

35) 플라톤, 《법률》, 3권 688c장.

36) 크세노폰, 《라케다이몬 정치제도》, 14장.

37) 아리스토텔레스, 《정치학》, 2권 9장 1271a.

38) 아리스토텔레스, 《정치학》, 2권 9장 1271a.

39) 아리스토텔레스, 《정치학》, 7권 14장 1334a.

40) 아리스토텔레스, 《정치학》, 2권 9장 1271a, 1334a.

41) 아리스토텔레스, 《정치학》, 7권 14장 1333a, 1334a.

42) 아리스토텔레스, 《정치학》, 7권 14장 1333b.

43) 아리스토텔레스, 《정치학》, 7권 14장 1333b~1334a.

44) 아리스토텔레스, 《정치학》, 3권 6장 1278b.

45) 아리스토텔레스, 《정치학》, 7권 14장 1333b.

46) 헤시오도스, 《신통기》, 28~34행.(필자 번역)

47) 호메로스, 《일리아스》, 3권 169행. "γράψας ἐν πίνακι πτυκτῷ θυμοφθόρα πολλά 둘로 접힌 판에 많은 끔찍한 것들을 써서는"

48) 헤시오도스, 《일과 날》, 213~279행.

49) 헤시오도스, 《일과 날》, 287~297행.

50) 헤시오도스, 《일과 날》, 302~319행.

51) http://www.ascsa.edu.gr/index.php/news/newsDetails/videocast-phaleron-delta-the-archaic-necropolis-at-the-southern-edge-o 참조.

52) http://www.archaeology.org/issues/240-1701/features/5112-athens-mass-grave#.WJLpML81kA0.facebook 참조.

53) "아테네에는 이오네스족이 산다…… 이오네스족은 원래 펠라스고이족이었고…… 펠라스고이족은 다른 곳으로 이주한 적이 없으나……."(헤로도토스, 《역사》, 1권 56장)

54) "펠로폰네소스 주민 중 유일하게 쫓겨나지 않고 남았던 아르카디아인……"(헤로도토스, 《역사》, 2권 171장)과 "아르카디아인들과 키누리아인들은 원주민으로 예나 지금이나 같은 곳에 살고 있다."(같은 책, 8권 73장)

55) 아리스토텔레스, 《아테네 정치제도사》, 52쪽.

56) 아레이오스 파고스에 관련된 논란은 최자영(1995) 참조.

57) 헤로도토스 《역사》, 5권 72장; 투키디데스, 《펠로폰네소스 전쟁사》, 1권 126장; 플루타르코스, 《생애 비교》 솔론전 12장.

58) 투키디데스, 《펠로폰네소스 전쟁사》, 1권 126장; 플루타르코스, 《생애 비교》, 솔론전 12장.

59) 아리스토텔레스, 《아테네 정치제도사》, 4장.

60) 플루타르코스, 《생애 비교》, 솔론전 17장.

61) Δράκοντος δὲ νόμοι μὲν εἰσί, πολιτείᾳ δ' ὑπαρχούσῃ τοὺς νόμους ἔθηκεν · ἴδιον δ' ἐν τοῖς νόμοις οὐδὲν ἔστιν ὅ τι καὶ μνείας ἄξιον, πλὴν ἡ χαλεπότης διὰ τὸ τῆς ζημίας μέγεθος 아리스토텔레스, 《정치학》, 2권 1274b 15~17행.

62) 플라톤, 《프로타고라스》, 343a.

63) 플루타르코스, 《생애 비교》, 솔론전 1장.

64) 플루타르코스, 《생애 비교》, 솔론전 14장.

65) 호메로스, 《일리아스》, 2권 557~558행.

66) 플루타르코스, 《생애 비교》, 솔론전 16장.

67) 플루타르코스, 《생애 비교》, 솔론전 18장.

68) 아리스토텔레스, 《아테네 정치제도사》, 11장 1단락.

69) 헤로도토스, 《역사》, 1권 59장.

70) 헤로도토스, 《역사》, 1권 59장.

71) 플루타르코스, 《생애 비교》, 솔론전 29~30장.

72) 헤로도토스, 《역사》, 1권 59~64장.

73) 아리스토텔레스, 《아테네 정치제도사》, 15장 4단락.

74) 아리스토텔레스, 《아테네 정치제도사》, 16장 2단락.

75) 투키디데스, 《펠로폰네소스 전쟁사》, 6권 54장, 56장~58장

76) 아리스토텔레스, 《아테네 정치제도사》, 18장 4단락.

77) 헤로도토스, 《역사》, 1권 62장.

78) 헤로도토스, 《역사》, 1권 63장.

79) 헤로도토스, 《역사》, 1권 63~65장.

80) 아리스토텔레스, 《정치학》, 5권 10장 1310b7.

81) 헤로도토스, 《역사》, 5권 92장 b)~d).

82) 헤로도토스, 《역사》, 5권 92장 f)~g).

83) 디오게네스 라에르티오스(Διογένης Λαέρτιος, 기원후 3세기 고대 그리스의 전기 작가)의 《유명한 철학자들의 생애와 사상(Βίοι καὶ γνῶμαι τῶν ἐν φιλοσοφίᾳ

εὐδοκιμησάντων)》이라는 책에 나오는 이야기다.

84) 헤로도토스, 《역사》, 3권 50~52장.
85) 헤로도토스, 《역사》, 3권 48장.
86) 아리스토텔레스, 《정치학》, 3권 7장 1279b.
87) 아리스토텔레스, 《정치학》, 3권 17장 1287b.
88) 아리스토텔레스, 《정치학》, 4권 2장 1289a, 5권 10장 1311a.
89) 아리스토텔레스, 《정치학》, 3권 8장 1279b.
90) 아리스토텔레스, 《정치학》, 4권 2장 1289a.
91) 아리스토텔레스, 《정치학》, 4권 10장.
92) 아리스토텔레스, 《정치학》, 5권 10장.
93) 아리스토텔레스, 《정치학》, 5권 11장.
94) 헤로도토스, 《역사》, 5권 66장; 아리스토텔레스, 《아테네 정치제도사》, 21장.
95) 헤로도토스, 《역사》, 5권 70장.
96) 헤로도토스, 《역사》, 5권 72장.
97) 헤로도토스, 《역사》, 5권 73장.
98) 헤로도토스, 《역사》, 5권 74~75장.
99) 헤로도토스, 《역사》, 5권 76장.
100) 헤로도토스, 《역사》, 5권 66장.
101) 헤로도토스, 《역사》, 5권 78장.
102) 헤로도토스, 《역사》, 5권 90~91장.
103) 헤로도토스, 《역사》, 5권 92~93장.
104) 아리스토텔레스, 《아테네 정치제도사》, 21장 2단락.
105) 아리스토텔레스, 《아테네 정치제도사》, 21장 4단락.
106) 아리스토텔레스, 《아테네 정치제도사》, 43장.
107) 아리스토텔레스, 《아테네 정치제도사》, 44장.
108) 아리스토텔레스, 《아테네 정치제도사》, 44장.
109) 호메로스, 《일리아스》, 2권 867~875행.
110) 헤로도토스, 《역사》, 5권 97장.
111) 헤로도토스, 《역사》, 5권 99~102장.
112) 아리스토텔레스. 《정치학》, 4권 9장 1294b.
113) 헤로도토스, 《역사》, 6권 97장, 132장, 135~136장; 플루타르코스, 《생애 비교》, 키몬전 4장.
114) 헤로도토스, 《역사》, 7권 97장, 185장, 186장.
115) 투키디데스, 《펠로폰네소스 전쟁사》, 1권 95장.
116) 플루타르코스, 《생애 비교》, 아리스테이데스전 참조.
117) 플루타르코스, 《생애 비교》, 테미스토클레스전 참조.
118) 투키디데스, 《펠로폰네소스 전쟁사》, 1권 135장; 플루타르코스, 《생애 비교》, 테미스토클레스전 23장.
119) 플루타르코스, 《생애 비교》, 키몬전 16장 4~5절.

120) 아리스토텔레스,《아테네 정치제도사》, 25권.
121) 아리스토텔레스,《아테네 정치제도사》, 25권.
122) 플루타르코스,《생애 비교》, 키몬전 10장 7~8절.
123) 플루타르코스,《생애 비교》, 페리클레스전 10장 7절.
124) 아리스토텔레스,《아테네 정치제도사》, 25권.
125) 투키디데스,《펠로폰네소스 전쟁사》, 1권 102장.
126) 투키디데스,《펠로폰네소스 전쟁사》, 2권 65장.
127) 플루타르코스,《생애 비교》, 페리클레스전 3장.
128) 플루타르코스,《생애 비교》, 페리클레스전 6장.
129) 플루타르코스,《생애 비교》, 페리클레스전 7장.
130) 플루타르코스,《생애 비교》, 페리클레스전 8장.
131) 플루타르코스,《생애 비교》, 페리클레스전 15장.
132) 플루타르코스,《생애 비교》, 페리클레스전 10장.
133) 플루타르코스,《생애 비교》, 페리클레스전 12장.
134) 플루타르코스,《생애 비교》, 페리클레스전 14장.
135) 플루타르코스,《생애 비교》, 페리클레스전 13장.
136) 아리스토텔레스,《아테네 정치제도사》, 27장.
137) 아리스토텔레스,《아테네 정치제도사》, 27장.
138) 투키디데스,《펠로폰네소스 전쟁사》, 1권 109장.
139) 플루타르코스,《생애 비교》, 페리클레스전 37장.
140) 플루타르코스,《생애 비교》, 페리클레스전 10장.
141) 플루타르코스,《생애 비교》, 페리클레스전 11장.
142) 플루타르코스,《생애 비교》, 페리클레스전 31~32장.
143) 투키디데스,《펠로폰네소스 전쟁사》, 2권 37장.
144) 아리스토텔레스,《정치학》, 3권 11장.

⊙ 참고문헌

E. Stuart Staveley, 'Alternative Paths: Greek Monarchy and Federalism', in "Civilization of the Ancient Mediterranean, Vol. I, Edt. by Michael Grant & Rachel Kitzinger, 487-494, Chrles Scribner's Son, New York, 1988.

Michael Grant & Rachel Kitzinger Edt., 《Civilization of the Ancient Mediterranean, Vol. I》, Chrles Scribner's Son, New York, 1988.

Oswyn Murray, 'Greek Forms of Government', in "Civilization of the Ancient Mediterranean, Vol. I, Edt. by Michael Grant & Rachel Kitzinger, 439-486, Chrles Scribner's Son, New York, 1988.

Ἱστορία τοῦ Ἑλληνικοῦ Ἔθνους Γ1, Ἐκδοτικὴ Ἀθηνῶν, Ἀθήνα, 1972.

Ἱστορία τοῦ Ἑλληνικοῦ Ἔθνους Γ2, Ἐκδοτικὴ Ἀθηνῶν, Ἀθήνα, 1972.

Ἱστορία τοῦ Ἑλληνικοῦ Ἔθνους Β, Ἐκδοτικὴ Ἀθηνῶν, Ἀθήνα, 1972.

Παυσανίας, Μεσσηνιακά, Βιβλιοθήκη Ἀρχαίων Συγγραφεῶν 9, I. Ζαχαροπούλος, Ἀθήνα.

김인곤 외 옮김, 《소크라테스 이전 철학자들의 단편 선집》, 아카넷, 2005.

아리스토텔레스(Aristoteles), 최자영·최혜영 옮김, 《고대아테네 정치제도사Athenion Politeia》 49~114, 신서원, 2003.

아리스토텔레스(Aristoteles), 천병희 옮김, 《정치학Politika》, 도서출판 숲, 2012.

앙드레 보나르(André Bonnard), 김희균 옮김, 《그리스인 이야기 1Civilisation Grecque I(1954)》, 책과 함께, 2011.

앙드레 보나르(André Bonnard), 양영란 옮김, 《그리스인 이야기 2Civilisation Grecque II(1957)》, 책과 함께, 2011.

윌 듀런트(Will Durant), 김운한·권영교 옮김, 《문명 이야기 2-1The Story of Ccivilization Vol. II: The Life of Greece(1939)》, 민음사, 2011.

양승태, 《소크라테스의 앎과 잘남》, 이화여대출판부, 2013.

양승태, 《앎과 잘남》, 책세상, 2006.

유재원, 《그리스, 고대로의 초대, 신화와 역사를 따라가는 길》, 리수, 2015.

유재원, 《유재원의 그리스 신화 I: 올림포스의 신들》, 북촌, 2016.

유재원,《유재원의 그리스 신화 II: 신에 맞선 영웅들》, 북촌, 2016.

윤진,《스파르타인, 스파르타 역사》, 신서원, 2002.

이지문,《추첨민주주의 강의》, 삶창, 2015.

존 그리피스 페들리(John Griffiths Pedley), 조은정 옮김,《그리스 미술*Greek Art & Archeology*(2002)》, 예경, 2004.

존 로덴(John Roden), 임산 옮김,《초기 그리스도교와 비잔틴 미술*Early Christian & Byzantium Art*(1997)》, 한길아트, 1998.

존 보드먼(John Boardman), 원형준 옮김,《그리스 미술*Greek Art*(1996)》, 시공사, 2001.

최자영,《고대 그리스 법제사》, 아카넷, 2007.

최자영,《고대 아테네 정치제도사》, 신서원, 1995.

최자영,《정치의 원형을 찾아서: 고대 그리스 정치》, 살림, 2005.

크세노폰(Xenophon), 최자영·최혜영 옮김,《라케다이몬 정치제도*Lakedaimonion Politeia*》9~29, 신서원, 2003.

키토, H. D. F.(H. D. F. Kitto), 박재욱 옮김,《고대 그리스, 그리스인들*The Greeks*(1957)》, 갈라파고스, 2008.

토머스 R. 마틴(Thomas R. Martin), 이종인 옮김,《고대 그리스의 역사*An Ancient Greece*(1996)》, 가람기획, 2002.

투키디데스(Thoukydides), 천병희 옮김,《펠로폰네소스 전쟁사*Ἱστορία τοῦ Πελοπννησιακοῦ Πολέμου*》, 도서출판 숲, 2011.

플라톤(Platon), 박종현 역주, '국가(Protagoras)',《플라톤/고르기아스, 프로타고라스》, 201~318, 서광사, 1997.

플라톤(Platon), 천병희 옮김, '프로타고라스(Protagoras)',《플라톤/고르기아스, 프로타고라스》, 201~318, 도서출판 숲, 2014.

플라톤(Platon), 박종현 옮김,《국가*Πολιτεία*》, 서광사, 1997.

플라톤(Platon), 천병희 옮김,《법률*Νόμοι*》, 도서출판 숲, 2016.

플라톤(Platon), 천병희 옮김,《프로타고라스*Πρωταγόρας*》, 도서출판 숲, 2014.

플루타르코스(Ploutarchos), 박광순 옮김,《플루타르크 영웅전*The Lives of the Noble Grecians and Romans*(1952)》(1~8권), 범우사, 1994.

피에르 브리앙(Pieere Briant), 홍예리나 옮김,《알렉산더 대왕*De la Graecea l'Orient Alexandre le Grand*(1987)》, 시공사, 1995.

험프리 미첼(humfrey Michell), 윤진 옮김,《스파르타*Sparta*》, 신서원, 2000.

헤로도토스(Herodotos), 박광순 옮김,《역사*Ἱστρία*》, 범우사, 1987.

헤로도토스(Herodotos), 천병희 옮김,《역사*Ἱστρία*》, 도서출판 숲, 2009.

헤르만 딜스, 발터 크란츠(Hermann Diels, Walther Kranz), 김인곤 외 옮김,《소크라테스 이전 철학자들의 단편 선집*Die Fragmente der Vorsokratiker griechisch und deutsch*(1903)》, 아케넷, 2005.

헤시오도스(Hesiodos), 천병희 옮김, '신통기(*Θεογονία*)',《신통기》, 15~84, 한길사, 2004.

헤시오도스(Hesiodos), 천병희 옮김, '일과 날(*Ἔργα καὶ Ἡμέραι*)',《신통기》85~128, 한길사, 2004.

헨리 보렌(Henry C. Boren), 이우석 옮김,《서양 고대사*The Ancient World: An Historical Perspective*(1976)》, 탐구당, 1983.

호메로스(Homeros), 천병희 옮김,《오뒷세이아*Odysseia*》, 단국대학교출판부, 1996.

호메로스(Homeros), 천병희 옮김,《일리아스*Illias*》, 종로서적주식회사, 1982.

ㅎ

데모크라티아

ⓒ 유재원 2017

초판 1쇄 인쇄 2017년 8월 31일
초판 1쇄 발행 2017년 9월 5일

지은이 유재원
펴낸이 이상훈
편집인 김수영
기획편집 정회엽 김남희
마케팅 조재성 천용호 정영은 박신영
경영지원 정혜진 장혜정 이송이

펴낸곳 한겨레출판(주) www.hanibook.co.kr
등록 2006년 1월 4일 제313-2006-00003호
주소 서울시 마포구 효창목길6 (공덕동) 한겨레신문사 4층
전화 02) 6383-1602~3 **팩스** 02) 6383-1610
대표메일 book@hanibook.co.kr

ISBN 979-11-6040-094-6   03920